해럴드 핀터의 영화 정치성

이 저서는 2010년 정부(교육부)의 재원으로 한국연구재단의 지원을 받아 수행된 연구임.
(NRF-2010-812-A00188)

해럴드 핀터의
영화 정치성

| 정문영 지음 |

도서출판 동인

이 책은 해럴드 핀터Harold Pinter(1930-2008)가 영화와 정치성에 대한 상호 밀접한 관심과 열정으로 시도해온 일련의 스크린-플레이screen-play를 통해 구현한 영화 정치성cinematic politics을 다루고 있다. 최근까지도 그의 영화 작업은 극작가로서 갖는 휴식기의 작업으로 부차적인 성과로만 평가되고 있지만, 그는 매우 진지하면서도 유쾌한 스크린-플레이, 즉 스크린 놀이로 그의 엔드게임 <추적>에 이르기까지 극작품 수에 버금가는 27편의 영화각본을 남겼다. 각본작가로서 그의 스크린-플레이는 그가 정한 규칙이 아니라 그를 고용한 영화 산업 시스템 또는 감독이 정한 규칙을 준수하도록 강요받는 게임이다. 따라서 그의 스크린-플레이는 그에게는 불리하지만 감독과 각본작가의 "사이", 그리고 소설과 영화, 연극과 영화 매체의 "사이"에서 협상과 상호매체성에 의해 전개되는 놀이 또는 게임으로 정의될 수 있다.

핀터가 쓴 27개 영화각본들 가운데 자신의 극작품을 각색한 『관리인』 The Caretaker(1963), 『생일파티』The Birthday Party(1968), 『귀향』The Homecoming (1973), 『배신』Betrayal(1983) 등, 4편의 작품들과 앤서니 셰퍼Anthony Shaffer의 극작품을 각색한 그의 마지막 각본 『추적』Sleuth(2007), 그리고 셰익스피어의 연극을 각색한 것으로 영화화도 출판도 되지 않은 각본 『리어왕의 비극』The Tragedy of King Lear(2000)을 제외하고는 모두 소설을 각색한 영화를 위한 각본들이다. 2000년 핀터는 그때까지 쓴 영화각본들 가운데 2편은 촬영되지 않았고, 3편은 다른 각본작가들이 다시 썼고, 17편(자신의 극작품을 각색한 4편을 포함) 정도만 자신이 쓴 대로 촬영되었지만, 그 정도면 대단한 성과라는 자평을 했다. 핀터가 쓴 총 27편의 영화각본들을 다시 종합해보면, 출판이 되지 않은 각본이 6편, 영화로 만들어지지 않은 각본이 4편, 크레디트에서 각본작가로 핀터의 이름이 빠진 것이 2편(〈재회〉Reunion(1988)는 핀터 자신이 원했고, 〈로리타〉 Lolita(1997)는 타의에 의해 빠지게 됨)으로 정리될 수 있다. 이와 같이 핀터의 영화각본들은 독립적인 작품이라기보다 출판, 영화제작, 그리고 명의 사용 여부와 완성된 영화와의 차이 정도 등에 따라 다양하고 제한적인 존재 조건들을 가지고 있다. 핀터의 영화각본이 갖는 이러한 문제들의 주요 원인은 영화산업 시스템 속에서 고용된 각색 각본작가로서의 그의 입지 때문이라고 볼 수 있다. 그러나 오히려 그의 이러한 열등한 '하인'의 입지가 그로 하여금 역동적인 매체로서 영화의 열린 시네-시스템ciné-system에 내재한 정치성을 구현할 수 있는 실천적 작업을 시도하도록 유도하는 역량을 내포할 수 있다는 것이 이 책의 역설적 주장이다.

　　소설을 영화로 각색한다는 것, 즉 매체전환을 한다는 것은 다른 사유 방식의 매체로 전환한다는 것을 의미한다. 특히 영화는 영화 이미지를 통해 새로운 사유방식으로 우리의 지각과 세계를 변화시킬 수 있는 정치성의 구현을 가능하게 하는 매우 유력한 매체라고 질 들뢰즈Gilles Deleuze는 주장한다. 이러한 주장에 입각하여 그는 기존의 내레이션을 새로운 사유 방식으로 전복한다는 의미에서 영화 정치성을 설명하며, 운동-이미지의 고전 영화와 시간-이미지의 현대 영화 사이의 단절로 비로소 영화는 정치적이 되었다고 강조한다. 다시 말해, 진부한 것들을 감지하는 우리의 감각-운동 기능을 유도하는 고전 영화의 운동-이미지의 운동 축에서 새로운 사유-이미지가 생성될 간극 또는 중단의 운동으로 전회할 때, 영화는 정치적이 된다는 것이다.

그 새로운 사유-이미지는 감각-운동 도식sensori-motor schema에서 해방된 "순수한 시각-청각 이미지, 은유 없는 완전한 이미지", 시간의 질서를 벗어난 '빗장 풀린 시간'의 이미지, 즉 직접적 시간-이미지인 것이다. 따라서 직접적 시간-이미지의 현대 영화는 습관적인 사유 방식에서 새로운 사유 방식으로 전회하는 그 중단의 지점에서 선택의 윤리가 제시되는 순간을 포착하는 영화, 즉 영화 정치성을 구현하는 현대 정치영화인 것이다. 이러한 맥락에서, 각본작가로 핀터가 참여한 소설을 각색한 일련의 영화작업을 통해 핀터의 영화 정치성을 검토하는 이 책은 들뢰즈의 영화 정치성과 직접적 시간-이미지의 현대 정치영화에 대한 논의를 적절한 논거로 차용하고 있다.

이 책에서 다루고 있는 9개 작품들 가운데 7편, <하인>The Servant(1963), <중개인>The Go-Between(1969), <사고>The Accident(1966), <마지막 거물>The Last Tycoon(1976), <프랑스 중위의 여자>The French Lieutenant's Woman(1981), <낯선 자들의 위안>The Comfort of Strangers(1990), <심판>The Trial(1993) 등은 모두 소설을 각색한 영화들이다. 나머지 두 작품들 중 『프루스트 영화각본』The Proust Screenplay(1972) 역시 소설을 영화로 각색한 것이지만 아직도 촬영이 되지 않고 각본으로만 출판되었고, 또 나머지 한편은 다른 극작가의 연극을 각색한 유일한 영화이자 그의 마지막 스크린-플레이인 <추적>Sleuth(2007)이다. 그리고 영화화되지는 않았지만 '핀터적인 카메라의 눈'을 포착하기 시작한 전환기적 작품으로 볼 수 있는 『프루스트 영화각본』을 제외하고는 8편 모두 핀터의 각본대로 촬영된 작품들이다. 첫 4편은 모두 들뢰즈에 의해 자연주의 영화의 대가로 선정된 조셉 로지Joseph Losey와의 공동작업으로 핀터가 영화 매체의 정치적 잠재력을 발견하고 영화 정치성의 구현을 시도함에 있어서 중대한 영향력을 행사한 작품들이다. 그리고 <마지막 거물>은 할리우드에서 실직한 영화각본작가로 할리우드 영화제작에 대한 소설을 쓰다가 갑자기 죽은 F. 스콧 피츠제럴드F. Scott Fitzgerald의 유작 소설을 각색한 영화로 핀터의 첫 할리우드 영화이자 실패한 영화이다. 그러나 닫힌 할리우드 스튜디오 시스템에서 미완성의 열린 "과정 중의 시네-시스템"으로의 전환 추구의 가능성을 강력하게 시사하는 영화이다. <프랑스 중위의 여자>는 존 파울즈 John Fowles가 "영화로 만들 수 없는" 소설로 쓴 원작을 성공적으로 각색한 영화로 핀터의 작품 중 가장 훌륭한 영화이자 상호매체성을 가장 잘 활용한 영화이다. 그리고 소수 여성의 "거짓의 역량"에 의한 "이야기 꾸며대기"와 가장 적극적인 세 번째 시간-이미지의 출현을 통해 영화 정치성을 성공적으로 구현한 영화이기도 하다. <낯선 자들의 위안>은 이언 매큐언Ian McEwan의 원작소설의 예술적 수준을 높인 각색으로 극찬을 받은 영화로 각본작가로서의 핀터의 입지를 확고하게 해준 영화이다. 그리고 다른 어떤 영화보다도 성정치성과 정치성의 밀접한 연관성에 입각하여 여성 "견자"seer의 선택을 통해 영화 정치성을 부각시킨 영화이기도 하다. <심판>은 핀터에게 가장 많은 영향을 준 프란츠 카프카Franz Kafka의 소설을 각색한 영화로, 들뢰즈에 의해 시간-이미지와 현대 정치영화의 선구자로 인정받은 오손 웰스Orson Welles의 <심판>을 리메이크한 영화이기도 하다. 따라서 웰스와 핀터의 <심판>의 상호 읽기는 들뢰즈의 이론과 핀터의 스크린-플레이의 상호협상을 통해 핀터뿐 아니라 들뢰즈의 영화 정치성을 새롭게 논의할 수 있는 '사이'를 제공할 수 있다. 그리고 이 책의 결론의 장에서 다루어진 <추적>은 앤서니 셰퍼의 연극을 각색한 영화로 이미 조셉 맨키비츠Joseph Mankiewicz가 만든 영화를 리메이크한 영화이다. 이 작품은 핀터의 마지막 영화작업으로 그의 일련의 스크린-플레이의 엔딩이자 모든 글쓰기의 엔드게임으로 다루어질 수 있는 영화이다.

이 책에서 다루고 있는 작품들을 선정한 기준은 두 가지로, 우선 핀터의 영화 정치성을 검토하는 데 적절한 작품이어야 한다는 것, 그리고 어느 정도 차이는 있을 수 있지만 핀터가 쓴 각본의 내용과 의도대로 충실하게 촬영된 작품이어야 한다는 것이다. 따라서 선정된 9개 작품들 중 촬영되지 않은 『프루스트 영화각본』을 제외하고는 모두 핀터의 각본에 충실한 영화들이다. 따라서 비록 영화 정치성과 성정치적 전복성의 이슈를 본격적으로 다루고 있는 작품들이지만 핀터의 각본과는 너무 다르게 촬영된 영화들은 선정되지 않았다. 예컨대, 80년대 중반 핀터가 정치적 관심을 선언한 이후로 1987년에서 1991년 사이에 연이어 쓴 3편의 영화각본을 토대로 촬영한 '명백한' 정치영화, <핸드메이드 이야기>The Handmaid's Tale(1987), <재회>(1989), 그리고 <남아있는 나날>The Remains of the Day(1991)은 바로 그러한 이유로 제외되었다. 『재회』만 영화각본으로 출판되었고, <핸드메이드 이야기>의 경우는 계약 조건 때문에 어쩔 수 없었지만 3편의 영화 모두에 대하여 핀터는 자신의 명의 사용을 거부했다. 따라서 비록 이 작품들이 핀터의 영화 정치성에 대한 논의에 있어서 중요한 비중을 차지할 수 있지만 아쉽게도 제외되었다. 사실 이 영화들은 영화각본작가로서 핀터와 감독 또는 영화제작 시스템 사이의 '정치적 협상'이 결렬된 대표적 사례들이다. 따라서 핀터의 영화각본의 다양한 존재 조건들을 고려한 텍스트 비평과 시네-시스템의 관점을 부각시킨 영화 정치성에 대한 별도의 후속 연구에서 이 작품들은 본격적으로 다루어질 계획이다.

　필자의 기억 속에 최초로 카메라의 존재를 의식한 것은 유치원 졸업 앨범 사진을 찍기 위해 검은 보자기를 뒤집어 쓴 카메라 앞에 앉았을 때였던 것 같다. 캄캄한 사진관에서 홀로 조명을 받으며 의자에 꼼짝없이 묶여 그대로 블랙홀 같은 그 카메라의 외눈 속으로 빨려 들어가 어두운 동굴 속에 갇힐 것만 같았던 두려움이 지금도 생생하게 느껴진다. 그러나 아마도 그 사진의 프레임 속에 갇혀 있는 겁먹은 어린 아이의 얼굴 이미지가 발생하는 기호들이 필자를 스크린-플레이의 세계로 유인하는 토끼가 되어준 것 같다. 마침내 유년 시절 어느 날 어두운 영화관에서 필자는 놀랍게도 모든 것들을 삼켜버렸던 그 무서운 검은 보자기의 블랙홀에서 마술처럼 풀려난 이미지들을 발견할 수 있었다. 스크린 위에서 펼치는 그 해방된 이미지들의 멋진 안무는 어둠과 블랙홀에 대한 공포에도 불구하고 그러한 스크린-플레이를 연출하는 낯선 세계에 대한 호기심을 불러일으킬 만큼 강력한 유희성을 발휘했던 것 같다. 이후 스크린 위의 이미지들의 안무뿐 아니라 거대한 검은 보자기로 덮어 놓은 외화면의 세계를 열어 보여주는 카메라의 눈을 다룰 줄 아는 영화감독은 마치 『템페스트』*The Tempest*(1611)의 프로스페로처럼 경외심과 의구심을 불러일으키는 마법사와 같은 존재가 되었다. 아마 핀터의 스크린-플레이에 대한 이 책을 쓰게 된 것은 영화라는 낯선 세계가 필자에게 일으킨 이러한 '정동'affect에 이끌린 작업이었던 것 같다.

사실 이 책은 주어진 각본에 따르면『해럴드 핀터의 정치성과 성정치성』(2010)에 이어 곧 등장하기로 되어 있었다. 그러나 필자의 역량의 한계로 블랙홀과 스크린 사이, 핀터와 들뢰즈 사이의 까다로운 정치적 협상에는 결국 '핀터적'Pinteresque인 위협의 긴 '사이'가 있어야만 했다. 그 불안과 긴장의 긴 '사이'를 소중한 배움들과 소소한 즐거움들로 채워준 선생님들, 동료들, 학생들, 친구들, 그리고 가족들에게 이 자리를 빌려 감사의 마음을 전한다. 늘 꿈과 기쁨을 주는 승진이와 준이, 그리고 부족한 딸에게 항상 갚을 수도 없는 넘치는 사랑을 주시는 어머니에게 사랑과 감사의 마음을 전한다. 그리고 그 때 사진관에서뿐 아니라 어둠을 무서워했던 유년시절 늘 옆에 계셔주셨던 돌아가신 외할머니께 이 책을 바친다.

2015년 12월
낙호당에서
정문영

차례

핀터의 스크린-플레이와 영화 정치성

———

I

노벨상을 수상한 대표적인 현대 영국 극작가인 해럴드 핀터Harold Pinter
는 반세기에 걸쳐 시와 소설, 29편의 극작품, 27편의 영화각본, TV와 라디
오 그리고 다양한 매체들을 위한 많은 작품들을 남겼다. 핀터의 이러한 다
양한 매체 경험이 극작가로서 그의 주제적 관심과 극형식 탐구에 많은 영
향을 주었음은 주지의 사실이다. 또한 다른 매체 사이의 상호 개입, 즉 소
설과 영화, 연극과 영화의 매체전환 작업을 통해 그는 상호매체성inter-
mediality의 동인이 연극뿐 아니라 각 매체의 한계와 문제점 극복과 새로운
생성의 가능성을 열어 줄 수 있다는 중요한 사실도 발견할 수 있었다. 이러
한 중요한 성과를 가져다 준 그의 극작품 수에 버금가는 27편의 영화각본
을 그가 끊임없이 썼음에도 불구하고, 대부분의 핀터 비평가들은 그의 영

화작업 성과를 단순히 부수적인 것으로 취급하고 있다. 그러나 작가로서 그의 소신과 그의 진실 찾기 과정에 대전환을 가져올 정도로 핀터의 영화 각본작업은 재미있는 그러나 중요하고도 진지한 '스크린-플레이' screen-play 였음은 분명한 사실이다. 특히 소설을 영화로 각색하는 일련의 작업은 그가 연극 무대에서 긴 침묵, '사이'pause를 깨뜨리고 80년대 중반 마침내 그의 정치성을 공언하도록 유도하는 데 상당한 공헌을 했다. 사실 1950년대 말 등단과 더불어 부조리극작가로 자리매김 된 핀터는 이분법적인 냉전시대 미학에 의해 처음부터 그의 정치성은 침묵과 억압이 강요되었다. 그러나 레이먼드 암스트롱Raymond Armstrong이 핀터의 "영화와 정치성에 대한 상호밀접한 관심"을 지적하듯이(117), 핀터의 영화에 대한 관심이 잠자던 그의 정치성을 마침내 깨우게 되었던 것이다.

핀터를 부조리극작가로 분류한 현대극비평의 정전 역할을 자처했던 마틴 에슬린Martin Esslin은 핀터가 영화에 전념했던 시기를 그의 휴식기라고 부른다. 그러나 핀터 자신은 오히려 『풍경』Landscape(1967), 『침묵』Silence (1968), 『옛 시절』Old Times(1970), 『배신』Betrayal(1978), 등과 같은 오이디푸스적 기억극으로 불리는 대표작들을 썼던 기간을 정치적 작가로서의 "휴식" 기간으로 간주한다(Gussow 82). 핀터 스스로 밝히고 있듯이, 그는 초기 60년대 까지 "일종의 정치적 작가"로서 정치적 은유로 볼 수 있는 소위 위협희극 comedy of menace을 썼으며, 그 이후 20여 년 동안은 가장 활발했던 극작 시기로 평가되지만, 정치적 작가로서는 "몽유" 상태에 빠진 시기였다(82). 이 시기 동안 그는 오이디푸스적 방에 갇혀 초기에 그가 지녔던 "유희와 익살"을 상실할 것 같은 두려움을 느꼈으며(82), 마침내 80년대 중반에 이르러 그는 자신이 갇혀 있는 오이디푸스적 "방"이 외부세계와 근접해 있다는 사실 그리고 감당하기 어려울 정도로 견디기 힘든 그 무엇과 직면해야만

한다는 사실을 깨닫게 되었다고 고백한다(Knowles, 'Harold Pinter, Citizen"' 25). 이러한 깨달음과 더불어 몽유 상태에 있던 정치성을 깨운 것은 바로 부차적인 성과로 간주되는 스크린플레이들screenplays로 시도한 여분의 '스크린-플레이'에서 얻게 된 "탄력과 도약의 변화"(Gussow 146)인 것이다.

각본작가로서의 영화작업, 특히 소설의 영화각색 작업을 핀터는 "색다른", "진지하면서도 매혹적인 기술"의 작업(2000년 9월 인터뷰)이라고 밝혔다. 그의 진지하고도 유희적인 스크린-플레이는 질 들뢰즈Gilles Deleuze와 펠릭스 가타리Félix Guattari가 대표적인 소수문학 작가로 선정한 작가들인 프란츠 카프카Franz Kafka와 사뮈엘 베케트Samuel Beckett와 같은 정치적 작가가 될 수 있는 역량을 발휘한 놀이였다. 다시 말해, 핀터는 스크린-플레이를 통해 카프카와 베케트처럼 오이디푸스적 공간인 "방"에만 갇혀있는 작가, 고독의 작가, 죄의식의 작가가 아니라 새로운 표현 양식의 기술을 통해 스스로를 해방시킬 수 있는 "이중의 흐름"double flux을 발견한 "정치적" 작가-되기로 도약할 수 있게 되었다는 것이다(*Kafka* 41). 핀터 또한 영화라는 매체의 경험을 통해서 그가 연극에서 봉착한 난국을 벗어날 수 있는 탈주선을 찾는 정치적 작가-되기로 진입할 수 있었다는 것이다. 그러나 이미 핀터의 영화와 정치성에 대한 상호 밀접한 관심을 지적한 암스트롱을 비롯하여 많은 비평가들이 핀터의 정치성을 보수주의적 성향의 정치성으로 규정을 했다. 다시 말해, 핀터의 영화작업은 극작가로서 겪어온 오이디푸스적 갈등을 마침내 극복하고 연극으로의 "최종적인 귀향"(Armstrong 36)에 이르는 보수적 정치성을 깨웠다는 것이다. 그러나 핀터의 정치성은 오이디푸스적 정치성이 아니라, 들뢰즈와 가타리가 카프카에게서 읽어내는 "모든 것에 의문을 제기하는 욕망의 정치성, 즉 미시정치성"(*Kafka* 42)인 것이다. 그리고 그의 영화작업은 그를 오이디푸스적 구조로 귀향하도록 유도한 것이 아니라, 그 구조 자체에 의문을 제기하고 탈영토화를 수행하는 욕망의 정치성을 구현하도록 이끌었다. 따라서 극작가 핀터의 스크린-플레이는 그의 잠자고 있는 정치성을 일깨워 그가 극작 과정에서 직면한 "오이디푸스적 난국"(15)을 벗어날 수 있게 한 도약의 유쾌한 놀이임이 분명하다. 그러나 그의 일련의 스크린-플레이는 그 이상의 중요한 성과를 이룬 새로운 현대 영화의 생성에 공헌한 진지한 놀이로 평가되어야 할 것이다.

II

핀터의 영화작업에 대한 본격적인 연구는 1980년대 중반에 이르러 소설을 영화로 각색한 영화각본들에 대한 조안 클라인Joanne Klein의 저서 『영화 만들기: 핀터 영화각본』Making Pictures: The Pinter Screenplays(1985)으로 시작되었다. 이후 한 동안 개별적인 작품에 대한 논문들만이 간헐적으로 발표되었고, 21세기를 맞아 단편적인 연구들을 모은 스티븐 게일Steven H. Gale이 편집한 『해럴드 핀터의 영화』The Films of Harold Pinter(2001)가 출판되었다. 이 책을 필두로 정신분석적 방법론을 적용한 린다 렌턴Linda Renton의 『핀터와 욕망의 대상: 영화각본들에 대한 하나의 접근』Pinter and the Object of Desire: An Approach through the Screenplays(2002), 그리고 게일이 쓴 『예리한 컷』Sharp Cut: Harold Pinter's Screenplays and the Artistic Process(2003) 등이 차례로 이어지면서, 본격적인 연구가 재개되었다. 그러나 그 이후 또 다시 긴 사이pause가 지금까지 계속되고 있다. 이제 그 긴 사이는 핀터의 영화작업 성과의 평가에 있어서 가장 핵심적인 주제이지만, 아직 본격적으로 부각되지 않은 그의 '영화 정치성'cinematic politics에 대한 활발한 논의로 깨어질 때가 된 것 같다.

지금까지 핀터의 정치성에 대한 전반적인 논의는 대체적으로 이중적 의미로 해석될 수 있는 양면성에 대한 지적과 함께 그러한 양면성 자체가 바로 그의 정치성의 딜레마이며 한계라는 지적으로 결론을 내린다(Grimes 31). 예컨대, 최근 핀터의 정치성을 재고한 찰스 그라임즈Charles Grimes에 따르면, 그의 정치성이 권력 관계를 비판하고는 있지만, 그의 극 자체는 그러한 비판이 불가능한 것은 아닐지라도 전적으로 무력하다는 것을 위험스럽게 시사하고 있다는 것이다(31). 그라임즈는 이러한 무력함을 고백하는 역설적인 핀터의 정치극을 새로운 발전 단계에 이른 "핀터적"Pinteresque 정치극으로 평가하지만, 결국 핀터의 정치성은 침묵적인 또는 순종적인 저항에 머물고 있다는 결론에 이른다(31). 그러나 그 침묵은 바로 "인간과 세계의 관계의 단절"에 직면하여 어떤 행위와 사유도 할 수 없는 들뢰즈의 현대 정치영화의 "견자"seer(Cinema 2 169)의 침묵을 연상시킨다. 어떠한 기존의 방법으로도 사유할 수 없기에 침묵할 수밖에 없지만, 그러나 그 사유할 수 없음의 침묵은 결국 우리에게 새로운 사유를 창조하도록 강요하는 침묵인 것이다. 그리고 우리에게 주어진 유일한 희망은 탈주에 대한 믿음뿐임을 강력하게 시사하는 침묵인 것이다. 다시 말해, 들뢰즈가 말하는 "사유할 수는 없지만 그러나 사유될 수만 있는 것, 사유할 수 없다는 것을 믿듯이, 사유될 수 있다는 것을 믿는 것", 즉 비사유unthought를 사유thought의 역량으로 전환시킬 수 있는 부조리성이(Cinema 2, 170) 바로 핀터의 부조리성이자 그의 정치성인 것이다. 따라서 핀터의 모호한 정치성에 대한 기존 논의의 근거가 되는 바로 그 무력감, 사유의 무능력에서 그의 정치성에 대한 새로운 논의가 재개되어야 할 것이다. 왜냐하면 그의 정치성은 카프카가 말한 "다수의 언어로 더 이상 글쓰기가 불가능한, 그러나 쓰지 않는 것도 불가능한 난국에", 무능력과 참을 수 없음의 상태에 처한 자신을 발견하고 이러한 위기를 해결하고자 하는 데서 추구되기 시작하기 때문이다(*Cinema 2* 217). 그러므로 1980년대 중반 다수의 언어로 쓸 수밖에 없는 오이디푸스적 기억극을 더 이상 쓰지 않겠다는 그의 선언, 그리고 2005년 그의 극작 중단 선언은 바로 이러한 난국을 직면하여 새로운 사유 방식을 찾기 위해 그가 내린 윤리적인 그리고 정치적인 선택 그 자체인 것이다("Art, Truth and Politics" 433).

극작가로서 핀터의 극작 중단 선언은 다수 언어로서의 극작 중단을 의미하는 정치적 선택이다. 그렇다면 자신이 주저자가 될 수 없는 핀터의 끊임없는 영화작업의 지속 역시 '주인임'authorship을 주장할 수 없는 고용된 작가의 입지에서 자본주의의 다수적 폭력에 대한 소수의 정치적 전복성을 구현하고자 하는 그의 정치적 선택으로 볼 수 있다. 따라서 핀터의 영화각본은 단순히 정치적 억압을 통해 정치적 힘의 작용을 보여주는, 즉 다수와 소수, 공적인 것과 사적인 것 사이의 간극과 파편화만을 보여주는 고전 정치영화 작업을 위한 글쓰기는 분명 아니다. 핀터가 일련의 스크린-플레이를 통해 지향한 영화는 바로 그러한 간극을 보여주는 것에 그치는 것이 아니라 거기서 탈주의 실마리를 찾는 '견자'의 현대 정치영화이다. 이러한 현대 정치영화를 만드는 스크린-플레이의 유희성이 바로 그의 초기 위협희극에서부터 잠재되어 있던 정치성을 깨운 동인이기도 하다.

III

영화 정치성에 대한 논의를 본격적으로 전개한 이론가는 들뢰즈이다. 그의 주장에 따르면, 모든 영화는 정치적이고, 우리 시대의 유력한 정치적 매체는 바로 영화인 것이다. 그는 영화가 정치성을 지향하는 것이라기보다는 영화 자체가 사건, 사물 또는 그것에 대한 내레이션을 정치화한다는 관점에서 영화 정치성을 설명한다(Coleman 150-51). 간단히 말해, 영화 정치성이란 기존의 내레이션을 새로운 사유 방식으로 전복한다는 것을 의미한다. 들뢰즈가 두 권의 『영화 1』*Cinema 1: The Movement-Image*(1983)과 『영화 2』*Cinema 2: The Time-Image*(1985)에서 영화 이미지 분석과 이론[1])을 통해 기획한 것은 앙리-루이 베르그송Henri-Louis Bergson이 "우리의 일반적인 지식의 메커니즘은 일종의 영화기술적인 종류의 것이다"(323)라고 말한 언급의 의미를 심화시키는 것이다(Colman 11). 즉 영화를 정치적 매체로 하는 우리 시대의 지식의 메커니즘은 영화의 메커니즘으로 설명될 수 있다는 것에 기초하여 들뢰즈는 영화 이론을 전개했다. 들뢰즈는 영화의 몸을 "사회적이고 살아있는 시스템"이자 "열린 시스템"으로, "그"(the) 시스템이 아니라 과정의 시스템, 즉 개념 만들기를 끊임없이 실천하는 열린 시스템으로 설명한다(*Cinema 1* 59). 펠리시티 콜만Felicity Colman의 "시네-시스템"ciné-system이라는 개념은 이러한 들뢰즈의 설명에 근거하여 만들어진 것으로, 그는 들뢰즈가 이 기획을 통해 일종의 "과정의 시네-시스템"을 만들어냄으로써 "영화-철

---

1) 들뢰즈는 『영화 1』과 『영화 2』에서 베르그송의 철학에 기초하여 우리의 일상적 세계의 상식적인 시간과 공간의 좌표를 제공하는 "감각-운동 도식"에 따라 고전 영화의 이미지를 "운동-이미지"로, 그리고 급진적인 단절을 보이며, 감각-운동 도식이 붕괴된 전후시대의 현대 영화의 이미지는 새로운 "시간-이미지"로 분류한다. 그 중 고전 영화의 운동-이미지는 "지각-이미지", "행위-이미지", 그리고 "정감-이미지" 등, 세 종류의 이미지들로 분류된다. 그리고 여기에 C. S. 퍼스(C. S. Peirce)의 "충동-이미지", "반성-이미지", "관계-이미지" 등, 부가적인 세 유형의 이미지들이 첨가되어 여섯 가지 종류의 이미지들로 구별된다. 그리고 『영화 2』에서 여전히 베르그송의 시간과 그의 도식들을 중심으로 "회상-이미지", "꿈-이미지", "결정체-이미지", 그리고 결정체-이미지를 구성하는 현재를 중심으로 하는 직접적 시간-이미지, 과거를 중심으로 하는 직접적 시간-이미지, 그리고 세 번째 시간-이미지로서 프리드리히 니체(Friedrich Nietzsche)의 "거짓의 역량"(the power of the false)의 계열(series)로서의 생성 속에서 출현하는 "발생기호"(génésigne) 등이 분류·분석된다.

학"cine-philosophy의 모델을 제공하는 성과를 이루었다고 주장한다(9). 핀터의 영화작업은 클리셰들cliches과 정적인 이미지들을 만들어내는 닫힌 시스템에 굴복한 상업적인 영화산업을 위한 것이 아니라, 바로 이러한 역동적인 매체로서 영화의 열린 시네-시스템에 내재한 정치성을 구현하는 창조적실천 작업인 것이다.

소설을 영화로 각색한다는 것, 즉 매체전환을 한다는 것은 다른 사유방식의 매체로 전환한다는 것을 의미한다. 즉 소설의 사유 방식을 영화가생산하는 이미지들로 사유하는 방식으로 변환시킨다는 것을 의미한다. 들뢰즈의 영화이론과 이미지론에 의하면, 영화는 다른 모든 소통양식들, 즉다른 매체들을 지배하는 이미지들을 창조한다. 즉 영화는 "역량(들뢰즈의 "정동"affect 개념), 시간과 공간에 대한 복합적인 사고들, 세계 속에서 사물들의조직화, 사고의 정치성"(Coleman 19)의 이미지들을 생산하는 유력한 매체라는 것이다. 따라서 들뢰즈의 논지는 소설을 영화로 각색함으로써 소설에서구현되는 정치성이 영화 이미지로의 사유방식을 통해 더 높은 차원의 정치성으로 도약하게 된다는 주장을 가능하게 한다. 사실 이러한 매체들 사이의 우열을 전제로 한 들뢰즈의 영화이론은 그의 기본적인 전제이기도 한진정한 의미의 매체들 사이의 상호작용으로서 상호매체성에 대한 논의에제동을 걸게 된다. 특히 자신의 이론을 실천하는 과정에서 이론의 핵심적인 문제를 드러내 보이는 난국에 처하게 되기도 한다. 그러나 이러한 중요한 문제에도 불구하고 들뢰즈의 영화 논의는 영화가 우리 세계의 작동에대한 지각을 바꿈으로써 세계의 조직화에 영향을 줄 수 있는 유력한 매체임을 설득력 있게 설명하고 있음은 분명하다. 모든 영화는 그것이 생산되는 특정한 세계의 정치적·문화적 조건에 의해 영향을 받지 않을 수 없으며,또한 그 세계의 작동과 조직화에 영향을 줄 수 있다는 사실을 부정할 수 없다는 것이 그의 기본 논지이다. 이에 근거하여 영화는 영화 이미지를 통해 새로운 사유방식으로 우리의 지각을 변화시키고 세계를 변화시킬 수 있는 정치성을 구현할 수 있는 유력한 매체임을 들뢰즈는 주장한다. 따라서 소설을 영화로 각색한 핀터의 일련의 스크린플레이들이 구현한 영화 정치성을 검토함에 있어서 이러한 들뢰즈의 영화 정치성 논의와 영화이론이 가장 적절한 논거들을 제공해줄 수 있다.

IV

들뢰즈는 소설과 연극을 비롯하여 다른 매체와는 다른 방식으로 시간을 다루는 영화에 대한 이론을 베르그송의 철학, 특히 그의 시간 개념을 바탕으로 영화의 새로운 사유방식을 전개하면서 구축하고 있다. 들뢰즈는 역사적으로 커다란 단절을 초래한 제2차 세계대전을 기점으로 영화가 간접적인 시간의 이미지를 보여주는 고전 영화에서 직접적 시간-이미지와 사유-이미지를 생산하는 현대 영화로 전환하게 되었고, 그 가운데 정치영화의 탄생을 주목하고 있다. 전후시대 현대 영화는 등장인물들이 더 이상 어떻게 행동해야 할지 알 수 없는 상황, 그리고 그곳이 어떤 곳인지도 묘사할 수 없는 "임의적 공간"any-space-whatever에서 이제 더 이상 "행위자"agent가 아니라 "견자"seer가 되는 영화(Cinema 2 126), 운동-이미지의 영화가 아니라 그것을 초월한 시간-이미지의 영화로 탄생하게 되었다. 그리고 현대 영화는 의미가 부여될 수 있는 행동을 하는 행위자이길 포기한 채, 그곳으로부터의 탈주의 실마리를 찾는 견자의 영화로서 현대 정치영화을 지향한다는 것이다. 들뢰즈가 구분하는 상식적인 시간과 공간의 좌표를 제공하는 "감각-운동 도식"sensori-motor schema에 따르는 고전 영화의 운동-이미지는 한 사물에 대한 우리의 습관적인 관심과 욕구에만 이르게 하는 지각 방식을 유도한다. 달리 말해, 이러한 방식은 주체로서 우리가 사물로부터 우리의 관심을 끌지 않는 것을 모두 삭제해버리는 지각 방식이다. 사실 우리는 정상적으로는 클리셰들만을 지각한다. 왜냐하면 우리의 경제적 관심, 또는 이데올로기적인 신념과 심리적인 요구로, 우리는 오로지 지각하는 것에 관심 있는 것 또는 지각하고자 하는 우리의 관심 속에 있는 것만을 지각하기 때문이다. 따라서 클리셰의 이러한 제한된 지각 과정을 이야기하고 있는 고전 영화는 그 자체로 완전하고 즉각적인 사물을 주체에 의하여 산만하게 지각된 상태로 제시할 수밖에 없는 것이다(Cinema 1 63).

사실 지각은 그 사물로부터 우리의 관심을 끌지 못하는 모든 것을 빼고, 우리에게 유용한 것만을 지각하는 행위를 의미한다. 이러한 관점에서 우리는 적게 지각할수록 더 잘 본다는 들뢰즈의 주장을 이해할 수 있다. 우리의 지각은 사물과 존재들이 그것들에게 주어진 장소와 기능들에 한정되는 한 지각될 수 있음을 허용하는 습관의 힘이다. 그러므로 이러한 지각이 실패할 때, 우리는 사회적인 지각 습관들을 구성하고 있는 클리셰를 벗어나 비로소 볼 수가 있게 된다(Marrati 59). 앙드레 바쟁André Bazin은 "그 대상에서 그것을 보는 모든 방식들을, 내 눈이 그것을 덮고 있는 정신적인 먼지와 때, 쌓인 지각들을 벗긴, 무관심한 렌즈만이 그것의 순결한 순수 가운데 그 자체를 드러내 나의 관심과 사랑을 끌 수 있다"는 말로 견자의 보기를 설명하고 있다(What Is Cinema? I 15-16). 그러므로 만약에 사물의 지각을 분별하는 우리의 감각-운동 도식이 정지 또는 단절이 되면, 그 때야 비로소 우리는 "사물 자체를" 잘 볼 수 있게 된다. 따라서 현대 영화를 "견자의 영화"라고 들뢰즈가 말할 때, 그것은 지각, 행위, 정감 등을 분별하는 운동-이미지의 감각-운동 도식을 깨뜨린 현대 영화를 의미한 것이다. 영화는 우리가 지각할 수 있는 클리셰들을 감지하는 감각-운동 기능을 유도하는 운동-이미지의 운동 축에서 간극 또는 중단의 운동으로 전환하는 순간, 그 간극은 문자 그대로, "사물 그 자체를, 그것의 공포 또는 아름다움의 잉여, 그것의 급진적 또는 증명될 수 없는 속성의 사물 그 자체를" 내보일 수 있다(*Cinema 2* 20). 그 때 비로소 영화는 습관적인 지각적 양식에서 필연적으로 통제되거나 또는 예정되지 않은 신경증적 운동으로의 인식의 전이 또는 중단, 그래서 선택의 윤리가 제시되는 순간을 포착할 수 있는 현대 정치영화가 된다는 것이다. 그리고 그 중단의 간극이 생산하는 이미지는 정치적 사유-이미지이며, "순수한 시각-청각 이미지, 은유 없는 완전한 이미지"(20), 즉 직접적 시간-이미지인 것이다.

공간과 시간, 특히 시간을 어떤 운동에 종속된 것이 아니라 그 자체로 등장시켜 시간의 역설적인 운동을 만들어 내는 현대 영화의 반전은 사실 지난 수세기 동안 일어났던 철학적 혁명의 반복이다. 지각 주체와 외부 세계의 관계 속에서 정의된 감각-운동 도식이 깨어지고, 시간 그 자체를 보여주기 위해 현대 영화가 도입한 직접적 시간-이미지는 지각하고 볼 수 있도록 재현된 대상으로는 드러나지 않지만, 현재 속으로 축소되지 않는 시간의 관계들을 구축한다. 더 이상 운동으로부터 추출된 간접적 시간 이미지가 아니라 직접적 시간-이미지의 구조와 작동을 설명하기 위하여 들뢰즈는 "결정체-이미지"crystal-image의 개념을 사용한다. 결정체-이미지를 구성하는 상상적인 것과 실재적인 것, 잠재태와 현실태, 과거와 현재 사이의 식별불가능한 공존의 관계는 가장 기본적인 시간의 작동 방식이다. 과거는 지나간 현재가 아니라 현재와 동시에 구성되기 때문에 시간은 매순간 현재와 과거로 그 자체를 분리해야 하고, 현재를 또한 두 개의 이질적인 방향으로, 즉 미래를 향하는 방향과 과거로 떨어지는 방향으로 분리시킨다. 결정체-이미지가 드러내 보이는 것은 시간의 감추어진 근거, 즉 두 가지 흐름, 지나가는 현재와 보존되는 과거로의 흐름으로 구별되는 두 가지 흐름이다. 따라서 결정체-이미지는 공존성과 동시성의 질서 속에 출현하는 각각 과거와 현재를 중심으로 하는 두 직접적 시간-이미지들을 담고 있다. 그러나 공존성과 동시성이라는 시간의 질서 속에서 출현하는 결정체-이미지의 두 직접적 시간-이미지들은 여전히 순환적인 회로에 갇힌 직접적 시간-이미지이다.

V

들뢰즈에 의하면, 결정체적 시간에 상응하는 결정체적 서사는 현재를 중심으로 하는 직접적 시간-이미지와 과거를 중심으로 하는 직접적 시간-이미지의 두 방향의 운동 중 하나를 선택하여 결정체로부터의 탈주 또는 구원의 가능성에 대한 대답을 제시하고 있다. 다시 말해, 결정체적 서사는 지나가는 현재와 보존된 과거 중 어느 한 쪽에서 탈주 또는 구원의 가능성을 찾는다는 것이다. 사실 모든 결정체는 완벽하지 않으며, 배경의 시야심도depth of field 속에 탈주점, 흠을 가지고 있어서 뭔가가 시간의 두 이미지들 중 어느 한 쪽을 통해 빠져나갈 수 있다는 것이다. 그러나 들뢰즈는 이 두 이미지들 중 진정한 구원의 가능성은 보존된 과거 쪽에 있음을 강력히 주장한다. 들뢰즈는 지나가는 현재 쪽에 탈주점을 통해 빠져나가 미래와 자유를 책임질 역할, 즉 구원의 가능성을 부여한 대표적인 사례로 "순수한 연극성"을 추구하기 때문에 자연주의 영화로 진입할 수 없는 장 르누아르Jean Renoir의 결정체를 언급한다. 반면에 네오리얼리즘 영화의 거장 페데리코 펠리니Federico Fellini의 결정체는 보존되는 과거 쪽에 구원의 가능성을 찾는 사례로 설명된다. 결정체적 시간의 결정체를 스펙터클에 비유하여 설명하는 들뢰즈는 르누아르와 펠리니의 결정체를 각각 연극적 스펙터클과 "자신의 자발성spontaneity하에 있는 삶의 스펙터클"로 구분한다(Cinema 2 89). 이러한 구분은 사실 결정체의 두 가지 시간 측면에 이어 들뢰즈가 첨가한 세 번째 측면에 근거한 것이다. 이 세 번째 측면의 시간 운동은 완결된 결정체란 존재하지 않으며, 모든 결정체는 무한한 형성의 과정 중에 있으며, 또 환경과 유착되어 그것을 결정화시키는 배아seeds와 더불어 형성되고 있다는 전제 하에 결정체의 생성과 확장의 운동을 의미한다. 그러나 르누아르의 결정체는 회로 내에서 시간의 두 측면들이 스스로 재발진시키며 미래를 봉쇄하고 있는 연극적 스펙터클이기 때문에 생성과 확장의 시간 운동은 불가능하며 시간이 미래와 삶에 도달하기 위해서는 흠을 통해 여기서 빠져나와야 한다는 것이다. 반면에 펠리니의 결정체는 "끊임없이 생성되고 있는 결정체"(89)로 그 흠은 르누아르의 흠처럼 빠져나가야 할 균열이 아니라 오히려 그 결정체를 성장시키고 형성하는 배아로 그 속으로 진입하는 입구가 된다는 것이다. 따라서 이제 문제는 빠져나오는 것이 아니라 어떻게 그 속으로 들어가는 가이다. 그리고 생성과 확장 중에 있는 이러한 결정체 속에서 구원 또한 르누아르의 경우와는 달리 지나가는 현재 쪽이 아니라 보존되는 과거 쪽에 존재한다는 것이다(91). 이러한 논지에 따르면, 르누아르 영화가 구원의 가능성을 찾는 지나가는 현재는 미래를 향해 질주하는 것이 아니라, 무덤을 향해 질주하며 오히려 죽음의 무도를 형성하고 있기 때문에 그러한 역할을 수행할 수 없다(Cinema 2 88). 반면에 지나가는 현재들의 수평적 연속과는 달리, 각각의 현재가 다른 현재로 이루어진 과거와 결합하듯이 자신의 고유한 과거와 심연으로 결합하는 수직적 선이 만나 구성되는 공존 속에 구원의 가능성이 있다는 것이다. 즉 이렇게 스스로 보존하는 과거는 시작과 또 다른 거듭된 시작의 모든 정점들을 확보함으로써, 자신의 심연 혹은 측면에 새로운 현실의 도약, 삶의 분출을 보유하고 있다는 것이 들뢰즈의 주장이다(92). 그리고 그는 이와 같이 보존된 과거로서 "과거의 시트"에서 구원의 가능성을 제시하는 선구적인 현대 영화로 오손 웰스 Orson Welles의 <시민 케인>*Citizen Kane*(1941)을 꼽고 있다(105). 특히 웰스가 보존된 과거와 과거의 시트를 포착하기 위해 시야심도를 창조적으로 활용하고 있음을 들뢰즈는 주목한다.[2] 따라서 웰스에서처럼 보존된 과거 속에 보유된 새로운 현실과 삶의 분출이 구현하는 정치성이 바로 시간-이미지의 현대 영화가 추구하는 정치성임을 들뢰즈는 시사한다. 그러나 본격적인 현대 정치영화의 논의는 결정체적 시간과는 구분되는, 즉 결정체로부터 해방된 '일탈적 운동'의 시간, 시간의 질서를 벗어난 '빗장 풀린 시간'을 포착할 수 있는 세 번째 직접적 시간-이미지로의 이행을 통해 비로소 가능하게 된다.

들뢰즈는 세 종류의 직접적 시간-이미지들이 서로 소통하고 침투하며 연관되어 있다고 지적하지만, 결정체적 시간에 기반한 두 직접적 시간-이미지들과 세 번째 시간-이미지의 구분을 부각시켜 강조한다. 즉 세 번째 시간-이미지는 이전과 이후의 시간을 분리하는 시간의 질서 대신 이들을 결합하는 시간의 "계열"series 속에서 출현한 것임을 그는 강조한다(*Cinema 2* 155). 다시 말해, 그 이미지는 자신이 끌어들인 간격 그 자체의 심연을 마주

---

2) 사실 시야심도를 사용한 선구자는 르누아르이다. 그러나 르누아르와는 달리 웰스는 배경에 광원을 두고 전경에 그림자 무리들을 두는 현격한 대조효과와 광각(wide angles)을 이용하여 화면의 시야심도를 증폭시키는 방식을 개발하였음을 들뢰즈는 지적하며 웰스의 시야심도의 창조적 활용을 강조한다(*Cinema 2* 84-85).

하면서 구분된 순간들을 창조적인 생성 안에서 결합함으로써 "잠재화 혹은 역량의 계열로서의 생성 속에서 출현한" 시간-이미지라는 것이다(275). 따라서 세 번째 시간-이미지는 결정체적 시간의 식별불가능성에 머무는 것이 아니라 식별불가능성에 머물고 있는 두 직접적 시간-이미지에 문제를 제기할 수 있는, 즉 현재에서 참과 거짓 사이의 설명 불가능한 차이의 문제를, 또 과거에서 이들 사이에 결정할 수 없는 양자택일의 문제를 제기할 수 있는 역량을 가지고 있다는 것이다(131). 이와 같이 문제를 제기할 수 있고 과거와 현재를 계열 속에서 미래로 이끄는 창조적 역량이 바로 "거짓의 역량"the power of the false이다. 바로 이러한 세 번째 시간-이미지의 이행으로 들뢰즈는 정치영화로서의 직접적 시간-이미지의 현대 영화에 대한 논의를 새로운 차원으로 이끌 수 있게 된다.

"거짓의 역량"을 지닌 시간-이미지에 상응하는 서사는 결정체적 시간의 묘사와 서사의 차원을 넘어선 세 번째 차원인 "이야기"story(Cinema 2 147)이다. 그 이야기는 필연적으로 지배자의 사고와 관점을 대변하는 이미 정해진 진실의 모델을 버리고 "거짓에 기억과 전설 그리고 괴물을 만들어낼 역량을 부여하는 빈자들이 갖고 있는 "이야기 꾸며대기" 기능"(150)이 만들어낸 것이다. 그리고 그 이야기 방식은 일반적인 유기적 체제의 이야기 방식과는 달리 주관과 객관의 구분을 넘어서는 "자유간접화법"free indirect discourse(148)의 방식이다. 나아가 그는 이러한 자유간접화법을 이야기의 새로운 방식의 차원에서만 전개하는 것이 아니라 영화 매체 전반의 차원에까지 확장시켜, "영화 전체가 현실 속에 작동하는 자유간접화법이 된다"고 주장하기에 이른다(155). 즉 영화는 세 번째 직접적 시간-이미지가 도입한 간격에 의해 현실에 공존하는 동질화되지 않는 바깥의 목소리로 끊임없이 공동체로서의 생성 과정 속에 개입한다는 것이다(168). 결국 분열되고 해체되고 그 무엇도 사유할 수 없다는 불가능성에 직면한, 즉 "인간과 세계의 관계의 단절"(169)에 직면한 현대 영화는 어떠한 행위도 할 수 없게 된 견자가 되며, 어떠한 기존의 방법으로도 사유될 수 없기 때문에 결국 새로운 사유 방식의 창조를 강요받게 된다는 것이다. 따라서 "비사유를 사유의 고유한 역량으로 전환"시키는 데(170) 성공한 현대 영화는 우리에게 다시 세계에 대한 믿음을 줄 수 있는 "새로운 사유방식"(172)의 정치영화가 된다.

VI

소설을 영화로 각색한 핀터의 일련의 영화작업들의 분석에 들뢰즈의 영화이론, 특히 시간-이미지 이론을 실천함으로써 핀터의 영화 정치성을 검토하는 과정에서 얻게 되는 또 하나의 중요한 성과는 들뢰즈의 이론이 기초하고 있는 전제들과 기준의 문제점들을 발견할 수 있는 계기를 갖게 된다는 것이다. 사실 들뢰즈 자신도 그의 이론을 실천하는 과정에서 그의 이론의 외상적 핵traumatic kernel을 드러내 보이는 난국에 처하게 되는 것을 의식할 때가 있다. 그러나 들뢰즈 자신이 이론 실천 과정에서 발견하게 된 난국과 이에 대한 그의 대처 방안은 들뢰즈의 이론을 핀터의 영화작업에 실천함에 있어서 어려움보다는 오히려 새로운 차원에서 핀터의 영화 정치성을 검토할 수 있는 일종의 들뢰즈와의 "사이"의 공간을 제공해준다.

핀터의 본격적인 영화작업은 들뢰즈가 위대한 자연주의 영화감독으로 인정한 조셉 로지Joseph Losey와의 공동 작업3)으로 시작한다. 들뢰즈의 논지에 따르면, 자연주의 영화는 운동에 종속된 시간이 아니라 시간 자체를 다루는 시간-이미지를 처음 등장시킨 영화로 기존 고전 영화와는 차별적인 위상을 갖는다(*Cinema 1* 126). 그러나 들뢰즈는 『영화 1』과 『영화 2』에서 어떤 영화가 "더 가치 있는" 영화인가라는 평가, 즉 영화 이미지들과 영화들의 위계적 분류를 시도하지 않았다고 강조한다(*Cinema 1* x). 서문에서 위계적 분류를 본인이 직접 부정함에도 불구하고, 운동-이미지의 고전 영화와 시간-이미지의 현대 영화 사이의 위계적 관계가 분명히 드러나고 있다. 그리고 시간-이미지의 영화들 사이에도 위계 관계가 부과되고 있는 것은 사실이다. 시간-이미지의 영화들에 대한 그의 위계적 분류를 종합해보면, 가장 정점에 세 번째 직접적 시간-이미지와 "거짓의 역량"을 구축한 선구적인 웰스와 그의 뒤를 잇는 현대 영화들, 그 아래로 결정체적 시간 이미지를 벗어나지 못한 직접적 시간-이미지의 현대 영화들이 위치한다. 그리고 그 아래로는 최초로 시간-이미지를 등장시킨 자연주의 영화들이 있고, 그 영화들 사이에도 부정적 시간-이미지를 극복하는 데 성공한 정도에 따른 세부적 위계 관계가 부여되며, 그 아래로는 자연주의 영화 범주 진입에 실패한 영화들이 배치된다. 들뢰즈가 부정하고 있음에도 불구하고 이러한 시간-이미지의 영화들 사이의 서열 관계가 분명하게 부각되는 이유는 그의 시간-이미지 이론 구축이 그러한 서열 관계 설정을 전제로 하고 있기 때문인 것은 분명하다. 따라서 최초로 시간-이미지가 등장하는 자연주의 영화로 분

---

3) 핀터는 로지와 함께 로빈 모옴(Robin Maugham)의 소설 『하인』(*The Servant*, 1948)을 영화화한 <하인>(1963)을 첫 작품으로 하여 니콜라스 모즐리(Nicholas Mosley)의 소설 『사고』(*Accident*, 1965), L. P. 하틀리(L. P. Hartley)의 소설 『중개인』(*The Go-Between*, 1953), 마르셀 프루스트(Marcel Proust)의 소설 『잃어버린 시간을 찾아서』(*A la Recherche du Temps Perdu*, 1913~1927)를 각각 각색한 <사고>(1966), <중개인>(1969), 『프루스트 영화각본』(*The Proust Screenplay*, 1972) 등 모두 4편의 소설을 각색한 영화를 위한 각본을 썼다.

류되는 영화로 본격적인 영화작업을 시작한 핀터의 영화 정치성을 검토함에 있어서 들뢰즈의 영화이론, 특히 시간-이미지 이론에 내재한 서열 관계를 설정하는 기준 자체에 대한 문제 제기는 일종의 들뢰즈와의 "정치적 협상"을 통해 둘 "사이"에서 새로운 영화 정치성의 구현을 가능하게 하는 계기를 가져올 수 있다.

대체적으로 핀터의 영화작업에서 그의 관심과 재능은 연극적 스펙터클의 구축에 있는 것으로 간주된다. 다시 말해, 그가 르누아르처럼 연극성을 추구하기 때문에 그가 개입한 영화가 자연주의 영화로 진입하는 데 걸림돌이 될 수 있다는 것이다. 그러나 로지와의 첫 영화 <하인>*The Servant*에서 볼 수 있듯이 그의 위협희극적 연극성은 자연주의로의 진입을 방해하는 것이 아니라 오히려 로지를 에릭 본 스트로하임Eric Von Stroheim과 루이스 부뉴엘Luis Buñuel과 더불어 3인의 위대한 자연주의 영화감독의 반열(*Cinema 1* 125)에 오르게 하는 데 중요한 역할을 하였다. 비록 들뢰즈가 후일 르누아르에 대한 그의 저평가를 재고하였지만, 여전히 연극성은 시간-이미지의 영화로 진입하기 위해서는 극복되어야 할 요인으로 그는 간주한다. 사실 이러한 평가는 들뢰즈가 연극과 영화 사이의 위계적 관계도 시사하고 있음을 말해준다. 사실 그는 두 매체 사이의 상호작용에 대한 논의를 주로 연극이 영화에 줄 수 있는 것보다는 영화가 연극에 줄 수 있는 것, 즉 "영화적 연극성"cinematographic theatricality 또는 바쟁의 "잉여의 연극성"the excess of theatricality에 중점을 두고 전개하면서(*Cinema 2* 84), 영화의 연극에 대한 우위성을 강력하게 시사한다. 그러나 핀터의 각색은 진정한 의미에서 매체들 사이의 상호작용, 즉 상호매체성을 통해 영화적 연극성을 단순히 영화의 연극에 대한 일방적인 작용이 아니라 상호작용의 관점에서 실천할 수 있음을, 그리고 결정체에 갇힌 연극뿐 아니라 영화도 해방시킬 수 있는 전복성을 발휘할 수 있음을 보여준다.

또한 들뢰즈는 자연주의 영화로의 진입에 성공한 영화들 사이에도 시간의 부정적인 결과만을 포착하는 부정적 시간-이미지를 극복하고 시간의 보다 긍정적인 반복과 긍정적인 결과들에 대한 열림의 가능성을 내포하고 있는가라는 기준에 따라 위계적 평가를 부과한다. 따라서 그 기준에 따르면, 로지는 스트로하임과 부뉴엘과는 달리 유보적으로 위대한 자연주의 영화감독 대열에 끼게 된다(*Cinema 1* 125). 그러나 들뢰즈는 로지의 영화를 성공적인 자연주의 영화 범주 속에 넣기 위하여 로지의 여자들에게서 유보적 평가를 보완할 수 있는 근거를 찾고 있다. 즉 그는 로지의 여자들에게서 자연주의의 폭력적 충동에 종속된 부정적 시간을 해방시킬 수 있는 "구원"의 가능성을 발견할 수 있다고 주장한다(138). 다시 말해, 로지는 성정치적 전복성을 이용하여 성공적인 자연주의 영화로의 진입을 성공할 수 있었다는 것이다. 물론 들뢰즈가 로지의 여자에게서 이러한 구원의 가능성을 발견한 것은 페미니즘적 관점에서가 아니다. 그것은 자연주의 영화감독으로서 로지에 대한 그의 유보적 평가를 해결함으로써 자연주의 영화에 대한 그의 분석을 보완하기 위한 것이다. 그러나 들뢰즈가 성정치성을 차용하여 자연주의 영화 이론을 구축하고자 한 시도는 오히려 그 이론의 주요 전제 조건들의 타당성에 대하여 의문을 제기할 수 있는 전복의 실마리를 제공할 수 있다. 또한 들뢰즈가 강조한 로지의 여자들의 역할은 오히려 연극성에 대한 들뢰즈의 평가를 반박할 수 있는 빌미를 제공하기도 한다. 다시 말해, 들뢰즈의 로지의 여자들의 역할에 대한 언급은 핀터의 정치성과 성정치성의 밀접한 연관성에 기초한 연극성이 구축한 스펙터클과 관객으로서의 여성 관객성, 나아가 들뢰즈의 "견자"로서의 여성의 역할에 대한 고찰의 근거를 마련해준다. 이러한 고찰을 통해 핀터의 위협희극적인 연극성이 단순히 성공적인 자연주의 영화로의 진입이 아니라 오히려 직접적 시간-이미지의 현대 정치영화로 진입을 가능하게 만들고 있음을 확인할 수 있다. 이와 같이 들뢰즈의 이론을 핀터의 영화작업에 일방적으로 실천하는 것이 아니라 들뢰즈의 이론과 핀터의 스크린-플레이의 상호협상을 통해 들뢰즈와 핀터의 영화 정치성을 새롭게 논의할 수 있는 '사이'를 만들어낼 수 있다.

VII

들뢰즈의 영화이론의 주요한 기본 전제 중의 하나가 영화 이미지란, 특히 직접적 시간-이미지란 본성적으로 현재에 속한 것이 아니라 웰스의 <시민 케인>처럼 "과거의 시트", 즉 공존하는 과거의 지대들 속에 속한다는 것이다(Cinema 2 105). 따라서 이러한 전제에 따라 들뢰즈는 결정체적 시간의 결정체로부터의 구원의 가능성은 결정체적 시간의 두 운동, 지나가는 현재와 보존된 과거 중, 보존된 과거 쪽에서 찾을 수 있다는 주장에 이른다. 이러한 주장을 피력하기 위해, 들뢰즈는 웰스의 <시민 케인>에 대한 장-폴 사르트르Jean-Paul Sartre의 비판을 전략적으로 인용한다. 들뢰즈에 의하면, 사르트르가 <시민 케인>이 시간을 미래라는 차원과 관련하여 이해하는 대신 과거의 기반 위에 재구성했다고 비난하지만, 그러한 평가는 오히려 사르트르의 영화에 대한 안목의 한계뿐 아니라 그의 정치의식의 한계도 드러내 보인다는 것이다(Cinema 2 88). 이러한 정치의식을 가진 사르트르에게 가장 위대한 영화작가는 아마도 지나가는 현재에서 구원의 가능성을 찾는 르누아르였을 것이라고 들뢰즈는 추측한다. 프랑스혁명 또는 인민전선에 대한 르누아르의 사유 방식이 보여주듯이, 그의 정치의식은 미래가 아니라 죽음을 향한 질주를 시사하며, 그의 이러한 한계는 바로 사르트르의 정치의식의 한계라는 것이다. 반면에 들뢰즈는 르누아르와 사르트르가 파악하지 못한 보존된 과거 속에 보유된 새로운 현실과 삶의 분출이 구현하는 웰스의 정치성이 바로 시간-이미지의 현대 영화가 추구하는 정치성임을 강조한다.

그러나 웰스가 미래라는 차원과 관련하여 시간을 이해하는 대신 과거의 기반 위에 재구성했다는 사르트르의 비판은 틀린 것만은 아니다. 들뢰즈가 아마도 웰스에게서 발견하고자 한 것은 프리드리히 니체Friedrich Nietzsche처럼 끊임없이 판단 체계에 대항하여 투쟁하는 니체주의일 것이다. 그러나 웰스는 여전히 과거의 시트에 비중을 두고 있고 그러한 웰스의 영화에 경도된 들뢰즈의 정치성 논의는 사실 미래로의 역능보다는 결정체 속의 시야심도 속에 있는 블랙홀로의 질주로 향할 위험의 소지가 다분하다고 볼 수 있다. 이러한 위험의 소지는 웰스의 한계이자 들뢰즈의 한계이기도 한 것이다. 예컨대, 카프카의 소설 『심판』*The Trial*(1937)을 각색한 웰스의 <심판>*The Trial*(1962)에 대한 들뢰즈의 읽기는 오히려 모든 것을 수렴하는 커다란 블랙홀이 스크린을 가로질러 휩쓸어 버릴 위험을 강력하게 시사한다고 볼 수 있다.[4] 반면에 웰스의 <심판>의 리메이크 영화라고 할 수 있는 데이비드 존스David Jones와 핀터의 <심판>(1993)은 하얀 벽을 내려오는 탈주선을 찾는 데 성공함으로써 오히려 블랙홀보다 하얀 벽white wall, 즉 스크린에 관

---

4) 가타리와 공동작업을 한 들뢰즈는 가타리와의 공동 저작들을 그들 둘 "사이"의 작업으로 정치적 협상의 결과물로 간주한다. 그들은 각각의 관심에 관해, 가타리의 경우는 포착하면 결코 내보내지 않는 블랙홀, 즉 오이디푸스적 난국에 관해서, 반면에 들뢰즈 자신은 스크린을 의미하는 하얀 벽에 관해 작업을 각각 했다는 것이다. 따라서 그들의 관심사 역시 각각 어떻게 블랙홀에서 빠져나올 수 있는가와 어떻게 벽 아래로 활공하여 내려와 탈주선을 만들 수 있는 가로 서로 다르다고 들뢰즈는 설명한다(Deleuze and Parnet 15-18).

심을 둔 들뢰즈의 현대 정치영화의 정치성을 추구하는 영화로 볼 수 있다.

들뢰즈는 영화이론, 특히 『영화 2』에서 시간-이미지 이론을 구축함에 있어서 본인이 해체하고자 한 고정된 시점으로서의 센터(*Cinema 2* 116)를 해체하는 대신에 그 자리가 시야심도의 독점적인 영역이 아니라고 말하면서도 거기에 웰스의 시야심도를 배치시키고 있다(109). 사실 『영화 2』의 후반부에서 베르그송이 슬쩍 사라지고 들뢰즈는 니체에게서 가져온 "거짓의 역량"을 중심으로 아직 도래하지 않은 진정한 창조와 생성의 시간인 미래 시제에 대한 열린 논의를 전개한다. 다시 말해, 들뢰즈가 베르그송을 바탕으로 한 결정체적인 시간에 기반한 직접적 시간-이미지에서 니체의 거짓을 만들어내는 시간으로의 이행에 있어서 연결 고리를 생략했다는 것이다. 아마도 그 연결부가 빠진 이유는 결정체적 시간의 보존된 과거에서 구원의 가능성을 제시했던 웰스를 여전히 세 번째 직접적 시간-이미지를 분리해서 그것에 "거짓의 역량"을 부여한 첫 번째 작가로 간주하는 들뢰즈의 주장(*Cinema 2* 137)에서 웰스의 그러한 이행에 대한 설명을 생략한 것과 같은 이유일 것이다.

물론 들뢰즈의 관심이 각본 자체가 아니라서 각본작가를 직접 언급하는 경우는 거의 없지만, 핀터의 영화각본들 중 들뢰즈가 직접 언급한 작품은 로지와의 네 번째 영화작업을 위해 썼지만 아직도 촬영되지 않은 『프루스트 영화각본』*The Proust Screenplay*(1972)이 유일하다. 그러나 각주에서 각본작가를 밝혀 "로지-핀터"를 언급한 이유는 그가 반박하고자 한 브루노 빌리앵Bruno Villien이 루키노 비스콘티Luchino Visconti가 착수한 프루스트 영화 프로젝트와 로지-핀터의 프로젝트를 비교하면서 두 작품 모두 아직 촬영되지 않은 상태지만 이 두 프로젝트를 비스콘티와 핀터의 프로젝트로5) 간주

---

5) 비스콘티는 1970년 서소 체치 다미코(Suso Cecchi d'Amico)가 쓴 각본으로 그리고 로지는 1972년 핀터가 쓴 각본으로 각각 프루스트 프로젝트를 착수했지만, 빌리앵은 두 프로

하였기 때문이다. 들뢰즈는 결정체적 시간의 양태들을 다루는 장에서 두가지 결정체를 구성하는 요소이자 양태인 현실태적 이미지와 잠재태적 이미지, 그리고 세 번째 상태인 생성하는 결정체, 그리고 비스콘티의 작품을 통해 네 번째 상태로 "해체되고 있는 결정체"(Cinema 2 94)를 설명한다. 그 과정에서 들뢰즈는 부유한 구 귀족사회의 결정체적 세계의 해체를 잘 드러내보이는 <베니스에서의 죽음>Death in Venice(1971)과 같은 영화를 만든 비스콘티가 프루스트의 주제들을 가장 잘 다룰 작가라고 주장하며 비스콘티의 프루스트 프로젝트를 거론한다(97). 그의 논지와는 정반대 사례로, 들뢰즈는 각주에서 비스콘티에게는 결여된 시간에 대한 의식을 로지-핀터의 각색에서는 찾아볼 수 있다고 지적한 빌리앵의 주장을 언급한다. 그리고 빌리앵의 "흥미로운 분석"은 "우리가 보여주려고 한 것과는 정반대"임을, 정확히 말해, 비스콘티가 심오한 시간의 영화작가인 반면, 로지 시이 자연주의는 시간을 시원적 세계와 충동에 종속시키고 있다고 들뢰즈는 주장한다(296-7 n37). 그러나 빌리앵의 주장대로, 비스콘티의 프루스트 프로젝트는 시간의 부정적인 결과로서의 엔트로피와 "너무 늦음"(Cinema 2 96)으로 인한 출구 없는 시간 속으로의 함몰을 보여주는 자연주의적 해석으로 볼 수 있는 여지가 많다. 비록 들뢰즈가 비스콘티의 예술성을 높이 평가하지만, 비스콘티의 프로젝트는 강력한 시간-이미지의 출현을 예고하는 미래로의 열림과 생성을 담보하기보다는 "귀족적인 허무주의"의 탄식에 그칠 수 있다고 볼 여지가 다분하다(97). 따라서 빌리앵의 주장대로 비스콘티는 프루스트에 대한 자연주의적 해석만을 제공하고 있다고 볼 수 있다. 반면에 '핀터적인 카메라의 눈'을 갖기 시작하는 전환기적 핀터의 프루스트 프로젝트는 원작

젝트의 주인을 비스콘티와 핀터로 각각 간주하며, 두 프로젝트를 분석 비교하고 있다(25).

소설에 대한 자연주의적 해석이 아니다. 그것은 오히려 들뢰즈가 읽어내고 있는 프루스트 소설이 강요하는 진실 찾기를 다루는 영화를 위한 시간에 대한 탐구이자 새로운 시간-이미지의 생성을 지향하는 작업으로 볼 여지가 더 많다(*Proust* 17).

주저자인 감독이 아닌 오히려 고용된 각본작가 핀터에게 영화작업은 소수의 유쾌한 스크린-플레이가 될 수 있다. 어떤 면에서 '나는 감독이다' 라고 당당하게 센터를 요구하는 웰스보다 핀터가 들뢰즈의 현대 정치영화 의 정치성을 더 잘 구현할 수 있는 입지에 있다고 볼 수 있다. 사실 핀터는 로지와의 첫 영화 <하인>부터 위협희극적 연극성, 자연주의 영화, "거짓의 역량"을 발휘하는 자유간접화법에 의한 소수6)의 "이야기 꾸며대기" 등의 다양한 관심들 "사이"의 작업을 시도하고 있다. 다시 말해, 이러한 첫 시도 부터 그는 들뢰즈의 이론에 내재한 위계적 관계를 넘어서 연극성을 추구할 뿐 아니라 성공적인 자연주의 영화이자 또한 진정한 생성과 창조의 가능성 을 내포한 적극적 시간-이미지의 출현을 시사하는 현대 정치영화를 동시에 구현하고 있다. 또한 들뢰즈가 로지-핀터의 영화에서 읽어낸 '견자'로서의 여성의 성정치적 전략 역시 핀터가 일관되게 사용하는 정치성과 성정치성 의 밀접한 연관성에 기반한 주요 전략이다. 그리고 무엇보다도, 핀터의 영 화각색작업은 소설, 연극, 영화 등, 각 매체 간의 상호작용을 통해 각 매체

---

6) 들뢰즈와 가타리의 "다수"(majority)와 "소수"(minority)의 개념은 권력과 지배의 상태를 전제로 하는 개념이다. 즉 소수는 다수에 의하여 소수인 것이다. 파리나 모기가 인간보다 숫자상으로는 더 많이 존재하지만, 그럼에도 불구하고 인간이 기준 척도가 되고 그 관계 속에서 필연적으로 '다수가 된다. 그리고 소수는 다수에 의하여 확립된 척도와의 관계 속 에서 소수가 된다. 적극적인 의미에서 '소수'는 오이디푸스화를 거부하는, 역사와 사회에 서 배제된 사람들로서의 노마드(nomad), 즉 "정착을 싫어하는 노마드"로 정의될 수 있다. 따라서 소수는 노마드로서 어떤 고정된 경계를 세우지 않고 언제나 다시 이동하는 집단 으로 생성 그 자체를 의미할 수 있다고 들뢰즈와 가타리는 말한다.

의 위기와 더불어 그 극복의 가능성을 추구할 수 있는 상호매체성을 구현하고 있다는 점에서 들뢰즈의 열린 시네-시스템을 구축하기 위한 중요한 실천으로 간주될 수 있다. 따라서 그의 일련의 스크린-플레이는 위계적이며 닫힌 영화 산업의 시스템을 열린 시네-시스템으로 만들어 나가는 과정에서 그의 정치성을 일깨워주는 동시에 영화 정치성을 구현하는 일종의 정치적 협상이자 창조적 실천이라고 주장할 수 있다.

핀터의 마지막 영화각본은 2005년 더 이상 극작품을 쓰지 않겠다는 선언을 한 뒤 쓴 리메이크 영화 <추적>*Sleuth*(2007)을 위한 각본이다. 이 각본은 다양한 매체들을 위한 수많은 작품들을 남긴 핀터의 마지막 스크린-플레이이자 그의 최종적 글쓰기이다. 따라서 그는 플레이가 아니라 스크린-플레이로 작가로서의 엔드게임을 한 셈이다. "거짓의 거대한 태피스트리"(Billington 433) 밖에 있는 진실을 찾기 위해 극작가로서 "거울 깨뜨리기"(442)를 선언한 핀터의 마지막 스크린-플레이는 다른 극작가의 극작품을 영화로 매체 전환을 한 작품이다.[7] 이와 같이 핀터가 작가로서의 엔드게임을 자신의 창작극도 아니고 다른 극작가의 작품의 각색으로, 그것도 리메이크 영화의 각색작업으로 했다는 사실은 소수의 입지에서 진정한 의미의 상호매체성을 실천하는 영화 정치성의 구현으로 엔딩을 장식하겠다는 핀터의 의도를 시사한다. '각색'에 대한 물음으로 시작하는 <추적>은 그의 본격적인 스크린-플레이 <하인>으로 시작한 일련의 플레이들의 마지막 게임이자 가장 '핀터적인' 게임으로 간주된다. 이 영화는 각본작가 핀터에게

---

7) 핀터의 마지막 각본 『추적』(2007)은 토니상(Tony Award)을 받은 앤서니 셰퍼의 『추적』 (1970)을 원작으로 이미 1972년 조셉 맨키비츠(Joseph Mankiewicz)가 로렌스 올리비에 (Laurence Olivier)와 마이클 케인(Michael Caine)을 주연으로 제작한 영화를 35년의 시차를 두고 주드 로(Jude Law)와 마이클 케인을 주연으로 케네스 브래너(Kenneth Branagh) 감독이 리메이크한 영화를 위해 쓴 것이다.

'여러분이 본 것은 사실 나의 게임이었다'라는 선언으로 그의 엔딩을 맺을 수 있는 기회를 준 셈이다. 그리고 핀터가 원작의 엔딩을 의도적으로 변경시켜 부재를 강요당한 매기Maggie의 귀향으로 그의 마지막 스크린-플레이의 엔딩을 삼았다는 사실은 또 하나의 중요한 선언을 시사한다. 즉 그의 엔딩은 지금까지 스크린-플레이뿐 아니라 모든 플레이가 정치성과 성정치성의 밀접한 연관성을 기초로 한 그의 정치적 작가-되기와 "은밀한 페미니스트"-되기8)의 과정이었음을 분명하게 보여주고 있다.

---

8) Billington, Michael. "Obituary: Harold Pinter." *The Guardian*. December 27, 2008, <http://www.guardian.co.uk/culture/2008/dec/27/harold-pinter-obituary-playwright-politics>

자연주의와 현대 영화 정치성: 〈하인〉

〈하인〉(*The Servant*, 1963)

I

　〈하인〉*The Servant*(1963)을 위한 핀터의 영화각본은 로빈 모옴Robin Maugham의 중편소설『하인』(1948)을 각색한 것으로 소설을 영화로 각색한 일련의 각본들 가운데 첫 작품이다. 그리고 〈하인〉은 들뢰즈Gilles Deleuze가 위대한 자연주의 영화감독으로 인정한 조셉 로지Joseph Losey와 공동 작업으로 기획한 4편의 영화 중 첫 영화이기도 하다. 로지는 핀터가 참여한 영화들 가운데 본인과 함께 만든 영화들이 차별성이 두드러질 정도로 가장 우수한 작품들임을 주장하면서, 감독으로서 핀터에 대한 자신의 영향력을 강조한 다. 그러나 그들의 첫 공동 작업 <하인>은 로지의 기존 영화보다는 같은 시기에 핀터가 쓴 극작품들과의 유사성이 확연하게 드러나는 작품이라는 평가를 받는다. 사실 극작가 핀터에게 소설을 영화로 각색하는 작업은 그 영화의 원전의 작가 그리고 특히 그 영화의 주인, 즉 제1 작가인 감독9)의 권력을 의식해야 하는 고용된 각본작가로서의 열등한 위치를 의식하게 만드는 작업이다. 핀터와 로지 감독이 함께 만든 첫 영화 <하인>의 하인 배럿Barrett과 주인 토니Tony 사이의 관계는 각본작가와 감독의 관계를 연상시킨다. 그러나 배럿이 자신의 열등한 위치를 이용하여 토니를 하인-되기로 유도하듯이, 핀터 또한 배럿처럼 로지로 하여금 "주인"임(Deleuze and Parnet 17)을 포기하고 서로 다른 두 사람 "사이"between에서 "협상", 즉 "정치성, 미시정치성"(17)이 개입한 영화작업으로 유도하는 데 성공할 수 있었다.

따라서 로지-핀터의 영화 <하인> 만들기는 그 "둘 사이에서 작업하기"(Deleuze and Parnet 17), 즉 둘 사이의 "이중 훔치기" 놀이(18)를 통한 영화 만들기로 설명할 수 있다. 사실, 훔친다는 것은 욕망의 대상을 자신의 용도로 유용한다는 것을 의미하며, 따라서 이중 훔치기란 상대방을 자신의 용도에 따라 서로 유용한다는 것을 의미한다. 따라서 <하인>이 성공적인 영화

---

9) "작가주의 영화"(*auteur cinéma*)에서 작가란 한 예술작품으로서의 영화의 창조자로서 감독을 의미하며, 작가주의 영화란 특정 감독의 개인적인 창조적 비전을 반영하는 작품을 일컫는다. 영화감독이자 비평가인 프랑수아 트뤼포(François Truffaut)가 주장한 이래로 50년대 영화비평에 주된 영향력을 행사했던 "작가주의 이론"(auteurism)은 영화의 제1 작가를 감독으로 간주하며, 그 영화의 어떤 특성들이 그 감독을 작가로 만드는 가에 근거하여 영화를 분석하는 방법론이다.

로 평가될 수 있는 이유는 로지 영화의 "바로크적 낭만주의 경향"과 핀터 연극의 "모호하고, 생략적인 언어" 사이에서 미시정치적인 매혹적이고도 치열한 상호간의 "훔치기" 게임을 통해 만들어진 공동 작업의 결과이기 때문이다(Palmer and Riley 43). 그러나 제임스 팔머James Palmer와 마이클 라일리 Michael Riley와 같은 로지 영화 비평가들은 핀터와의 공동작업이 로지에게 긍정적인 영향만을 준 것은 아니라고 지적한다. 예컨대, 영화가 삼분의 일 정도를 남겨둔 후반부에 이르러 갑자기 스타일과 인물화에 있어서 급격한 전환을 보이고 있는데, 이것은 긴장과 위협을 초래하는 핀터적인 언어의 압도적 영향, 즉 그의 연극성 추구 때문이라는 것이다(Palmer and Riley 62). 물론 이러한 지적이 아주 틀린 것은 아니지만, 영화의 전반부와 후반부 사이의 이러한 급격한 불연속성은 핀터 또는 로지, 어느 한쪽의 압도적인 영향력 행사보다는 그 "사이"에서 일어나는 이중 훔치기 놀이의 소용돌이가 만들어낸 급격한 전환이 초래한 간극 때문이라고 보는 것이 더 정확하다. 그리고 그 간극은 부정적인 것이 아니라 오히려 새로운 영화 이미지를 출현시키는 긍정적인 결과를 초래하게 된다. 이 새로운 영화 이미지가 바로 들뢰즈가 분류한 영화 이미지들 가운데 처음으로 등장한 시간-이미지라고 일컬은 자연주의 영화의 "충동-이미지"impulse-image[10])인 것이다. 따라서 이 간극은 로지-핀터의 새로운 자연주의 영화를 탄생시키는 협상의 정치성이 구현되는 사이의 공간인 것이다. 그러므로 영화의 문제점으로 지적되는 불연속성은 로지-핀터의 공동작업 방식의 특성으로 <하인>의 부정적인 면이 아니라

---

10) 들뢰즈에 의하면, 충동-이미지는 정감-이미지와 행위-이미지 사이에, "퇴화한 정동" 또는 "배아적 행위"와 같은 어떤 것, 즉 더 이상 정감-이미지가 아니지만, 아직은 행위-이미지가 아닌 어떤 것이다. 그렇다고 해서 충동-이미지는 두 이미지들의 범주 사이의 과도기로 볼 수 없으며, 그 자체의 일관성을 가지고 있다(*Cinema 1* 123-5).

새로운 영화 이미지가 생성되는 간극을 드러내 보이는 흔적인 것이다. 이러한 새로운 영화 이미지를 생성한 로지-핀터의 첫 성공작 <하인>으로 핀터는 위협희극comedy of menace[11]의 연극성을 추구함으로써 자연주의 영화 정치성을 구현할 수 있는 영화각본작가로서의 입지를 확보하게 되었다. 그리고 로지는 들뢰즈가 선별해낸 "문명의 내과의들"로 불리는 에릭 본 스트로하임Eric Von Stroheim과 루이스 부뉴엘Luis Buñuel과 함께 유보적이기는 하지만 위대한 자연주의 영화감독 대열에 오를 수 있게 된 것이다(*Cinema 1* 125).

II

들뢰즈의 영화 이미지 분류와 영화 분석을 참조하면, <하인>은 소설 원작이 다루고 있는 당대 영국사회의 환부를 해부하여 그 심연에서 작동하고 있는 "충동들"과 "파편들"을 징후와 페티시들의 기호들로 충만한 충동-이미지로 표출한 자연주의 영화이다. 자연주의 영화는 운동에 종속된 시간이 아니라 시간 자체를 다루는 시간-이미지를 처음 등장시킨 영화로 높이 평가된다(*Cinema 1* 126). 그러나 자연주의의 충동-이미지는 "시간의 부정적인 결과만을, 마모, 퇴락, 소모, 파괴, 상실, 또는 단순히 망각"(127)을 포착하는

---

11) 위협희극은 데이비드 캠프톤(David Campton), 니겔 데니스(Nigel Dennis), N. F. 심프슨(N. F. Simpson) 등과 핀터가 쓴 일군의 작품들에 붙여진 용어로, 비평가 워들(Irving Wardle)이 캠프톤의 작품 『광적 장면: 위협희극』(*The Lunatic View: A Comedy of Menace*, 1958)의 부제에서 따와서 핀터와 캠프톤의 작품들을 분석하면서 사용한 용어이다. 캠프톤 극의 부제로서 "comedy of menace"는 "comedy of manners"에서 나온 말장난이며, 유대인식 영어로 "menace"는 "manners"처럼 발음이 된다. 따라서 어떤 의미에서 위협희극은 풍속희극의 차이의 반복으로 볼 수 있는 극형식이다.

폭력을 내포하고 있기 때문에 엔드로피entropy로 치닫게 될 수밖에 없는 한계를 갖고 있음이 지적된다. 이러한 한계에도 불구하고, 부뉴엘의 영화와 같은 성공적인 자연주의 영화는 시간의 보다 긍정적인 반복과 긍정적인 결과들에 대한 열림의 가능성을 그 자체에 내포하고 있지만(131), 반면에 로지의 영화는 그렇지 못하다는 들뢰즈의 위계적 평가를 받는다. 사실『영화 1』과『영화 2』에서 그는 어떤 영화가 "더 가치 있는" 영화인가의 평가, 즉 영화 이미지들과 영화들의 위계적 분류를 시도하지 않고 있다고 강조한다(x). 그러나 자신이 자연주의 영화의 대가들로 선정한 부뉴엘과 로지의 평가에서 볼 수 있듯이, 자연주의 영화 범주의 영화들 사이뿐 아니라, 자연주의 영화 범주에 들어오지 못한 영화들에 대한 자연주의 영화의 우위성을 들뢰즈는 분명히 부각시키고 있는 것은 사실이다. 사실 이러한 위계적 분류는 본인이 부정함에도 불구하고 운동-이미지의 고전 영화와 시간-이미지의 현대 영화의 상호 관계에서 가장 잘 부각된다. 그리고 이러한 위계의 기준은 시간-이미지를 처음 등장시킨 자연주의 영화로서의 성공 여부, 나아가 시간-이미지의 세 종류들이 그 기준이 된다.

들뢰즈의 평가 기준에 따르면, 자연주의 영화로서 로지의 영화가 부뉴엘의 영화보다 못한 이유는 부뉴엘과는 달리 "정적인" 폭력(*Cinema 1* 136)을 구현하고 있어서 그 자체에 시간의 부정적인 결과인 엔트로피를 벗어날 수 있는 열림의 가능성을 보유하지 못하고 있기 때문이다. 따라서 시간의 부정적 결과를 벗어날 수 있는 시간-이미지의 차원에 도달하지 못했다는 것을 근거로 들뢰즈는 자연주의 영화로서 로지의 영화에 대하여 유보적인 평가를 내린다. 그러나 그는 흥미롭게도 로지의 영화를 성공적인 자연주의 영화 범주 속에 넣기 위하여 로지의 여자들에게서 유보적 평가를 보완할 수 있는 근거를 찾고자 한다. 이에 그는 로지의 여자들에게서 시원적 세계와 폭력적 충동에 종속된 시간을 해방시킬 수 있는 "구원"의 가능성을 발견할 수 있다고 주장한다(138). 다시 말해, 토마스 하디Thomas Hardy의 "앞선 여자들"처럼, 남자들이 속한 자연주의의 시원적 세계originary world 밖에서 대항하고 있는 로지의 여자들에게서 그 세계로부터 벗어날 수 있는 "구원"의 유일한 방법을 발견할 수 있다는 것이다(139).

물론 들뢰즈가 로지의 여자에게서 이러한 구원의 가능성을 발견한 것은 페미니즘적 관점12)을 위해서가 아니라, 자연주의 영화로서 <하인>에 대한 그의 유보적 평가를 해결함으로써 자연주의 영화에 대한 그의 분석을 보완하기 위한 것이다. 사실 들뢰즈가 <하인>의 여자들이 시원적 세계의 엔트로피에 이르는 남성들의 게임에 참가하지 않고 그 게임의 관객의 위치에 있다고 본 것은 자연주의의 시원적 세계를 남자들만의 치열한 동성애적 게임의 세계로 부각시키기 위한 것이다. 이러한 부각을 통해 충동의 폭력성이 강조되기도 하지만, 한편으로 시원적 세계의 여성의 부재의 강조는 자신의 영화 이론 구축을 위한 들뢰즈의 성정치성 전용을 강력히 시사하기도 한다. 다시 말해, 시원적 세계에 존재하지 않는 여자들에게서 구원의 가능성을 찾는 들뢰즈의 논의는 자연주의 영화의 결정체 속에 갇힌 시간-이

---

12) 사실 많은 페미니스트들은 들뢰즈가 그의 "여성-되기"(becoming-woman)뿐 아니라 그의 이론을 구축함에 있어서 성정치성 전용 여부에 대하여 의문을 제기하고 있다. 예컨대, 제리 앨린 플리거(Jerry Aline Flieger)는 들뢰즈가 남성을 정체성과 주체를 갖는 "몰적"(molar)인 것으로, 반면에 여성을 "분자적인"(molecular) 존재로 "미시정치성"을 위한 반응과 강도로만 존재하는 비주체적 존재로 파악하고 있다고 비판한다(41). 즉 들뢰즈가 여성을 남성의 탈주를 도와주고 사라지는 촉매로서의 분자적 여성으로 취급한다는 것이다. 반면에 엘리자베스 그로즈(Elizabeth Grosz)는 들뢰즈의 그러한 성정치성의 전용이 오히려 여성의 잠재태들(virtualities)에 대한 탐구 도전을 가능하게 한다고 본다(Shukin 150-1). 이에 그로즈는 들뢰즈가 시사하는 "잠재태들의 현실화"를 통한 "미래의 정치성"을 페미니스트 정치성으로 전용한다(Grosz 216).

미지의 탈주와 시원적 세계에 갇힌 남성 주체의 탈주를 위하여 여자를 촉매로 이용하고 있다는 반박을 받을 여지가 많다는 것이다. 그러나 들뢰즈의 성정치성 전용에 의한 자연주의 영화이론 구축 시도는 오히려 그 이론이 증명하고자 하는 바로 그 위계적 분류와 주요 전제 조건들을 해체할 수 있는 전복의 실마리를 제공한다(Žižek, *For They Know Not* 99). 또한 들뢰즈가 지적한 로지의 여자들의 역할은 핀터의 정치성과 성정치성의 밀접한 연관성에 기초한 연극성이 구축한 스펙터클과 관객으로서의 여성 관객성, 나아가 들뢰즈의 "견자"로서의 여성의 역할에 대한 고찰의 근거를 마련해준다. 그리고 앞서 문제점으로 지적된 <하인>에서 두드러진 핀터의 위협희극적인 연극성에 대한 재고의 근거도 발견할 수 있다. 이러한 논의를 통해, 들뢰즈가 보지 못한 <하인>에 내재한 자연주의 영화의 시간-이미지의 한계를 넘어 새로운 생성의 시간-이미지를 출현시킬 수 있는 가능성을 발견할 수도 있을 것이다.

III

들뢰즈의 논지에 따르면, <하인>에서 핀터의 부정적인 영향으로 지적되는 그의 위협희극적 연극성은 자연주의로 진입하는 것을 방해하는 요소로 간주될 수 있다. 들뢰즈는 자연주의자가 되는 것의 어려움에 대하여 논하면서, 도착적이고 잔인한 충동들을 종종 다루는 르누아르의 사례를 들어 그 어려움을 설명한다. 들뢰즈에 의하면, 르누아르가 자연주의로의 진입을 끊임없이 시도했지만, 그의 영화의 사물들은 마치 창유리를 통해서 또는 연극 무대 위에 있는 것처럼 보일 뿐으로 외관façade만 자연주의에 머물고 말았다는 것이다(*Cinema 1* 133). 비록 그가 이러한 저평가를 후일 르누아르의 관심사가 자연주의 영화의 진입이 아니라 스펙터클의 구축, 즉 "순수한 연극성"의 추구에 있음을 인정하면서 재고했지만(*Cinema 2* 84), 여전히 연극성의 추구가 자연주의로의 진입 시도에 장애가 된다는 그의 주장은 변함이 없다. 사실 들뢰즈의 영화 이론 체계에서 자연주의 영화는 처음으로 시간-이미지를 출현시킨 영화로서 비중 있는 자리를 차지하지만, 더 중요한 평가 기준은 자연주의로의 진입 여부보다 자연주의 영화의 시간-이미지가 갖는 한계 극복 여부이다. 들뢰즈가 로지-핀터의 <하인>을 성공적인 자연주의 영화로 평가한다면, 그것은 이 영화가 자연주의 영화의 부정적인 시간-이미지의 한계를 극복하였기 때문인 것이다. 비록 들뢰즈가 이에 대하여 유보적인 평가를 하며 여자들로부터 구원의 가능성을 찾지만, 그의 그러한 지적은 오히려 다른 어떤 자연주의 영화보다도 <하인>이 더 진화된 시간-이미지를 출현시키고 있고, 연극성이 그 출현에 방해 요인이 아니라 중요한 역할을 하고 있음을 반증해준다고 볼 수 있다.

사실 <하인>은 성공적인 자연주의 영화라기보다 생성과 창조의 새로운 시간-이미지의 출현을 시사하는 현대 영화로 보는 것이 더 정확한 평가이다. 자연주의 영화의 부정적 시간-이미지뿐 아니라 직접적 시간-이미지의 기본적 구조는 결정체-이미지의 구조로, 현재와 과거 사이의 식별불가능한 공존성과 동시성의 시간 운동으로 구축된 결정체 속의 두 시간-이미지들로 구성된다. 이러한 결정체적 시간은 두 시간-이미지들 사이의 반복적인 왕래가 초래하는 "현기증"vertigo(*Cinema 2* 84)의 극복과 나아가 그 닫힌 회로로부터 벗어나는 문제를 가지고 있다. 따라서 결정체적 시간의 닫힌 회로로부터 벗어날 수 있는 열림의 가능성이 내포된 영화가 성공적인 시간-이미지의 현대 영화로 평가될 수 있을 것이다. 그렇다면 비록 <하인>은 성공적인 자연주의 영화로서는 유보적인 평가를 받을 수 있지만, 오히려 성공적인 시간-이미지의 현대 영화로 평가될 수가 있다. 그리고 그러한 평가의 근거는 바로 핀터의 연극성과 여성 관객성의 활용에서 발견될 수 있다. 간단히 말해, 핀터는 그의 위협희극적 게임과 파티 의식의 스펙터클 구축과 여성 관객성을 '여성 견자'woman seer로 활용하여 결정체적 시간의 한계를 벗어날 수 있는 시간-이미지의 현대 영화를 지향하고 있다는 것이다.

들뢰즈는 영화이론 구축에 있어서 연극과 영화 사이의 관계를 상호매체성보다는 위계적인 관계로 다루고 있다. 다시 말해, 들뢰즈는 연극과 영화의 상호작용보다는 그의 "영화적 연극성" 또는 바쟁의 "잉여의 연극성"의 개념으로, 영화가 연극에 줄 수 있는 것의 관점에서 두 매체 사이의 상호관계를 다루고 있다(*Cinema 2* 84). 들뢰즈의 영화적 연극성이라는 용어는 결정체-이미지로서 시간-이미지를 설명하기 위하여 사용한 연극과 영화의 관계를 반영하는 개념이다. 그는 결정체-이미지의 결정체를 스펙터클로 설명하며, 르누아르처럼 연극성을 추구하는 영화의 연극적 스펙터클과 네오리얼리즘 영화의 거장 펠리니 영화의 "자신의 자발성spontaneity하에 있는 삶의 스펙터클"(89)을 비교하여, 그 차별성을 강조한다. 완벽한 결정체란 없으며, 따라서 두 결정체 모두 완벽하지 않고 틈 또는 흠을 가지고 있다. 르누아르의 연극적 스펙터클의 결정체에서는 시간의 두 측면들 중 지나가는 현재가 그 흠을 탈주점으로 하여 빠져나와 미래의 시간과 자유를 책임지는 역할을 맡게 된다. 반면에, 펠리니의 결정체 역시 르누아르의 결정체처럼 완벽하지 않고 흠이 있지만, 그 흠은 르누아르처럼 삶에 도달하기 위해 떠나가야만 하는 균열이 아니라, 그것은 오히려 그 결정체를 성장시키고 형성하는 '배아'seeds로 그 속으로 진입하는 입구가 된다고 한다. 사실 모든 결정체는 자신이 닿는 모든 것을, 그리고 자신의 배아가 무한한 생장능력을 부여하는 모든 것을 결정화시키며, 끊임없이 생성되고 확장되는 중에 있다.13) 이와 같이 끊임없이 생성되고 있는 결정체는 연극적 스펙터클이라 기보다는 한 진열창에서 다른 진열창으로, 한 입구에서 다른 많은 큐비클을 거쳐 또 다른 입구로 이행하는 세계의 운동으로 움직이는 일종의 거대한 루나 파크Luna Park14)와 같은 스펙터클을, 즉 영화적 연극성의 스펙터클을 구축한다고 들뢰즈는 설명한다(89). 이러한 스펙터클의 비교로 들뢰즈는 영화의 연극에 대한 일방적인 작용과 우위를 인정함으로써 상호작용의 관점에서 두 매체 사이의 상호매체성을 고려하지 않고 있음을 시사하고 있다. 그러나 <하인>은 핀터의 연극성 추구로 영화적 연극성을 단순히 영화의 연극에 대한 일방적인 작용이 아니라 두 매체의 상호매체성의 관점에서 결정체에 갇힌 연극의 해방뿐 아니라 더욱 강력한 시간-이미지의 출현을 가능하게 할 수 있음을 보여주고 있다.

IV

들뢰즈의 영화이론에 내재한 연극과 영화의 위계적 관계를 반영하는 영화적 연극성의 개념과는 달리, <하인>에서 핀터가 추구한 위협희극의 연극성은 자연주의 영화의 한계 극복뿐 아니라 더욱 강력한 시간-이미지를 출현시킬 수 있는 가능성을 제시한다. 핀터의 위협희극의 연극성이란 상류

---

13) 들뢰즈는 환경과 유착되면서 결정체를 결정화시키는 배아와 더불어 결정체를 형성하는 시간의 운동을 결정체적 시간의 두 가지 시간 측면, 보존된 과거와 지나가는 현재에 이어 세 번째 측면으로 설명한다(*Cinema 2* 88).

14) 호주 시드니에 있는 1930년대 세워진 루나 파크는 특이한 입구로 유명하며, 천천히 움직이면서 바깥 풍경을 구경하는 대관람차와 같은 테마파크이다.

사회의 억압적인 구별짓기의 풍속 이데올로기에 입각한 풍속희극comedy of manners이 구축하는 인위적인 스펙터클만이 아니라 그러한 스펙터클의 배치를 가능하게 한 그리고 동시에 해체시키고 있는 그 이면에 작동하고 있는 약탈과 파괴의 힘들을 드러내 보인다. 다시 말해, 자연주의 영화의 관점에서 볼 때, <하인>은 위계질서를 갖춘 영토화된 파생환경인 빅토리아식 저택으로 연극적 스펙터클을 구축하는 동시에 그 이면에 작동하는 충동-이미지의 자연주의 영화의 시원적 세계를 표출하고 있다는 것이다. 들뢰즈의 자연주의 영화 이론은 파생 환경을 시원적 세계에 도달하기 위한 매개로 간주하며, 따라서 파생환경을 다루는 풍속희극적인 스펙터클 구축에 전념하는 연극성을 추구하는 영화는 시원적 세계에 도달할 수 없다고 본다. 그러나 <하인>의 위협희극적 연극성은 파생환경의 스펙터클과 더불어 그 이면의 시원적 세계를 동시에 보여준다. 따라서 <하인>의 연극성은 스펙터클을 단순히 매개가 아니라 오히려 시원적 세계와의 위계적 관계를 전복하고 스펙터클 자체뿐 아니라 시원적 세계의 열림을 가능하게 하는 정치적 전복성이 내재한 것으로 만들 수 있다. 다시 말해, 핀터의 연극성은 <하인>을 단순히 자연주의를 파사드로 할 뿐이며 자연주의의 경계 안에 들어오지 못하는 영화(*Cinema 1* 133)가 아니라, 오히려 자연주의 영화의 한계를 극복할 수 있는 동인을 내포한 영화로 만들고 있다는 것이다.

핀터는 모옴의 원작 소설에서 자신의 관심을 끌어 스크린-플레이를 착수하게 만든 것은 바로 그 당시 그의 극작에 있어서 주요 관심사였던 지배와 복종이라는 주제, 즉 "위치에 대한 싸움"(*Sharp Cut* 38 재인용)이었다고 밝힌다. 핀터의 토니는 오스카 와일드Osacr Wilde의 『진지함의 중요성』*The Importance of Being Earnest*(1895)의 알저논Algernon을 연상시키는 구세대 귀족계급에 속한다. 그는 하층계급이 상류사회의 도덕적 책임감까지도 대신 실천

해주기를 바라는 알저논처럼 모든 것을 대신해줄 하인을 필요로 한다. 그러나 토니는, 여기저기 돌아다니며 "번버링"Bunburying 놀이를 즐기는 빅토리아조 댄디dandy 알저논과는 달리, 의욕상실과 나태함에 빠진 1960년대의 귀족청년이다. 그가 원하는 것은 여자도 결혼도 아니고 바깥으로부터 자신을 격리시켜 줄 안락한 환경의 집을 꾸며주고 그 속에서 안주할 수 있도록 그의 모든 욕망을 채워줄 수 있는 하인이다. 다시 말해, 그는 "역사와 자연의 바깥에 위치하는" 인위적인 세계, 즉 "합성된 결정체"(Cinema 2 94)인 스펙터클 속에 안주하기를 원한다. 배럿이 지원한 일이 바로 토니의 그러한 욕구를 충족시키는 하인의 역할이고, 그는 토니에게 절대적으로 필요한 존재가 될 만큼 그 역할을 충실히 수행해낸다. 그러나 실제로 배럿이 수행한 역할은 핀터의 위협희극에 등장하는 바깥 세계로부터 들어온 위협적인 침입자이자, 자연주의 영화의 먹잇감을 찾아다니는 포식자의 역할이다. 들뢰즈의 말을 빌면, 배럿은 "자신의 역할을 선택하고, 자신의 순간을 기다리고, 자신의 제스처를 미루고, 자신의 행동을 가장 잘 수행할 수 있는 형태를 빌리도록 유도하는 악마적인 지성"을 겸비한 포식자로 "인간동물"이다(124). 따라서 도덕극morality play 형식의 원작소설에서 발견한 귀족사회의 도덕적 타락과 계급 갈등의 주제에 중점을 둔 핀터의 <하인> 각색 작업은 이러한 위협적인 침입자와 포식자로서의 배럿의 역할을 통해 합성된 결정체로서의 인위적인 귀족사회의 스펙터클과 그 이면의 시원적 세계를 동시에 구축함으로써 정치적 전복성을 구현하고 있다.

    <하인>의 정치성에 대한 기존의 논의는 주로 명백한 도덕성과 정치성을 구현하고 있다고 간주되는 전반부에 집중되어 있다. 영화의 후반부에서는 "핀터적인" 모호성과 불확실성으로 인해 그러한 정치성이 구현되지 못하고 있다는 지적을 받고 있다. 그러나 핀터적인, 그리고 자연주의 영화의

정치성이 구현되고 있는 곳은 전반부보다는 오히려 후반부이다. 들뢰즈와 가타리Felix Guattari는 정치성을 세 가지, 즉, "몰적"molar, "분자적"molecular, 그리고 "탈주선"의 정치성으로 분류하여 설명한다(A Thousand Plateaus 505). <하인>은 이러한 세 종류의 정치성을 모두 구현하고 있다고 볼 수 있다. 우선, 주인과 하인으로서의 토니와 배럿의 관계는 몰적 정치성을, 그리고 몰적 정치성에 의해 확립된 분절적 법과 질서를 어기는 배럿의 저항의 미세한 변화들은 분자적 정치성을 또한 각각 구현한다. 그리고 더 나아가 <하인>은 몰적인 정치성과는 분명하게 분리되는 미지의 새로운 영토로의 노마드적 또는 탈주적 정치성을 구현하고자 한다. 이러한 맥락에서 볼 때, <하인>은 퍼트리샤 피스터즈Patricia Pisters가 분류한 "폭력의 정치성"의 현대 영화로(77)로 간주될 여지가 다분하다. 자연주의 영화의 충동-이미지에 내포된 폭력은 시간의 부정적인 결과를 초래하지만, <하인>의 폭력은 시간의 부정적인 결과보다는 충동에서 "그것의 선택하는 힘을 재발견하는 거대한 기쁨", 즉 "환경을 변화시키고", "탐구하고 탈구시키려는" 욕망(Cinema 1 129)의 발견을 유도한다. 따라서 등장인물들의 파괴적 선택은 이러한 선택의 기쁨과 욕망에 의한 "정치적 선택"이며, 폭력의 정치성을 구현하는 선택인 것이다(Pisters 82). 따라서 피스터즈가 이러한 차원의 충동-이미지를 설명하기 위하여 들뢰즈와 가타리가 『천개의 고원』A Thousand Plateaus에서 전개한 충동에 대한 논의를 도입하면, <하인>의 충동-이미지의 증후와 페티시들은 당면 문제들에 대한 "정치적 선택이며, 출입구와 탈출구들이며", "욕망의 힘을 다하여 정치적으로 살아 내야 하는 난국들"로 볼 수 있다(13). 다시 말해, 그것들은 삶을 위해 떠나가야 할 것이 아니라, 혼신의 힘을 다해 살아내야 할 문제들이자, 생성의 배아로 삶 속으로 진입할 수 있는 출입구가 된다는 것이다. <하인>을 포함하여 대표적인 자연주의 영화작품들을

"폭력의 정치성"에 의한 직접적 시간-이미지의 현대 정치영화로 간주하는 피스터스의 이러한 읽기는 핀터의 위협희극적 연극성이 추구하는 정치적 전복성을 파악하는 데 중요한 실마리들을 제공한다. 특히 이러한 폭력의 정치성에 대한 논의는 <하인>이 시간-이미지의 현대 정치영화의 범주에 진입하는 데 성공할 수 있다면, 그것은 핀터의 위협희극적 연극성 덕분이라는 주장을 뒷받침해준다.

극작가로서 핀터는 형식을 통해 주제를 효과적으로 전개시킬 수 있는 능력이 뛰어난 작가로, 즉 극 형식에 내재된 욕망을 통해 주제적 전개를 구조화할 수 있는 극작가로 인정을 받고 있다(Klein 196). 핀터가 소설을 영화로 매체 전환을 하는 과정에서 발견한 것은 바로 두 매체에 내재한 "욕망의 동력"(Roof 88)이며, 따라서 그의 문제는 원작 소설에서 발견한 동력을 영화를 구조화하는 동력으로 전환하는 것이다. 그가 선택한 방법은 그의 위협희극 형식에 내재한 욕망의 동인이 되는 앉기 게임, 술래잡기 놀이 등과 같은 파티 게임들이 발생하는 벡터를 활용하는 것이다. 따라서 <하인>은 핀터의 위협희극처럼 일련의 놀이들, 배럿과 토니의 앉기 게임으로 시작하여, 그들의 하인과 주인놀이 그리고 수전Susan의 마담놀이, 배럿과 베라Vera의 주인과 마담역할놀이, 토니의 크로스워드 퍼즐 게임, 토니와 배럿의 계단 공놀이와 숨바꼭질, 배럿의 솔리테르 카드놀이, 배럿이 호스트가 되어 마련한 섹스 파티 그리고 배럿과 베라의 사진찍기 놀이 등, 일련의 놀이들로 구성되고 있다. 조안 클라인Joanne Klein은 <하인>의 놀이들을 "순간적인 우위와 질서를 결정하는 하나의 방식으로서 행동의 다른 차원에서의 경쟁의 표출"(22)로 설명한다. 이러한 경쟁의 욕망을 표출하는 놀이는 "개인을 사회적 그룹, 가족 구조, 계급, 젠더와 성, 그리고 직업 구조로 좌표화하는 단단하고 구획적인 선"(Pisters 58), 즉 영토화의 몰적 정치성을 구현하는 동력으로 간주되기도 한다. 대부분의 기존 논의들은 특히 핀터가 그의 극작품 『방』The Room(1957)과 『생일파티』The Birthday Party(1957)에서 즐겨 사용한 지배를 과시하기 위한 수단인 앉기 게임으로 <하인>의 첫 시퀀스의 미장센을 설정한 것을 주목하면서 <하인>의 전반적인 게임들과 이 게임들로 구축된 영화의 구조에 대한 이해를 영토화의 정치성에 한정시키려는 경향을 보인다. 그러나 핀터의 위협희극과 <하인>의 게임들의 주요 동인은 우위의 위치에 대한 경쟁적 욕망만이 아니라, 게임을 하는 사람 각자에게 내재한 폭력적 충동의 분출 그리고 나아가 탈영토화를 위한 욕망의 정치성의 표출이기도 하다. 들뢰즈가 <하인>을 비롯하여 4개의 영화를 핀터와 공동작업을 한 로지를 스트로하임과 브뉘엘에 이어 그들과 동격인 제3의 자연주의 영화감독으로 평가한 것은 바로 이러한 탈주의 정치성을 영화에서 발견할 수 있었기 때문이다.

들뢰즈는 로지의 위대한 자연주의 영화에서 그만의 특유한 특성들 가운데, 첫 번째로 로지 특유의 "매우 특별한 폭력"을 언급한다. 그가 보여주는 폭력은 행동 속에 들어오기 이전에 "작동하고 있는" 폭력, 즉 어떤 행동에도 선행하며 인물들을 관통하여 집어삼키고 있는 폭력이다(Cinema 1 136). 이러한 내적 또는 내재적인 폭력은 또한 정적인 폭력이며, 그 등가물로 프란시스 베이컨Francis Bacon의 회화가 보여주는 부동의 인물로부터 "방사"되는 폭력 또는 장 주네Jean Jenet가 부동의 손에 담을 수 있는 폭력을 들고 있다. <하인>의 예의바르고 정중한 하인 배럿이 가지고 있는 이러한 정적이며 내재적인 폭력은 그 자신뿐 아니라 관객까지도 전율하게 만드는 매우 특별한 폭력이다. 두 번째 특성은 긴 타락의 과정을 통해 주어진 파생 환경을 고갈시킨다는 것, 즉 소진의 폭력이라는 것이다. 로지가 즐겨 다루는 파생 환경은 토니의 집인 격조 있는 빅토리아풍 환경으로 그곳에서 드라마가 전개되는데, 특히 "가장 가파른 경사면의 선"을 그리는 계단이 기본적으로 중요한 의미를 갖는 장소로 추락과 소진의 폭력을 방사하는 놀이가 진행되는 곳이다. 배럿의 토니의 집에 대한 집착에서 보여주듯이, 그의 충동은 "도착"으로, 그 공간을 소진시켜 내재되어 있는 시원적 충동의 세계, "포식자들의 세계"(137)를 드러내 보일 때까지 폭력을 방사한다는 것이다. 하인 배럿의 충동으로 대변되는 "노예성"은 가장 기본적인 인간적 충동으로, 이 충동은 하인의 내면에서 "작동하고 있는" 충동으로 볼 수 있지만, 주인에게도 "잠재하여 분출하는" 충동(137)인 것이다. 그러므로 노예성은 하인뿐 아니라 주인의 특성이며, 다시 말해, 주인과 하인의 관계에 내포된 특성인 것이다. 따라서 <하인>은 배럿과 토니의 동반 타락을 보여주고 있다. 이러한 노예성의 충동은 세 번째 특성으로 연결된다. 즉 로지가 영화에서 보여주고 있는 자연주의적 타락은 바로 "자신을 향한 전복"(137)을 통해 전개된다는 것이다. 다시 말해, 자기 속에 내재하여 항상 "작동 중"에 있는 충동이 그 자신을 폭력의 먹이로 만든다는 것이다. 이 충동은 심리적인 메커니즘으로 설명될 수 있는 것이 아니며, 그 자신을 타락과 죽음이자 "생성" 속으로 몰아넣을 수밖에 없다. 따라서 이러한 정적인 폭력에 굴복한 인물의 유일한 출구는 "자신을 향한 전복"인 타락이자 자신을 사라지도록 유도하는 "생성"뿐이라는 것이다.

　　로지-핀터의 영화에서 보여주는 특별한 폭력에 대한 들뢰즈의 읽기를 참조할 때, <하인>의 일련의 게임들은 플레이어들 사이의 우위의 위치와 영토 싸움에 그치는 것이 아니라 도착의 충동에 이끌려 영토화된 파생 환경과 함께 그들 자신이 소멸에 이름으로써 거기서 출구를 발견하는, 즉 파괴인 동시에 생성의 동력을 분출하는 놀이들로 설명할 수 있다. 따라서 <하인>은 영토화와 탈영토화를 지향하는 욕망의 정치성을 구현하는 일련의 놀이들로 구조화되고 있다고 볼 수 있다. 간단히 말해, 여기서 일련의 놀이들은 위계질서를 갖춘 파생 환경의 영토화를 넘어서 "파편들과 충동들의 시원적인 영역"(83)으로의 복귀와 거기서 탈주선을 찾는 탈영토화의 정치성 구현을 지향하는 과정을 구축한다. 따라서 <하인>이 성공적인 자연주의 영화로 평가될 수 있는 것은 핀터적인 위협희극의 게임들이 충동-이미지의 자연주의 영화의 파생환경의 구축과 함께 시원적 영역을 복구시킬 뿐 아니라 그곳을 벗어날 수 있는 탈주선을 발견할 수 있는 벡터, 나아가 "폭력의 정치성"을 구현할 수 있기 때문인 것이다.

V

비평가들은 대부분 토니와 배럿의 관계를 중심으로 <하인>에 대한 다양한 해석과 평가를 시도한다.15) 사실 원작 소설이 제목은 『하인』이지만, 주인 토니를 중심으로 스토리를 전개한다면, 영화 <하인>은 하인 배럿을 중심으로 전개하고 있다고 볼 수 있다. 이러한 전환은 매체전환을 통해 소

---

15) "명확한 로지 영화"로 <하인>을 간주하는 고든 가우(Gordon Gow)는 이 작품이 "계급-갈등의 은유로, 상승욕구에 대한 시도로, 악에 대한 연구로 다양하게 해석되어 왔음을 지적하고, 그 모든 해석들이 다 타당한 것으로 보인다는 견해를 밝히는 데, 이에 이어, 알렉산더 워커(Alexander Walker)는 더 많은 해석들을, "인간과 그의 분신의 우화" (Richard Roud, *The Guardian*), "그것은 암암리에 동성애에 대한 연구가 아닌가?"(Eric Rhode, *The Listener*), "단순히 누가 무엇이 아니라 누가 누구를 소유하는가에 대한 소유의 영화"(Philip Oakes, *The Sunday Telegraph*), "영국의 카스트 제도에 대한 전면적인 공격"(*The Time*) 등을 모아 열거하면서, 가우의 견해를 따라, 토니와 배럿의 관계에 대한 영화의 은유적 처리가 다양한 의미들을 포함하고 있음을 강조한다(Palmer and Riley 62-3 재인용).

설에서 제대로 다루지 못한 우위적 위치에 대한 배럿의 도전을 영화에서 부각시키고 있음을 보여준다. 특히 <하인>의 첫 시퀀스의 앉기 게임에서 이미 토니와 배럿 사이의 몰적 정치성의 전복이 예견되고 있다는 사실은 각색을 통해 소설에 내재된 욕망의 동력을 제대로 작동시키고 있음을 시작부터 시사하고 있다. 첫 시퀀스의 미장센은 유연하게 원을 그리며 움직이는 카메라의 패닝으로 스산한 광장16)을 지나 토니의 집에 도착한 배럿의 등장과 토니와 배럿의 인터뷰 장면으로 구성된다. 바로 이 시퀀스에서 우리는 토니가 이미 진 체스게임의 왕 노릇을 하는 사뮈엘 베케트Samuel Beckett의 햄Hamm과 같은 주인임을 감지할 수 있다. 다만 햄과 달리 토니는 자신의 운명을 알지 못하고 있지만, 우리는 카메라의 시점과 이동을 통해 토니와 배럿 사이의 싸움의 결과를 처음부터 예측할 수 있다.

사실 <하인>에서 가장 중요한 역할을 하는 것은 바로 빅토리아풍의 토니의 집이라고 말할 수 있다. 배럿의 시점에서 카메라는 새로 구입한 토니의 집의 내부 쇼트를 잡기 시작하여, 현관에서부터 패닝을 하면서 이 영화에서 가장 중요한 배경이 될 계단을 잡고, 잠시 배럿이 프레임에 들어올 때까지 기다렸다가, 한두 계단을 올라가다가 내려온 배럿을 따라 현관 옆쪽 방으로 가서 낮술에 취해 의자에 누워 잠들어 있는 토니를 발견한다. 이어 배럿의 시점에서 토니를 내려다보는 부감high angle과 그를 보며 지나가는 앙각low angle으로 토니를 잡는 일련의 교차 쇼트들은 토니와 배럿의 관계를 결정하게 될 싸움과 그 결과를 예측 가능하게 해준다. 핀터의 『생일

---

16) 들뢰즈는 토니 집 밖의 스산한 자갈 깔린 광장을 로지 특유의 "시원적 세계"로 보며, 시원적 세계는 파생 환경으로부터 분리될 수 없으며, 인공적 건축물과 자연을 대립시키지 않는 것임을 설명하기 위하여, <하인>의 광장을 예로 든다. 따라서 토니가 원한 것은 자신이 주인이 될 수 있는 안락한 파생 환경의 구축이었지만, 실은 배럿을 고용함으로써 바깥으로부터 시원적 세계를 불러들이는 결과를 초래하게 된 것이다(*Cinema 1* 139).

파티』의 골드버그Goldberg와 맥칸McCann과 스탠리Stanley 사이의 의자에 앉기 게임과 심문 장면을 연상시키는 첫 시퀀스를 구성하는 쇼트들은 핀터의 게임이 구축한 몰적 정치성과 그것의 전복 가능성을 동시에 시사한다. 면접약속을 위해 정시에 도착한 배럿의 등장으로 잠에서 깬 토니는 그를 이층 방으로 데려가는데, 이 방은 토니의 침실로 꾸며질 곳으로 계단과 더불어 일련의 놀이들이 전개될 중요한 장소가 된다. 거기서 토니는 배럿을 의자에 앉혀놓고 본인은 서서 배럿을 면접함으로써, 마치 그를 쉽사리 장악할 수 있는 것처럼 보인다. 그러나 카메라는 두 사람 사이를 유동적으로 움직이며 상호간의 이미지로 서로를 압도하며 끊임없이 변하는 미장센을 담고 있다. 이러한 미장센에서 우리는 토니와 배럿 사이에 주인과 하인 관계로서의 몰적 정치성의 구축과 더불어 동시에 그것을 이미 전복하는 분자적 정치성의 미세한 변화를 감지할 수 있다. 따라서 <하인>은 방안을 오가는 토니와 그를 지켜보고 있는 인내심이 강한 거미 같은 배럿 사이의 교차 쇼트를 통해, 첫 시퀀스부터 토니가 포식자 배럿에게 이미 걸려들었음을 시사하는 전조를 보여주고 있다.

면담 결과, 토니와 배럿은 고용계약에 따라 그들의 주인과 하인놀이를 시작한다. 이러한 놀이를 완벽하게 수행하기 위해 최선을 다하는 배럿의 첫 임무는 토니의 새 집을 장식하는 일이다. 배럿은 그 집을 "격조 있는 쾌적한 분위기"로 만들기 위해 주된 장식품으로 지나치게 많은 거울들을 사용한다. 배럿의 이러한 거울에 대한 집착은 거울단계의 아이처럼 이상적 자아의 이미지에 대한 나르시시즘적인 탐닉과 페티시에 대한 집착을 의미한다고 볼 수 있다. 또한 많은 거울들로 장식된 공간에서 카메라는 한 인물에 직접적으로 초점을 맞추면서, 동시에 거울에 비친 그 인물의 이미지를, 그리고 또 다른 거울에 비친 그 이미지의 이미지를 비추는 이중화doubling

또는 삼중화tripling의 효과를 만들어낼 수가 있다. 이러한 이미지들의 교란을 이용한 카메라를 통한 거울놀이로 등장인물들을 "카니발 공포의 집" (Palmer and Riley 51) 안의 기괴한 이미지들로 만들어 가두고 그들의 왜곡된 이미지들을 상호 충돌시켜 파괴하고 소멸시키는 효과를 창출한다. 배럿이 완벽하게 장식한 집 내부의 첫 모습도 볼록거울에 비친 이미지로 제시되며, 이러한 거울놀이는 잘 정돈된 그 집 내면에 이미 스스로 파괴할 수 있는 폭력의 충동이 내재되어 있음을 시사해준다. 또한 볼록거울은 완성된 집의 내부와 함께 삼각구도적 배치에 서 있는 토니, 배럿, 그리고 수전의 이미지를 비춰 보인다. 즉 그 함정에 빠뜨리는 거울, 볼록거울에 비친 집 내부와 그 속에 있는 세 사람의 뒤틀린 이미지는 토니라는 먹잇감을 두고 경쟁하는 하인 배럿과 그 집의 예비 마담인 수전과의 삼각구도 관계를 효과적으로 시사한다고 볼 수 있다.

사실 마담놀이에 나름대로 능한 수전은 배럿이 꾸민 집이 토니를 은둔자로 만들어 가두는 놀이의 집, 즉 쾌락의 집이자 감옥이라는 것을 단번에 직감하고 있다. 토니 역시 수전과 섹스를 또는 청혼을 하려는 순간, 엿보고 있다가 끼어드는 배럿을 흡혈귀라고 부르듯이, 무의식적으로 배럿이 자신을 먹잇감으로 노리고 있음을 알고 있다. 일단 배럿의 등장으로 구조된 삼각관계에서 배럿이 완벽하게 하인놀이를 수행한 결과, 수전을 부재한 마담으로 억압하고, 그러한 마담을 대체하는 하녀로 베라를 등장시키는 데 성공한다. 즉 배럿의 전략에 따라, 그의 정부인 베라는 그의 누이로 가장하여 주인 토니를 유혹할 팜므파탈의 역할을 수행하기 위해, 하녀로 그들의 주인과 하인놀이에 개입하게 된다. 배럿은 베라에게 주인 토니를 유혹하는 하녀 역할을 시키는 동시에, 토니의 부재를 이용하여 자신이 주인이 되어 하녀를 유린하는 주인역할놀이play-acting game를 즐긴다. 사실 배럿은 토니로 하여금 자신의 부재(아픈 어머니를 방문하러 간다는 핑계로 집을 비움)를 이용하여 하녀 베라를 유혹하는 주인놀이를 하도록 함으로써 주인의 쾌락을 위해 최선을 다하는 충실한 하인놀이를 수행한다고 볼 수 있다. 그러나 다른 한편으로, 배럿은 토니로 하여금 하인의 부재를 틈타 하인의 정부 베라와 섹스를 유인함으로써 주인이 아니라 하인놀이를 하게 만든 셈이기도 하다.

그러나 토니와 배럿의 성공적인 주인과 하인놀이는 배럿과 베라의 주인과 마담역할놀이의 발각에 의하여 방해를 받게 된다. 바로 이 시퀀스를 기점으로 <하인>의 스타일은 불연속성을 부각시킬 정도로 달라진다. 주말에 마운트세트가the Mountsets 의 저택을 방문하고 있는 토니와 수전의 부재를 틈타 토니의 침실에서 주인과 마담역할놀이를 즐기고 있던 배럿과 베라는 자신의 침실에서의 주인과 마담놀이를 위해 갑자기 돌아온 토니와 수전에 의하여 발각된다. 그동안 주인으로서 하녀를 유혹할 수 있도록 하인으로부터 완벽한 봉사를 받으며 주인놀이를 성공적으로 하고 있다고 믿었던 토니는 자신의 침실이 찬탈당한 것에 대한 굴욕감과 배신감을 감당할 수 없게 된다. 이에 토니는 배럿과 베라를 당장 해고하며, 배럿이 밝힌 토니의 배신에 불쾌하고 화가 난 수전 역시 붙잡는 토니를 두고 그 집을 나오고 이제 토니만 그 집에 남게 된다. 바로 이 시퀀스의 미장센을 기점으로 <하인>의 스타일이 달라지고, 인물들의 행동도 극단적이며 폭력적으로 변하게 된다. 클라인은 배럿과 베라의 주인과 마담역할놀이를 주네의 『하녀들』The Maids의 하녀들의 마담역할놀이와 연결시켜, 두 작품의 놀이들을 모두 지배와 복종의 게임으로 읽어낸다(18). 그러나 주네의 하녀들의 마담 놀이가 몰적인 정치성의 분출이 아니라 마담죽이기놀이, 결국 그들의 하녀-되기 놀이가 되듯이, 배럿과 베라의 주인과 마담 놀이 역시 그들의 하인-되기와 하녀-되기 놀이가 된다. 사실 주인과 마담놀이는 하인과 하녀에게 의존함으로써, 즉 자신들의 파괴를 가져올 수 있는 힘을 초래함으로써, 그리고 자신들을 포식자의 먹잇감으로 내줌으로써 가능한 것이다.

<하인>에서 거울놀이가 가장 효과적으로 활용되고 있는 몇 장면들 중 하나로 꼽히는 배럿과 베라의 발각 장면의 미장센은 삼각구도를 이루고 있다(Palmer and Riley 51). 토니가 배럿을 면접했던 침실로 올라가는 계단 위에 토니가 서있고, 침실문 위로 배럿의 실루엣이 수전과 토니 사이의 벽을 배경으로 어른거리면서 삼각구도를 이룬다. 이어 실체를 드러낸 배럿이 베라가 그의 누이가 아니라 약혼녀이며 토니가 그녀와 섹스한 사실을 폭로하는 장면을 비추는 볼록거울은 수전을 제외하고 그 집의 세 거주자들인 배럿, 토니, 그리고 베라의 이미지만을 삼각구조의 형태로 프레임 속에 담고 있다. 여기서 수전이 볼록거울의 투사로부터 배제된다는 사실, 그러나 다른 한 여자, 베라는 여전히 거기에, 즉 시원적 세계에 존재하고 있다는 사실은 여자들을 시원적 세계에서 배제시키는 들뢰즈의 <하인> 읽기를 재고할 실마리를 제공한다. 특히 엔딩 부분에서 베라와 수전의 재등장과 베라가 토니의 집안에 여전히 남아있는 채 영화가 끝난다는 사실은 시원적 세계에서 여자들을 배제하는 들뢰즈의 읽기를 반박할 수 있는 충분한 근거를 제공한다.

VI

사실 핀터가 여성 등장인물들, 수전과 베라를 그 두 남자들의 관계를 위한 인물들로만 등장시키고 있다고 지적될 정도로, 대부분의 비평가들의 관심은 토니와 배럿의 관계에 집중하고 있다. 물론 핀터가 배럿을 여성혐오주의적 성향을 가진 남자로 의도적으로 만들면서까지,17) 남자들만의 관계에 집중하고 있는 것은 사실이다. 그러나 핀터의 의도적인 여성혐오주의적 성정치성은 후반부, 특히 파티장면에서 오히려 억압된 성정치성의 전복성을 불러일으키는 효과를 가져온다고 볼 수 있다. 즉 다시 돌아온 수전과 베라 그리고 파티가 끝난 뒤에도 그 집에 남아있는 베라의 존재는 '억압된 자의 귀환'the return of the repressed의 강력한 효과를 부각시킨다. 사실 핀터 극의 여성들도 남성들의 게임을 위하여 이용되고 난 뒤 철저히 배제되지만,『배신』의 엠마처럼 그들은 그 게임의 법칙을 누구보다도 잘 알고 있다. 따라서 게임을 끝내기 위해 다시 돌아온 수전과 베라, 그리고 파티에 불려온 여자들의 혼란스럽고도 위협적인 시선은 억압된 성정치성의 전복성을 강력하게 시사한다고 볼 수 있다.

<하인>의 여자들의 입지는 들뢰즈도 지적했듯이, 게임을 직접 하는 자들이라기보다는 그 게임을 보고 있는 자들인 것은 사실이다. 그러나 주네의 『발코니』The Balcony의 마담 어마Madame Irma처럼 그들은 게임을 하는 자들보다 그 게임의 법칙을 더 잘 알고 있다. 엘렌 식수스Hélène Cixous와 캐서린 클레망Catherine Clément의 견해를 빌려 수전과 베라의 역할을 설명한다면, 수전은 부재를 강요당한 마담의 귀환을 수행한 뒤 떠나고, 베라는 에로틱한 "유혹녀"로서의 하녀 역할을 끝까지 남아서 수행하고 있는 것으로 볼 수 있다. 즉 주인에게 유혹당하고, 유혹당했기 때문에 쫓겨난 하녀 베라는 "주인마님의 억압된 것", "환상적 대상", "동물"로 여전히 잔존하고 있는 것이다(Cixous and Clément 150). 그러나 베라는 그녀의 존재, 몸 자체로 남자들

---

17) 원작소설은 베라를 16세 소녀로 등장시켜 배럿의 소녀에 대한 성적 페티시숭배를 보여주지만, 핀터의 배럿은 여성혐오주의적 성향을 보인다. 예컨대, 베라에게 전화를 거는 장면에서 공중전화박스 밖에서 떠드는 여자들 중 한명과 부딪쳤을 때, 배럿은 "Get out of it, you filthy bitch."라며 욕을 한다.

을 무능하게 만듦으로써, 즉 그들에게 그들의 권력이 바로 "강간과 폭력의 비합법적인 권력"임을 상기시키는 이미지를 끊임없이 반사해줌으로써 그들을 거세시키고, 타락을 가속화시키는 역할을 하고 있다고 볼 수 있다(154). 그러나 들뢰즈는 로지의 여자들에게 이러한 폭력적 힘이 부재한 것으로 보며, 또한 바로 이 부재 때문에 그들에게서 남자들을 감금하고 있는 시원적 세계로부터 탈주할 수 있는 구원의 가능성을 발견한다.

배럿이 꾸며놓은 빅토리아풍의 집에서 벌어지는 일련의 놀이들은 시원적 세계의 충동들의 에너지를 발생시켜 점차 그 집의 거주자들인 두 남자들을 밀폐시켜 빠져 나올 수 없는 일종의 "남성의 동성애적 게임"으로 몰고 간다고 볼 수 있다(*Cinema 1* 138). 이러한 게임을 통해, 토니와 배럿은 무자비한, 폭력적인 힘의 시원적인 세계 속에서 잔인한 본능에 의해 추동되는 동물들로 변하게 된다. 반면에 들뢰즈에 의하면, 로지의 여자들은 "시원적인 여자"(138)가 아니며, 따라서 그들은 시원적인 세계의 게임에 가담하지 않는다. 다시 말해, 토니와 배럿과는 달리, 시원적인 세계의 "희생자"이거나 아니면 "사용자"인 로지의 여자들은 종종 "그 환경에 앞서서, 남자들의 시원적인 세계 밖에서 그것에 대항하고"(138) 있다는 것이다. 따라서 로지에게서 그 세계로부터 "구원"을 위한 유일한 방법은 그 세계 밖에 있는 여자에게서 찾을 수 있다는 것이 들뢰즈의 주장이다. "탈출의 선을 추적하는 것도, 창조적, 예술적 또는 단순히 실질적인 자유를 얻는 것도"(138–39) 바로 그 세계 밖에 있는 여자들이다. 이러한 자연주의적 세계에 대하여 "앞서간 여자들"(139)에게서 자연주의 세계로부터의 구원의 가능성을 발견할 수 있다는 것이 들뢰즈의 논지이다.

그러나 들뢰즈가 로지의 여자들에게 구원이라는 막중한 임무와 선두적인 위치를 부여한 것은 여성을 격상시킴으로써 오히려 부당하게 다루고 있다는 지적을 받을 수 있다. 또한 그가 실제 환경을 매개로 한 시원적 세계 밖에 여성을 자리매김하고, 그 속에서 실제 인간들이 경험하는 열정과 느낌과 감동으로부터 추출되는 충동을 여성에게 부여하지 않는다는 것은 오히려 여성의 실제 경험의 필요성을 무시한다는 것을 의미할 수 있다. 이러한 맥락에서 볼 때, <하인>의 여자들은 로지-핀터에 의하여 부당한 여성 혐오주의로 실제 환경에서 배제되고, 들뢰즈에 의하여 막중한 구원의 임무와 함께 시원적 세계로부터 배제된 채, 그들의 주된 관심과 논의의 장에서는 여전히 "잉여"로 남게 된다고 말할 수 있다. 그러나 영화의 엔딩은 "잉여"로 남아서 배제되는 것을 거부하고, 남성들의 시원적인 세계로 돌아온 여자들의 등장으로 끝난다.

VII

배럿과 베라 그리고 토니와의 미묘한 동성애적 관계가 노출되는 것을 기점으로 토니의 집과 그 집의 거주자들의 내면에 내재되어 있던 충동은 마침내 분출하게 된다. 이로써 <하인>의 마지막 3분의 1에 해당하는 후반부는 스타일과 인물화에 있어서 영화의 통일성을 깨뜨릴 정도로 전격적인 변화를 보여주게 된다. 토니와 배럿의 재회로 후반부는 시작되는데, 이 장면 역시 거울놀이가 중요한 역할을 한다. 우연히 술집에서 마주친 배럿과 토니는 그들 사이에 칸막이를 둔 채, 그들 앞쪽 카운터의 전면거울에 비치는 상호간의 이미지들을 바라보고 있다. 모든 것을 베라의 탓으로 돌리며 다시 기회를 달라고 말하는 배럿과 내내 침묵을 지키고 있는 토니 사이의 이야기 방식은 들뢰즈가 말하는 "이야기 꾸며대기"(*Cinema 2* 150)와 유사한 것으로, 필연적으로 지배자의 사고와 관점을 표현하는 이미 정해진 진실의 모델에 기초한 진실과 허구로 이분화하는 일반적인 유기적 체제의 이야기 방식과는 다른 것이다. 이제부터 <하인>은 배럿이 주도하는 이러한 이야기 방식으로 전개된다. 이러한 "이야기 꾸며대기"는 토니와 배럿 사이에 주체와 대상, 혹은 주관과 객관의 구분을 넘어서는 "자유간접화법"free indirect discourse의 방식으로, 확실한 진실을 추구하는 대신 "거짓에 기억과 전설 그리고 괴물을 만들어낼 역량을 부여하는 빈자들이 갖고 있는", 즉 소수로서 배럿이 가지고 있는 "거짓의 역량"이 작동하는 이야기 방식이다(150). 이러한 자유간접화법의 "이야기 꾸며대기"를 끌어가는 소수의 "거짓의 역량"이 식별불가능성의 결정체적 시간 이미지들에 대하여 설명 불가능한 현재의 참과 거짓의 문제와 결정 불가능한 과거의 양자택일 문제를 제기하는 역량을 발휘하는 것으로 <하인>의 후반부는 전개된다. 이러한 문제 제기를 통해 "거짓의 역량"은 과거와 현재를 자신의 잠재성의 계열 안에서 생성으로 이끄는 창조적 역량, 즉 미래로의 역능을 발휘할 수 있게 되는 것이다. 따라서 배럿이 주도하는 후반부의 위협희극적 게임들과 "이야기 꾸며대기"는 결정체 속의 지나가는 현재와 보존된 과거 중 어느 한 쪽에서 탈주 또는 구원의 가능성을 찾는 단계를 벗어난다. 거기서 나아가 <하인>의 후반부의 전개는 스펙터클로 끌어들인 간격 그 자체의 심연을 마주하고 구분된 순간들을 창조적인 생성 안에서 결합함으로써 "잠재화 혹은 역량의 계열로서의 생성 속에서 출현하는"(Cinema 2 275) 세 번째 직접적 시간-이미지의 출현을 예고하고 있다.

서로를 직면하여 바라보는 대신 <하인>의 대표적인 페티시이자 결정체적 시간 이미지를 표출하는 거울에 투사된 모습을 통해 제시되는 배럿과 토니의 재회와 재결합은 이들의 동반타락으로 현실태와 잠재태의 식별불가능성에 이르게 하는 일련의 폭력적인 게임의 시작을 시사한다. 곧 우리는 너무도 달라진 토니의 집과 갑자기 충동적이고 폭력적으로 변한 두 남자들을 보게 된다. 층계에서 벌어지는 공놀이와 숨바꼭질놀이는 "섬뜩하고, 그림자로 일그러진 계단의 폭력적인 벡터들"(Bogue, *Deleuze on Cinema* 83)을 발생하는 강도의 폭력적인 놀이들이자 <하인>에서 가장 멋진 장면들로 간주된다. 이러한 놀이들이 발생시킨 벡터는 실제 공간인 그 집의 심연 속에, "이미 그 집에 잠복하고 있었던 잠재성의 단순한 강밀화"(83)를 불러일으켜 시원적 세계를 회복시키는 동인이 된다. 이 폭력적인 놀이들은 들뢰즈가 지적한 남성의 동성애적 게임의 특색들을 그대로 지니고 있다. 이제 토니와 배럿은 무자비한, 폭력적인 충동이 작동하는 시원적 세계 속에서 잔인한 본능에 의해 추동되는 인간동물들의 모습을 드러내 보인다. 로지는 극도의 도착과 타락을 표출하는 게임이 진행되는 공간인 계단에서 일어난 공놀이 장면을 영화의 통일성을 깨뜨리는 장면들 중 하나로 지적한다. 그러나 이 폭력적 놀이는 승부보다 배럿 속에 작동하고 있는 그리고 토니에게도 잠재되어 있던 노예성의 충동을 분출시키는 벡터를 초래한다. 즉 이 놀이가 분출하는 벡터는 권력 관계의 역전보다는 그들 모두를 "하인-되기"로 유도했다는 것이다. 또한 이 공놀이 장면의 미장센을 기점으로 표현주의적 양식의 효과가 점차 극대화된다고 볼 수 있다. 토니와 배럿 그리고 벽에 투사된 그들의 그림자들을 부각시키는 표현주의적인 키아로스쿠로chiar-oscuro 기법으로 마치 네 명이 게임을 하는 효과를 준다. 층계옆 벽 위에 무시무시한 환영으로 등장한 그들의 그림자들은 실물보다 더 커서, 더 강력한 적수들이 벌이는 격렬한 싸움의 효과를 가져다주며, 그 공간을 "무한의 무엇인가로 만들어 잠재화"하는, 즉 시원적 세계로 만드는 효과를 발생시킨다(*Cinema 1* 111).

격렬한 공놀이 이후 숨바꼭질놀이에 앞서 일종의 휴전처럼 둘 다 정장차림으로 배럿이 마련한 저녁식사를 하는 장면에서, 배럿과 토니는 군대에서 남자들 사이에 "옛 친구"(52) 같이 느꼈던 감정을 서로 고백한다. 이장면은 후반부 첫 장면부터 부각되던 동성애를 구체적으로 표출하고 있다. 따라서 여기서 우리는 이들이 벌이고 있는 폭력적 게임들, 특히 곧 이어질 숨바꼭질놀이가 "남성 동성애 게임"임을 확인하게 된다. 어두운 집에서 배럿이 술래가 되어 토니를 부르는 유혹적인 음흉한 목소리, 샤워커튼 위에 어른거리는 공포에 떠는 토니의 일그러진 얼굴의 그림자, 마침내 배럿이 커튼 뒤 토니를 찾았을 때 수도꼭지에서 물이 떨어지는 소리(영화 전반부에서 베라가 토니를 유혹할 때처럼), 이 모든 것들은 배럿의 토니에 대한 성적 유혹을 암시한다. 그러나 이 장면에서 토니를 공포로 몰고 간 것은 배럿의 동성애적인 접근보다는 포식자 배럿의 먹이가 되는 것이며, 그의 기절은 드디어 그가 배럿의 포획물이 되고 말았다는 것을 시사한다. 이제 배럿을 통해 작동하며 분출하던 충동의 폭력은 그 집과 두 사람 모두를 함정에 빠뜨리고 말았음을 이 장면은 말해준다.

불타는 벽난로 앞에서 카드놀이를 하는 배럿의 손이 보이지 않는 토니에게 그를 위한 "뭔가 특별한 것"이라고 말하며 탁자위에 어떤 액체가 든 병을 올려놓는 중접사medium close-up로 잡은 장면은 <하인>을 마치 파우스트 영화로 볼 수 있게 만든다. 토니는 두 번 정도 미약하게 거부했지만, 마침내 배럿의 권유에 굴복하고 만다. 카메라는 뒤로 당겨 두 사람을 중원사 medium long shot로 잡는데, 그 장면은 오른쪽에 있는 배럿이 그의 발쪽 왼편 바닥에 앉아 있는 토니를 압도하는 모습의 이미지를 보여준다. "자 봐. 난 여전히 당신을 즐겁게 해줄 수 있는 것들을 생각해낼 수 있어요, 그렇지 않나요?"(56)라고 말하며, 토니에게 이상한 혼합물을 또 한잔 따른다. 불, 액체,

자만심에 찬 배럿의 토니에 대한 배려 등, 모든 것이 배럿을 전설적인 유혹자 메피스토펠레스Mephistopheles와 연결시켜준다(Palmer and Riley 60). 특히 크리스토퍼 말로Christopher Marlowe와 요한 볼프강 폰 괴테Johann Wolfgang von Goethe의 극에서처럼, 배럿의 "나의 유일한 야망은 당신을 섬기는 거요. 당신도 그것을 알고 있지요, 안 그래요?"(56)라는 대사는 메피스토펠레스의 대사를 연상시킨다. 이러한 배럿의 대사는 바로 기억과 전설 그리고 괴물을 만들어낼 역량을 거짓에 부여할 수 있는 빈자들이 갖고 있는 "거짓의 역량"을 부여하는 빈자들이 갖고 있는", 즉 소수로서 배럿이 가지고 있는 "거짓의 역량"이 강력하게 작동하는 이야기 방식이다(150). 배럿은 메피스토펠레스처럼 토니가 원하는 것을 모두 다 해주는 역할을 수행함으로써 결국 토니를 지배하고 타락시킨 것이다. 즉 노예성이라는 기본적 충동을 체화한 메피스토펠레스로서 배럿은 주인이 아니라 하인-되기를 수행하며 그리고 동시에 토니를 또한 하인-되기로 몰고 감으로써 동반 타락을, 즉 소수-되기로 나아간다고 볼 수 있다. 핀터가 각본 지문에서 지적하듯이, 이제 토니는 배럿과 더불어 "침팬지"(56)와 같은 인간동물이 된 것이다. 배럿이 주도하는 게임들이 추동한 동반타락은 자연주의 영화의 엔트로피를 향한 질주를 가속화 시키는 동인임은 사실이다. 그러나 배럿이 가속화 시킨 그 질주는 폭력의 정치성을 구현하는 소수로서 그가 당면한 문제에 대한 "정치적 선택"인 것이다.

VIII

배럿이 주도한 위협희극적 게임들을 통해 구현된 폭력의 정치성 역시 자연주의 영화의 시간-이미지처럼 엔트로피로의 질주를 극복해야 하는 한계를 갖는다. 들뢰즈가 <하인>의 여자들에게서 극복의 가능성을 발견했듯이, 폭력의 정치성도 이 영화의 엔딩에서 재등장한 베라와 수전의 전복적인 성정치성의 조력으로 그 한계를 극복할 수 있다. 다시 말해, 폭력의 정치성 역시 전복적인 성정치성에 의하여 생성과 새로운 변화로의 열림으로 전환될 수 있는 가능성을 확보하게 된다는 것이다. 배럿과 토니의 재결합 이후 쫓겨난 베라 역시 토니를 찾아와 모든 것이 배럿이 시킨 것이라고 하며, 받아줄 것을 간청한다. 이러한 베라의 이야기 역시 배럿과 같은 방식에 의한 소수의 "이야기 꾸며대기"로 간주될 수 있다. 베라의 첫 등장이 그랬던 것처럼 베라의 재등장 역시 배럿의 계략에 의한 것으로, 즉 그녀의 귀환으로 전반부에 배럿에 의하여 확립된 배럿, 토니, 베라, 세 사람의 구도가 다시 이루어진 것으로 보인다. 그러나 엔딩에서 수전의 재등장은 전적으로 배제되어 온 베라와 수전 사이의 연대 관계를 부각시킨다. 대부분의 비평가들은 수전을 토니보다도 더 계급의식이 강한 "속물"snob로 취급한다 (Palmer and Riley 49). 그리고 배럿에게 맞서 토니의 권위를 수호하는 마님의 역할을 당당하게 하던 전반부의 모습과는 전혀 다른 "수동적이고, 확신이 없으며, 순종적인" 모습으로 급변한 수전의 재등장은 전혀 개연성이 없다고 지적한다(49). 배럿과 토니의 술집에서의 만남과는 달리, 베라와 수전의 사전 만남은 표출되지 않고, 수전이 베라에 대한 보상을 요구하기 위해 토니를 찾아온 이유가 설득력 없는 구실로 간주된다는 것이다. 따라서 전혀 설득력 없이 급변한 모습으로 수전이 재등장한 것은 후반부의 불연속성을 초래하는 데 가장 큰 요인이 된다는 것이다. 그러나 수전의 재등장에 대한 이러한 부정적인 견해는 그녀의 재등장으로 인한 성정치성의 개입에 대한 거부감을 반영한다고 볼 수 있다. 사실 수전과 베라의 재등장은 배럿과 토니의 치열한 동성애적 게임과 동반타락의 진행 과정 이면에서. 즉 무대 밖에서 일어나고 있었던 "정치적으로, 중요한" 사건의 결과로 간주될 수 있다(Kafka 50). 그 중요한 정치적 사건은 바로 수전과 베라의 하녀-되기 놀이인 것이다. 그리고 수전과 베라의 재등장은 그 놀이가 구현한 억압된 성정치성의 전복성이 결국 무대 위에서 전개되고 있는 배럿과 토니의 하인-되기 놀이가 구현한 폭력의 정치성에 적극 개입할 필요가 있음을 시사한다.

대체로 <하인>에서 수전과 베라의 역할은 배럿과 토니와의 관계 맺기의 중재자로서만 주목을 받는다. 그러나 중재자의 역할을 수행한 뒤 시원적 세계와 실제적인 파생 환경 모두에서 사라지기를 강요당한 이들의 재등장은 무대 위에서 구현되고 있는 폭력의 정치성이 초래한 엔트로피를 벗어날 수 있는 열림을 시사할 수 있는 엔딩을 가능하게 해준다. 들뢰즈는 시원적 세계 밖에 있는 로지의 여자들로부터 구원의 가능성을 발견할 수 있다고 하지만, 시원적 세계뿐 아니라 파생 환경에서도 퇴장을 강요당하지만 다시 돌아온 여자들로부터 그러한 가능성을 발견할 수 있다. <하인>에서 수전은 원작의 샐리Sally보다 대폭 확대된 역할을 맡고 있다. 사실 영화에서 수전의 역할이 확대된 이유는 영화에 등장시키기엔 번거로운 소설의 화자인 토니의 군대동기 머톤Merton 대신 배럿과 토니의 게임 진행과 그들의 변화를 목격하는 관찰자의 역할을 수전에게 맡겼기 때문으로 설명될 수 있다. 그러나 영화의 마지막 부분에서 핀터가 원작을 변경하여 수전 그리고 베라를 재등장시킨다는 것은 단순히 토니와 배럿의 최종적 타락의 목격자 이상의 역할을 그녀들에게 부과한다는 것을 의미한다.

<하인>의 마지막 시퀀스는 토니 대신 배럿이 호스트 역할을 하며, 마치 영화감독처럼 파티 장면을 연출하고 있는 일종의 섹스파티로 구성된다. 너무 알레고리적이라서 마치 부가된 장면처럼 보인다는 지적을 받지만, 로지는 개인적으로 이 파티 장면을 좋아하며, 다른 방식으로는 결코 만들 수 없

을 정도로 그 장면이 중요하다고 강조한다. 사실 로지의 영향력이 가장 강하게 부각되고 있는 이 파티장면은 로지와의 영화작업이 핀터에게 어떤 영향력을 주었는가를 가장 잘 파악할 수 있는 부분이기도 하다. 특히 이 장면에서 핀터의 영화작업과 성정치성의 밀접한 연관성에 대한 주장[18]을 뒷받침할 수 있는 근거를 발견할 수 있다. 예컨대, 핀터의 초기 극작품에 내재한 여성혐오주의적 성정치성에 도전하는 일련의 핀터 여성들의 위협적인 시선과 침묵을 수전과 베라 그리고 파티여자들에게서 발견할 수 있다. 즉 "견자"로서 <하인>의 여자들의 혼란스러운 침묵과 시선은 『귀향』The Homecoming (1965)의 루스Ruth와 『배신』Betrayal(1978)의 엠마Emma처럼 남성들의 게임에서 배제된 핀터의 여성들의 침묵과 시선을 연상시킨다. 따라서 핀터의 여성 관객성woman spectatorship은 바로 로지와의 영화작업을 통해 발견한 어떤 행위와 사유도 할 수 없는 들뢰즈의 현대 정치영화의 "견자"(Cinema 2 169), 더 정확히 말해, '여성 견자'woman weer의 관점에서 가장 잘 설명될 수 있다.

사실 파티장면을 연출함에 있어서 로지는 핀터의 영화각본에는 없는 시각적 효과를 위해 다양한 페티시들, 특히 '보기'와 보기의 장치들을 과도하게 사용하고 있다. 여기서 로지는 상당히 과도하게 양식화된 자신의 시각적 스타일이 반영된 이미지들의 파편과 페티시들을 활용하여 현란한 스크린-플레이를 펼친다. 그는 유리공을 통해 보이는 토니의 확대된 눈과 이

---

18) 핀터의 영화작업에서 주지해야 할 중요한 사실들 중 하나가 그의 정치성과 영화에 대한 그의 맞물린 열정적 관심이 성정치성과 정치성의 밀접한 연관성에 기초하고 있다는 것이다. 그러나 아직 성정치적 관점에서 그의 영화작업을 본격적으로 다룬 연구는 거의 없는 편이다. 핀터의 영화작업이 그의 여성을 "독립적, 자주적인 실체"(12)로 등장시키는 데 중요한 역할을 했음을 주장하는 엘리자베스 사켈라리두(Elizabeth Sakellaridou)의 연구처럼 주로 그의 극작품에 미친 영향 측면에서 그의 영화작업에서 구현된 성정치성이 다루어지고 있다(『해럴드 핀터의 정치성과 성정치성』 16-17).

를 통해 본 흉측하고 뒤집어진 파티장면의 광경, 카메라로 배럿과 베라의 사진찍기놀이, 배럿과 한 여자의 영사기놀이 등, 일련의 남성 주도의 보기 놀이들로 파티장면을 연출한다. 거기에 거울을 보고 있는 베라의 뒷모습과 거울에 비친 베라의 시선, 커다란 모자를 쓴 여자의 당당하면서도 위협적인 시선과 그녀의 털목도리의 족제비 눈 등, 여자들의 시선을 부각시키는 쇼트들을 부과하고 있다. 이와 같이, 로지는 보기와 보기의 장치들인 거울과 카메라, 영사기 등을 이용하여 <하인>의 끝부분을 "견자"의 영화로 만들고 있다. 그런데 이 장면에서 주목할 점은 로지의 카메라가 생일파티에서 시각을 뺏긴 스탠리처럼, "유리의안의"(59) 눈으로 보는 몽롱한 토니와 파티의 감독 배럿이 아니라 여자들을 "견자"로 포착하고 있다는 사실이다. 사실 핀터가 로지와의 영화작업을 통해 배우게 된 가장 중요한 것이 바로 로지가 부각시킨 여자들의 위협적인 시선과 '견자'로서의 그들의 역할에 대한 것이다.

파티장면에서 수전의 갑작스러운 등장, 그녀의 자기비하적인 충동적 행동은 토니에게 충격효과를 주기 위한 그녀의 절박한 마지막 시도로 주로 해석되지만, 그녀의 행동은 마담으로서 토니를 배럿으로부터 방어하려는 것이 아니다. 그것은 오히려 배럿이 주도한 최종적인 동성애적 게임, 즉 하인-되기 놀이에 적극적으로 개입하여 그 파티의 장을 하녀-되기의 장으로 유도하기 위한 것이다. 콜린 가드너Colin Gardner는 무력한 수전에 대한 배럿의 압승으로 엔딩을 해석하지만(142), 배럿이 현관에서 수전에게 뺨을 맞을 때, 수전을 바라보는 배럿의 시선은 숨바꼭질놀이에서 배럿을 쳐다보는 토니의 겁먹은 시선을 연상시킨다. 배럿을 압도하는 수전의 행동과 위협적 시선은 그녀의 시원적 세계로의 귀환이 억압된 성정치적 전복성의 분출을 위한 것임을 말해준다. 따라서 배럿과 토니의 동반타락과 배럿의 폭력의 정치성 구현이 초래한 엔트로피의 상태를 새로운 되기의 장으로 유도할 수 있는 것은 바로 귀환한 수전과 베라의 하녀-되기가 분출하는 성정치적 전복성임을 엔딩은 강조한다. 마지막 장면에서 토니의 집을 나와 눈이 내리는 어둠 속에 "잉여"로 여전히 배제된 수전의 슬픈 시선은 베케트가 핀터의 『배신』에서 읽어낸 슬픈 엠마의 "첫 마지막 시선"을[19] 연상시킨다. 그러나 <하인>의 엔딩은 끝까지 그 집에 남아 있는 베라의 웃음소리, 즉 마침내 그 소진된 폐쇄 공간을 내부로부터 열 수 있는 열림을 가능하게 할 성정치적 전복성을 강력하게 시사하는 시간-이미지의 음향 기호sonsign의 반향을 남기고 있다.

---

19) 핀터가 『귀향』(*The Homecoming*, 1965)을 쓸 때부터, 그의 완성된 작품의 첫 독자가 되어준 베케트는 『배신』에 대해서, "그 모든 것이 빛 속에서 다 끝난 뒤, 어둠 속에서 그 첫 마지막 시선이 가슴을 아프게 한다"는 짧은 평을 핀터에게 보내왔다(Fehsenfeld 125 재인용).

자유간접화법과 카메라-의식: 〈사고〉

〈사고〉(*Accident*, 1966)

I

로지-핀터의 4편의 영화작업은 그들이 각각 연극과 영화 매체에서 직면한 난국을 타개하고 새로운 단계로 진입할 수 있는 계기를 제공해주었으며, 또한 새로운 현대 영화로의 진입에 성공한 작품들을 만들었다고 평가될 수 있다. 매카시즘McCarthyism으로 미국을 떠나 영국에 망명한 로지는 핀터와의 공동작업으로 만든 영화들로 국제적인 명성과 함께 들뢰즈에 의하여 자연주의 영화의 대가로 지목될 수 있었다. 핀터 역시 소설을 영화로 각색하는 로지와의 매체전환 작업을 통해 각 매체의 메커니즘에 대한 이해뿐 아니라 그의 주요 주제, 특히 정치성과 성정치성의 주제를 상호매체성의 관점에서 다룸으로써 더욱 심화된 차원으로 그 주제를 발전시킬 수 있었다. 이러한 성공작들 가운데 두 번째 작품인 니콜라스 모즐리Nicholas Mosley 의 소설 『사고』Accident(1965)를 각색한 영화 <사고>Accident(1966)는 가장 완성도가 높은, 특히 "완벽한 구조"의 영화로 간주된다(Caute 183). 그러나 <사고>는 구조적 완벽성보다는 오히려 그 완벽성을 깨뜨리는 벡터를 발생시킬 수 있는 영화로 그 우수성을 인정받아야 한다. 사실 핀터는 <사고>에서 그의 주요 관심사로 간주되는 기억, 과거, 시간을 본격적으로 다루기 시작하여, 상식적인 시간과 공간의 도식, 즉 고전 영화의 운동-감각 도식을 깨뜨리는 이질적인 것들이 공존하는 구조로 된 새로운 양식의 영화를 시도하고 있다. 따라서 <사고>는 로지와의 첫 영화 <하인>(1963) 작업 경험이 핀터에게 가져다준 획기적인 변화가 어떤 것이며, 또한 극작가 핀터와의 작업이 로지의 영화와 영화 매체 자체에 어떤 공헌을 할 수 있는가를 전망할 수 있는 적절한 텍스트가 된다. 간단히 말해, 로지-핀터의 두 번째 영화 <사고>는 자연주의 영화의 시간-이미지를 넘어서 현대 영화의 직접적 시간-이미지로의 이행을 보여주는, 들뢰즈의 고전 영화와 현대 영화 "사이"에서 생성된 새로운 양식의 영화인 것이다. 즉 <사고>에서 우리는 충동-이미지, 지각-이미지, 반성-이미지 등의 다양한 운동-이미지의 기호들로 구성된 고전 영화에서 새로운 시간-이미지의 기호들이 출현하는 현대 영화로의 이행을 읽어낼 수 있다는 것이다.

고전 영화, 즉 내러티브 영화는 상식적인 연대기적 시간과 공간의 좌표를 제공하는 감각-운동 도식을 따르는 운동-이미지의 영화로 분류된다. 흥미롭게도 들뢰즈는 고전 영화에서 운동-이미지의 위기를 미묘한 성정치성의 문제와 연관시키고 있다. 즉 고전 영화의 감각-운동 도식이 효력을 상실하게 되는 지점을 바로 "여성-되기"의 과정이 시작되는 시점, "뇌와 몸이 경직된 정체성으로부터 탈영토화하기 시작하는 순간"으로 보고 있다는 것이다(Flaxman 29). 그렇다면 현대 영화의 시간-이미지 역시 바로 고전 영화의 감각-운동 도식이 붕괴되고 여성-되기가 시작되는 순간에 출현하게 된다고 말할 수 있다. 들뢰즈는 <사고>를 고전 영화의 운동-이미지들 중 하나인 충동-이미지, 그리고 시간-이미지가 처음 출현하는 자연주의 영화로 분류한다. 그러나 <사고>가 성공적인 자연주의 영화가 되려면, <하인>처럼 "시간의 부정적인 결과만을, 마모, 퇴락, 소모, 파괴, 상실, 또는 단순히 망각"(*Cinema 1* 127)만을 포착할 수밖에 없는 부정적 시간-이미지의 한계를 극복해야 하는데, 그럴 수 있는 유일한 가능성이 여자들에게서 발견될 수 있다는 것이 들뢰즈의 주장이다(*Cinema 1* 138). 사실 <사고>는 들뢰즈가 시사하는 감각-운동 도식의 위기와 성정치성, 그리고 자연주의 영화의 부정적 시간의 한계 극복과 성정치성의 밀접한 연관성을 가장 잘 보여주고 있는 영화이다. 그리고 고전 영화와 현대 영화의 "사이"에서 생성된 <사고>에서 출현하는 새로운 시간-이미지의 기호들, "시지각 기호"opsign와 "음향 기호"sonsign, 플래시백 기억들의 "기억 기호"mnemosign[20] 등은 시간의 부정적인 결과만이 아니라, 되돌아보는look back 동시에 앞을 내다보는look forward 행위로서의 기억의 창조 과정에서 시간의 이중적 흐름, 즉 과거에 보존된

---

20) 들뢰즈는 시간-이미지들의 기호들을 상식적인 이해를 넘어서는 순수한 시각 혹은 청각 이미지인 "시지각 기호"(opsign)와 "음향 기호"(sonsign), 플래시백 기억들의 "기억 기호"(mnemosign)와 꿈풍경의 "꿈 기호"(onirosign), 그리고 완전한 시간-이미지가 발생하는 시간 결정체(time crystal)의 "유리 기호"(hyalosign) 등으로 분류한다(Bogue, *Deleuze on Cinema* 5-6). 그리고 결정체적 시간보다 더 강력한 시간-이미지의 기호는 "발생기호(génésigne)"이다(*Cinema 2* 275).

현실화된 현재와 미래를 향하여 나가는 시간의 흐름을 포착할 수 있는 본격적인 시간-이미지의 발생을 예견케 한다.

II

로지의 전기 작가, 데이비드 코트David Caute를 비롯하여 <사고>를 로지의 최상의 영화로 꼽는 비평가들이 많다. 다른 한편으로 <사고>는 로지-핀터의 첫 영화 <하인>보다도 더 핀터적인 영화로 간주된다. 스티븐Stephen 역을 맡은 더크 보가드Dirk Bogarde와 찰리Charley 역을 맡은 스탠리 베이커Stanley Baker도 지적하지만, <사고>는 특이한 시간 구조의 복잡성 때문에 로지의 바로크적 낭만주의보다는 시각적 스타일이 매우 단순하며, 핀터적인 대사의 탁월성이 돋보이는 영화로 평가된다(Sharp Cut 171 재인용). 다시 말해, <사고>는 특이한 시간 구조, 그리고 옥스퍼드 대학 사회와 교수 가정의 지적이며 고상한 표면적 세계 이면에 내재한 폭력적 충동을 가리는 스크린과 동시에 그것의 흔적을 드러내 보이는 역할을 하는 핀터의 세련된 생략적 대사를 두드러진 특성으로 한 영화라는 것이다. 사실 <사고>에서 핀터적인 대사 "사이"pause와 "침묵"silence의 성공적인 효과는 고전 영화의 감각-운동 도식을 벗어난 핀터의 시간에 대한 실험과 밀접한 관계가 있다. 따라서 핀터의 시간에 대한 이해와 사이와 침묵의 핀터적 대사가 돋보이는 <사고>는 감각-운동 도식을 따르는 고전 영화의 확장 가능한 "열린 전체"보다는 간극과 틈새로 표시되는 "외부"로서의 전체를 지향하는 현대 영화로의 진입을 시도하고 있다고 볼 수 있다(Cinema 2 179).

로지는 <사고>의 구조를 "확정된 시퀀스가 없고, 출구와 입구도 없는 연속성의 구조," 즉 수평의 들판, 조지아식의 스티븐 집, 옥스퍼드 크리켓 구장 등, 직선과 수평을 강조하는 스타일로 설명한다(Knowles, *Understanding* 103-104). 이와 같은 구조는 <사고>가 영화에 대한 들뢰즈의 전반적인 틀을 형성하는, "진동적인 전체의 시간-공간 유동"이라는 베르그송의 지속*durée* 개념에 기초하고 있음을 시사한다(Bogue, *Deleuze on Cinema*, 3). 그러나 비평가들이 <사고>를 핀터와 로지의 최고 작품으로 선정하는 공통된 이유는 구조적 완벽성 또는 완벽한 세계의 재현이며, 그들이 지적하는 완벽한 세계는 완벽하게 재현된 폐쇄적인 자연주의적 세계를 의미한다. 예컨대, 휠러 윈스턴 딕슨Wheeler Winston Dixon은 <사고>를 영원한 젊음과 여름의 숨 막히는 완벽한 세계에 대한 강렬한 인상을 남기는 영화로 극찬한다(27). <사고>를 로지-핀터의 공동 작업이 이루어낸 "타락의 훌륭한 연구"라고 평하는 질 브랜든Gill Brendan 역시 자연주의적 세계의 재현의 완성도로 그러한 평가를 한다(150). 그리고 이들의 극찬은 <사고>가 재현한 완벽한 세계의 이면에 내재된 심연의 세계에 대한 지적으로 모두 이어진다. 딕슨은 그 완벽하게 매혹적인 세계가 사실은 끝없이 순환되는 고통과 실망의 영역이기도 하며, 이러한 완벽한 세계의 무한한 힘이 오히려 모든 등장인물들을 치명적으로 위태롭게 만드는 타락으로 몰고 가고 있음을 피력한다(37). 브랜든 역시, 핀터의 주특기인 가족 장면의 재현에서 그 이면에 작용하고 있는 약탈적인 파괴적 힘을 주목한다(150). 따라서 이들을 매료시킨 <사고>의 완벽한 세계와 그 이면에 내재한 심연의 세계란 바로 들뢰즈가 자연주의 영화에서 읽어내는 "실제 환경"과 "시원적 세계"의 자연주의적 세계인 것이다(*Cinema 1* 139).

그러나 들뢰즈가 자연주의 대가의 영화로서 로지의 영화를 평가할 때, 그 탁월성을 평가하는 기준은 완벽한 자연주의적 세계의 재현이 아니라, 그 세계로부터의 "충분한 열림과 창조성을 발견하는 어려운 일"을 해낸 성과이다(*Cinema 1* 136). 사실 로지-핀터가 <사고>에서 이러한 완벽한 세계를 구축한 의도 또한 단순히 그 폐쇄적 회로의 완벽성, 즉 종결성을 보여주려고 한 것이 아니라 열림의 가능성을 찾기 위한 것이다. 그러나 주로 정신분석적 영화이론을 적용하는 기존 읽기들은 <사고>가 자연주의적 세계의 폐쇄적 회로의 종결성을 강조하고 있다고 주장한다. 예컨대, 린다 렌턴Linda Renton은 <사고>를 정신분석의 패러다임이 강조하는 의미화 고리의 종결의 영속성을 입증하는 영화로 읽는다. 그녀의 기본 전제는 극비평가들이 핀터 극에서 그의 사이와 침묵, 즉 언어로 말해질 수 없는 것, 언어 너머에 숨겨진 지점에 대하여 집중하듯이, 영화에서도 내화면으로 재현할 수 없는 것에 집중해야 한다는 것이다(1). 이러한 관점에서 렌턴은 라캉의 "오브제 쁘띠 아"*objet petit a*와 "게이즈"gaze에 기초하여 핀터의 영화각본을 분석한다. 다시 말해, 렌턴은 언어와 시각으로부터 결여된 것, 즉 숨겨진 신비에 대한 인식과 그것에 대한 욕망을 불러일으키는 오브제 쁘띠 아 그리고 그 욕망을 좌절시키며 불안을 불러일으키는 게이즈의 인식이 핀터의 작품 세계를 형성하고 있다고 본다.

라캉이 오브제 쁘띠 아와 게이즈의 구성 관계를 설명하기 위한 예로 들고 있는 한스 홀바인Hans Holbein의 초상화 <대사들>*The Ambassadors*(1533)에 숨겨진 해골과 그것의 돌출은 렌턴의 <사고>를 비롯한 핀터가 각본을 쓴 영화들에 대한 정신분석적 읽기에 매우 유용한 모델을 제공해준다. <사고>의 첫 시퀀스를 이루는 그 치명적인 사고의 현장에서 주인공 스티븐의 시선을 끈 것은 차안에 "쌓여있는 몸들"(220)인데, 그 더미는 홀바인의 초상화 하단을 가로질러 놓여 있는 정체불명의 물체에 비유될 수 있다. 그리고 차안으로 들어가 그 몸들 가운데 살아 있는 애나Anna를 구출하다가, 그녀의 구둣발 밑에 깔려 있는 죽은 윌리엄William의 얼굴을 보고 갑자기 "그러지마! 넌 그의 얼굴을 밟고 서 있어!"(222)라고 소리를 지르는 스티븐은 마치 초상화에서 갑자기 돌출한 죽음의 얼굴, 해골을 보고 놀란 관객과 같다. 다시 말해, 스티븐이 자신의 욕망을 불러일으킨 오브제 쁘띠 아에 너무 가까이 다가온 그 순간, 그는 그의 욕망을 유지해온 재현으로부터 "결여된 지점"(Renton 10)을, 즉 숨겨진 신비가 갑자기 돌출한 것을 보게 되고, 그의 욕망을 소멸시키는 게이즈를 의식하게 된다. 따라서 그의 욕망의 시선은 불안으로 대체된다는 것이 라캉의 오브제 쁘띠 아와 게이즈를 적용한 <사고>의 첫 시퀀스 읽기이다. 이러한 렌턴의 정신분석적 읽기에서 재고해야 할 것은 우선 스티븐이 인식한 게이즈가 그의 시야에 들어온 애나의 이미지를 "무서운 타자성"으로 인식하게 하는 악의에 찬 게이즈라는 점이다. 그리고 스티븐의 오브제 쁘띠 아로서의 애나는 라캉의 오브제 쁘띠 아처럼 "상징계의 잉여 속에 텅 빈 장소인 동시에 그 장소를 인식하게 되며 그 텅 빔이 불안을 생산하기 때문에 그 공간을 막기 위해 그가 선택한 대상"으로 존재한다는 점을 고려해야 할 것이다(Renton 11).

    <사고>에 등장하는 중년에 접어든 옥스퍼드 대학 철학교수 스티븐은 "우리와 세계 사이의 일종의 간극"(34)을 예민하게 인식하며 힘들어 하는 원작 소설의 스티븐처럼 자신과 상징계 사이의 분열과 그 간극이 초래하는 불안감에 휩싸인 강박증적인 주체로 볼 수 있다. 그가 오스트리아에서 온 매력적인 젊은 여학생인 애나에게 보이는 집착은 그 텅 빈 간극이 초래하는 불안감을 막아줄 욕망의 대상으로서의 오브제 쁘띠 아에 대한 집착적인 끌림이다. 우연에 의한 치명적 사고의 결과로 너무 가까이 다가온 오브제 쁘띠 아를 통해 게이즈를 경험함으로써 불안에 휩싸인 스티븐은 과거의 회상을 통해 불안감을 떨쳐 버리고자 한다. 그러나 그는 여전히 불안을 불러일으키는 악의에 찬 게이즈의 덫에 걸려 있는 자신을 발견하게 된다는 것

이 정신분석적 관점에서의 <사고>에 대한 전반적인 읽기 내용이다. 따라서 윌리엄과 애나의 치명적인 차사고로 시작하여 그 사고의 반향으로 끝나는 폐쇄적인 회로의 완벽한 구조를 갖춘 <사고>는 정신분석의 패러다임이 강조하는 의미화 고리의 종결의 영속성을 입증하는 영화로 설명된다. 그러나 이러한 읽기는 <사고>를 오이디푸스적인 "슬픔과 향수, 기부와 죄의식"을 강화하는 영화(Derrida 292)로, 즉 친구이자 제자인 귀족 청년 윌리엄의 죽음을 이용하여 욕망의 대상을 취함으로써 우정과 명예를 잃게 되는 스티븐의 불륜과 죄의식에 대한 도덕적 탄핵의 고전 영화로 귀결시킨다. 사실, <사고>의 이러한 읽기는 핀터의 『배신』Betrayal(1978)이 불륜을 주제로 다루고 있는 것이 아니라 다른 것을 보여주는 연극이듯이, <사고> 역시 불륜과 죄의식을 다루는 영화에 머물고 있지 않다는 사실을 간과하고 있다.

카자 실버만Kaja Silverman은 고전 영화의 기능을 사라진 대상, 즉 오브제 쁘띠 아에 대한 원초적인 욕망을 되살리고 그리고 그 욕망을 좌절시켜 오브제 쁘띠 아의 사라짐의 원초적 정신적 외상을 다시 작동시키는 것으로 요약한다(The Acoustic Mirror 9). 그리고 남성 주체의 이러한 결핍, 즉 거세의 위기를 끝없이 반복하는 내러티브의 고전 영화는 그러한 결핍을 여성에게 전이하고 있다고 실버만은 지적한다. 사실 렌턴의 <사고> 읽기는 실버만이 요약한 고전 영화의 기능을 <사고>가 그대로 실행하고 있음을 보여준다. 그러나 이러한 읽기는 스티븐을 비롯한 남성 등장인물들의 결핍을 채워주기로 되어 있는 애나가 사실 그러한 역할을 거부하고 있다는 사실을 간과하고 있다. 특히 핀터가 원작의 애나보다 더 자기중심적이며, 잔인한 여자로 애나를 등장시키고 있다는 사실은 그녀의 악의에 찬 게이즈보다는 오브제 쁘띠 아와 게이즈로서의 그녀의 자리매김 자체에 대한 애나의 거부를 부각시키기 위한 것이라고 볼 수 있다. 다시 말해, 핀터는 원작의 애나를

<사고> 바로 직전에 핀터가 쓴 극작품『귀향』(1965)의 루스Ruth처럼, 이해하기 어려운 여자, 그리고 들뢰즈가 구원의 가능성을 발견한 탈주의 선을 찾는 여성 주체로 변화시킨 것이다.

고전 영화에서 부과되는 역할을 벗어난 애나를 통해 "여성을 향한 가능성", 즉 성정치성이 작동하기 시작하는 순간은 바로 스티븐과 같은 남성 주체가 더 이상 감각-운동 도식에 따른 행위를 할 수 없을 때이다(Flaxman 29). 스티븐이 애나를 자신의 침대에서 발견한 순간, 그가 경험한 것은 오브제 쁘띠 아와 게이즈라기보다는 현실의 감각-운동 도식을 벗어나 "마인드스크린" mindscreen[21])으로 들어가는 경험이다. 애나의 발이 스티븐에게 연상시키는 죽은 윌리엄의 얼굴은 바로 "텅 빈 공간, 텅 빈 시간, 아무 것도 발생하지 않은 죽은 시간"(Bogue, *Deleuze on Cinema* 138)으로 스티븐을 유도하는 간극이다. 알프레드 히치콕Alfred Hitchcock의 등장인물처럼 스티븐은 "미비되어"(Flaxman 29), 이제 더 이상 감각-운동 도식이 작동하지 않는 지점에 도달한 것이다. 이제 스티븐은 더 이상 현실적인 공간과 시간이 아닌 시공간으로, 즉 비자발적인 기억의 플래시백으로 진입하게 된다. 그리고 스티븐을 감각-운동 도식에 의한 행위를 할 수 없는 일종의 "마비" 상태로 그리고 플래시백의 마인드스크린으로 유도하는 인물은 바로 그 사고를 낸 장본인 애나이다. 이러한 사실은 핀터 극에서 이미 지적되고 있는 시간과 "젠더특유의" 문제의 밀접한 연관성을 핀터의 영화에서도 지적될 수 있음을 시사한다(Rayner 493). 따라서 <사고>는 고전 영화에서 새로운 시간-이미지의 현대 영화로의 진입에 성정치성이 작동하고 있음을 명확하게 보여주는 영화로 간주될 수 있다.

---

21) Bruce Kawin은 일인칭 시점의 내레이션, 특히 자신의 이야기에 대한 비자발적 말하기로 "공인되지 않은 서술"을 "마인드스크린"이라는 용어를 사용하여 일컫는다. Bruce Kawin. *Mindscreen: Bergman, Godard, and First Person Film*. 참조.

III

일단 모즐리의 소설 『사고』가 핀터의 관심을 끈 이유는 모음의 『하인』 처럼 이 소설 역시 계급 경쟁, 주도권 문제, 배신 등과 같은 그의 주요 관심 사들을 다루고 있기 때문이라고 지적된다(*Sharp Cut* 159). 그러나 소설 『사고』 가 로지-핀터의 관심을 확실하게 끈 것은 이 소설이 일인칭 내러티브로 주 관성 자체를 전경화하고 있다는 사실이다. 즉 "다소 특이한 자유연상소 설"(Ciment, *Conversations* 259)로서 『사고』는 일인칭 내러티브를 내레이션 방식 으로 할뿐 아니라 그 자체를 주제로 삼고 있다. 따라서 로지-핀터는 『사고』 에서 사용되는 "자유연상과 의식의 흐름 수법에 대한 직접적인 영화적 등 가물"(Taylor, "*Accident*" 183)을 찾으려는 시도에서 각색과 영화작업을 시작했 다고 볼 수 있다. 로지는 <사고>를 모즐리가 다루고 있는 주관성의 영역을 강조하기 위해 "물리적인 폭력이 없는, 단지 사람들이 느끼는 내적 폭력만 이 있는 그러한 사고에 대한 영화"(Palmer and Riley 65 재인용)로 만들려고 했다 고 밝힌다. 핀터 또한 "모든 것이 묻혀있는," "등장인물들의 내면에서 진행 되는 드라마"(Taylor, "*Accident*" 183)의 영화로 각색하고자 했다고 말한다. 그 러나 그들이 만들어낸 <사고>는 주관성에만 의존하는 고전적인 내레이션 이 아니라, 현대 영화의 특징으로 들뢰즈가 간주하는 자유간접화법의 영화 이다(*Cinema 1* 72). 자유간접화법이란 화법의 주체가 각각 다른 시각의 주체 로 이중으로 균열되어 있어 긴장을 유지하는 말하기 방식을 의미한다. 이 러한 말하기 방식을 구현하기 위해 <사고>는 소설의 일인칭 화자를 대체 할 수 있는 "비매개적인 관점의 위장"(Renton 15)으로서 익명의 관점인 "카메 라의 눈"(*Cinema 1* 72)을 부각시키는 방식을 시도하고 있다. 즉 카메라의 시선을 배제하는 것을 전제로 한 고전 영화와는 달리, <사고>는 카메라가 단순히 우리에게 스티븐의 시각과 세계에 대한 그의 시각을 제공하기만 하는 것이 아니라, 그 속에 첫 번째 시각을 변형하고 반영하는 또 다른 시각을 부과하고 있음을 보여준다. 다시 말해, <사고>는 스티븐의 주관적 지각-이미지만을 보여주는 것이 아니라 "관객을 지각-이미지와 그것을 변형하는 카메라-의식 사이의 상호작용 속으로 끌어들임"으로써 두 시각의 주체들이 각각 분화되어 존재한다는 것을 보여준다(Cinema 1 74). 들뢰즈는 고전 영화의 충동-이미지에서 시간-이미지의 출현을 발견하듯이, "특별한" 지위의 지각-이미지(Cinema 1 76)에서 현대 영화의 자유간접화법을 발견한다. 들뢰즈는 피에르 파올로 파졸리니Pier Paolo Pasolini의 언어학적 유추의 설명을 빌려서 주관적인 지각-이미지가 직접화법, 객관적인 지각-이미지가 간접화법과 같다면, 영화 이미지로서 지각-이미지는 직접 화법도 간접 화법도 아닌 "자유간접화법"에 상응한다고 설명한다(Cinema 1 72). 사실 <사고>의 등장인물이자 화자인 스티븐은 두 개의 분리할 수 없는 주체의 행위들을 동시에 수행하는, 즉 일인칭의 한 등장인물 스티븐을 구성하는 발화 주체와 그 등장인물의 탄생에 현존하여 그 인물을 장면으로 불러오는 발화 주체의 배치assemblage로 존재한다. 다시 말해, 각각 다른 발화 주체로 스티븐은 하나의 체계에 속하는 두 주체들의 혼합 또는 평균으로 존재하는 것이 아니라, 이질적인 하나의 체계 속에서 두 상관적인 주체들의 분화로 존재한다는 것이다. 등장인물로서 행위하는 주체 스티븐은 그 주체를 지켜보는 다른 주체가 없이는 존재하지 않으며, 이 두 주체들의 관계는 한 주체의 "마인드스크린"과 이에 대한 독립적인 관객의 관계로 설명될 수 있다. 따라서 이 두 주체들의 분화와 긴장으로 이야기되는 <사고>의 영화적인 지각-이미지는 "자유간접주관성"(74)의 지각-이미지로 지켜보는 "카메라-자기의식"(76) 속에서의 주관적인 지각-이미지의 반성과 같은 것으로 설명될 수 있다.

IV

소설의 일인칭 화자를 대체한 카메라의 자기의식의 반성을 통한 자유 간접화법의 복합적인 서술 구조를 지닌 <사고>의 시간 구조 역시 이중적이다. <사고>의 시간은 그 사고가 발생한 현재 시점에서 시작하여 사고가 처리되고 일상으로 돌아오는 과정의 현재 시간의 틀과 그 안에 들어 있는 전체 상영시간의 3분의 2에 해당하는 플래시백의 마인드스크린의 시간으로 분화되어 있다. <사고>에서 핀터가 이러한 구조를 시도한 것은 바로 새로운 시간-이미지의 출현이 시작하는 기억에서 출발하여 플래시백에 이르기까지 다양한 새로운 시간-이미지들을 출현시키기 위해서라고 볼 수 있다. 사실 과거로의 플래시백이 시작되는 공간, 일종의 "사이"pause에서 스티븐의 지각 또는 지각하기는, 베르그송에 의하면, "기억된 이미지들로 간격을 메우는 예견의 작업"(Bogue, *Deleuze on Cinema* 112 재인용)이다. 들뢰즈는 베르그송의 지각-이미지와 기억-이미지의 동시 발생과 포착에 대한 지적과 지각의 "자동적인 인식"automatic recognition과 "주의 깊은 인식"attentive recognition으로의 연결에서 각각 시지각 기호와 플래시백(112)을 다루는 틀을 발견하고 있다.

예컨대, 스티븐이 애나의 발을 보았을 때, 윌리엄의 얼굴을 밟고 있던 구둣발의 기억-이미지가 포착되고, 그의 손은 자동적인 인식, 몸만이 감지할 수 있는 인식의 지각으로 그녀의 발을 잡으면서, "안 돼!"라고 소리친다. 곧 윌리엄의 죽은 얼굴의 기억-이미지가 포착되며, 이제 활짝 웃는 살아있는 윌리엄에 대한 기억-이미지와 더불어 주의 깊은 인식의 지각으로 스티븐은 긴 플래시백에 진입하게 된다. 이러한 과정으로 <사건>의 현재 시간에서 과거로 전환하는 시퀀스가 구성된다. 이 시퀀스에서 애나의 발을 보는 순간, 감각-운동 도식을 벗어나는 스티븐의 경험을 포착한 것이 바로 시지각 기호opsign와 음향 기호sonsign이다. 이 순간에 스티븐은 "능동적인 참여자라기보다는 관객"이 되며(Bogue, *Deleuze on Cinema* 109), 그가 보는 것이 바로 우리가 보는 것이 된다. 즉 우리가 보고 있는 것이 바로 상식의 좌표로부터 분리된 순수광학적 상황의 표식, "참을 수 없고 견딜 수 없는 어떤 것," 즉 "우리의 감각-운동 능력을 능가하는 대단히 강력한" 것의 출현을 표식하는 시지각 기호와 음향 기호인 것이다(*Cinema 2* 18).

플래시백을 설명하는 틀로서 지각의 주의 깊은 인식은 순수광학적 이미지로 포착되는 지각의 자동적인 인식과 질적으로는 다르지 않다. 두 가지 경우 모두 우리는 기억-이미지를 소환하고, 그것을 대상에 투사하지만, 다만 주의 깊은 인식에서는 전기 회로처럼 대상과 우리가 각각 소환하는 기억-이미지가 하나의 회로를 형성한다는 점이 다르다. 예컨대, 한 대상으로 침대위에 누워있는 애나의 발(O)은 그것과 연결되는 기억-이미지로 사고 현장에서의 애나의 발(A), 그리고 그것이 밟고 있는 윌리엄의 얼굴 이미지(B), 그리고 과거의 살아있는 윌리엄의 웃는 얼굴(C)로 점진적으로 더 먼 과거로 기억-이미지들을 불러일으키며 회로를 형성한다. 즉 대상인 애나의 발(O)은 "즉각적 지각에 가장 가까운" 기억-이미지 A, 그리고 B, C 등 점진적으로 더 커지는 회로를 형성하며, O와 기억-이미지들이 만드는 원은, 각각의 더 큰 원이 더 작은 원을 포함한다. 따라서 가장 즉각적인 기억-이미지 A(사고 현장에서 스티븐이 본 애나의 발)와 대상 그 자체(침대 위에 놓인 애나의 발)는 구별할 수가 없고, 다른 기억-이미지들, B, C 는 대상 O에 투사되고, 그것에 의해 B′, C′를 형성하고, B′, C′는 대상 뒤에 놓이게 되고, 잠재태로 대상 그 자체와 함께 주어진다는 것이다. 그리고 베르그송이 지적했듯이, 인식에서 현실태적 지각-이미지와 잠재태적 기억-이미지는 잇달아 그리고 동시적으로 발생한다. 이와 같이, 주의 깊은 인식의 과정은 단순히 지각된 대상만이 아니라 대상이 접속되는 더욱더 광대한 체계들을 새롭게 창조하는 효과를 지니고 있으며, 영화의 플래시백을 다루기에 적절한 틀로 이용될 수 있다.

이와 같은 들뢰즈의 시지각 기호와 플래시백에 대한 설명은 <사고>의 영화 이미지가 상식적인 연대기적 시간의 감각-운동 도식을 벗어나 어떻게 다른 시간-이미지로 연결되는가를 보여준다. <사고>의 시지각 기호와 음향 기호는 시간의 편린들로, 즉 파편화된 시간성의 출현을 보여주는 기호들로, 그들의 출현은 측정 가능한 시간 속으로 동화되는 것을 저항하는 순간들의 표식이 된다. 고전 영화에서 다시 상식적인 감각-운동 도식 안으로 복구되는 것과는 달리, 이러한 저항의 순간에 스티븐은 플래시백의 유동하는 시간으로 나아간다. 물론 플래시백은 기본적으로 "정확히 현재에서 과거로 가는 그리고 다시 우리를 현재로 되돌리는 폐쇄회로"(*Cinema 2* 48)로 정의될 수 있다. 이러한 전통적 플래시백은 고전 영화의 현재적 내러티브 안에서 현재의 행동-이미지들과 과거의 기억-이미지들을 통합하는 방식을 의미한다. 그러나 <사고>에서 플래시백은 단지 과거를 현재로 향하도록 하는 결정론적인 감각-운동 도식을 넘어서, 진정한 시간-이미지의 출현을 알리는 방식으로 활용되고 있다고 볼 수 있다. 다시 말해, <사고>의 플래시백은 고전 영화에서 활용되는 기본적인 플래시백이 아니라 진정한 시간-이미지의 출현을 예고하는 일종의 창조적 플래시백인 것이다.

창조적 플래시백으로서 <사고>의 플래시백은 과거 기억-이미지들을 하나의 내러티브 안에서 현재의 행동-이미지들과 통합시키는 것보다는 기억 그 자체의 창조를 보여주고 있다. 기억 그 자체의 창조는 이미지들의 분자적 운동, 즉 서로를 잇달아 쫓는 현실태적 이미지와 잠재태적 이미지들의 식별불가능성의 상태를 향한 운동을 추적하는 과정을 의미한다. 플래시백에 의한 스티븐의 마인드스크린에서 전개되고 있는 것이 바로 이러한 과정이다. 들뢰즈가 "뇌는 스크린이다"라고 말할 때, 그는 폐쇄적 회로의 뇌를 의미하는 것이 아니라, 분자적 운동을 하는 입자들에 의하여 회로와 연결이 만들어지고 있는 창조적 뇌로서의 스크린을 의미한다("The Brain Is the Screen" 366). 그 뇌는 분자적 운동을 하는 이미지들로 회로를 타고 가며 생성되는 뇌이고, 이러한 뇌에 비유되는 스크린 역시 새로운 공간과 시간을 창조하고 있는 스크린인 것이다(370). 스티븐 역의 보가드도 지적하지만, 스티븐의 마인드스크린 역시, 알랭 레네Alain Resnais의 <전쟁은 끝났다>The War Is Over(1966)에서처럼, 한 기억이 다른 기억을 촉발시키고, 다른 시간에 일어난 장면들이 동시에 등장하는, 즉 이질적인 지속들이 공존하는 영화 이미지를 구현함으로써 새로운 공간과 시간을 창조하고 있다(Sharp Cut 171 재인용).[22]

플래시백을 구성하는 스티븐의 마인드스크린의 관객은 견자로 분화된 주체로서의 스티븐이다. 그의 보기는 현재에서 일어나고 있다. 여기서의 현재는 들뢰즈가 나누는 "변증법적 현재"dialectical nunc와 "직관적 현재"intuitive nunc 중 직관적 현재를 의미한다(Bogue, Deleuze on Cinema 137). 현재는 변증법적 현재로서 과거와 미래 사이의 단순한 연결 기능뿐 아니라 직관적 지금에 의해 완수될 수 있는 기능을 가지고 있다. 사실, 보기의 시간으로서 현재, 직관적 지금은 탈현실화된 현재, "연속의 질서 외부에 존재하고 있는," 하나의 사건이다. 그 사건의 체험은 일종의 연극의 막 혹은 막들의 "사이",

---

22) 들뢰즈에 의하면, 레네는 어느 누구보다도 영화 이미지가 재현하는 것이 현재에 속해 있지만, 이미지 그 자체는 현재에 속해 있는 것이 아니며, 그 안에 이질적인 지속들이 공존하고 있다는 것을 잘 알고 있는 작가이다("The Brain Is the Screen" 371).

즉 핀터적인 "사이"로 비유될 수 있다(138). 그리고 스티븐을 그 사이로, 텅 빈 시간, 보기의 시간으로 인도한 자는 바로 애나인 것이다.

V

들뢰즈가 감각-운동 도식의 위기의 순간에 성정치성이 작동하게 된다고 주장하였고, 몇몇 비평가들이 들뢰즈의 영화이론에서 이러한 젠더와 섹슈얼리티의 위력을 탐색하기 시작했지만, 아직 본격적인 논의 단계로 접어들지는 못했다.[23] 물론 성정치성이 들뢰즈의 주된 관심사는 아니지만, 그가 영화이론을 전개함에 있어서 고전 영화의 감각-운동 도식의 위기와 현대 영화로의 진입에 성정치성을 개입시켰다는 사실은 중요한 의미를 갖는다. 따라서 들뢰즈의 영화의 시간과 성정치성의 연결은 <사고>의 여성 등장인물들뿐 아니라 영화와 성정치성 사이의 밀접한 연관성을 파악하는 데 중요한 실마리를 제공해준다. <사고>의 여성 등장인물들, 스티븐의 임신한 아내 로잘린드Rosalind, 찰리의 부자 아내 로라Laura, 스티븐의 옛 애인이자 학장의 딸 프란체스카Francesca, 그리고 오스트리아에서 온 매력적인 젊은 여학생 애나 중, 모든 남성 등장인물들의 욕망의 대상이 되는 인물은 애나이다. 딕슨은 애나를 90년대 페미니스트 영화인 샹탈 아커만Chantal Akerman의 <밤과 낮>Night and Day(1991)의 주인공 줄리Julie와 비교하면서, 그녀를 통해 <사고>는 60년대의 페미니즘적 견해를 피력하고 있다고 지적한다(34).

---

23) 젠더/섹슈얼리티와 페미니즘의 연구를 위해 들뢰즈를 이용하는 사례는 수없이 많지만, 주로 몇몇 그의 텍스트들과 여기저기에서 발견되는 시사적인 언급들을 사용하는 데 한정되어 있다. 그 사례들에 대한 언급은 Flaxman 52쪽 주 117번 참조할 것.

사실, 앞서도 『귀향』의 루스와 애나를 비교했지만, 핀터가 연극에서 루스를 통해 본격적으로 성정치성의 문제를 다루기 시작했다면, 영화에서는 애나를 통해서라고 말할 수 있다. 애나는 루스처럼, 스티븐이 생각하는 오스트리아 공주가 아닌 가짜일 수도 있고, 찰리가 생각하는 창녀가 아닌 것이 아닐 수도 있는 알 수 없는 여자로, 남성 등장인물들과 소통할 수 있는 여자가 아닌 것은 사실이다. 그녀는 그들에게, 특히 스티븐에게, 마치 마르셀Marcel에게 알베르틴Albertine처럼 해독해야 할 기호들을 끊임없이 생산해내는 신비스러운 여자이다(Proust 22).

　또한 핀터는 모즐리의 소설에 없는 것을 첨가하여 애나의 냉담하고 이기적인 잔인한 면모를 강조하고 있다. 예컨대, 핀터는 윌리엄이 죽은 사고 현장에서 그녀가 머리를 빗는 장면, 거미집을 헤치고 나가는 장면, 그리고 윌리엄이 죽은 직후에 스티븐과 섹스를 할 수 있는 여자로 애나를 변경시켰다. 이러한 변경은 그녀의 잔인성을 강조하여 그녀에 대한 이해를 돕는 것이 아니라 오히려 그녀를 이해하려는 우리의 욕망을 끊임없이 좌절시킨다 (Klein 64). 이러한 애나 역을 맡은 여배우 재클린 사사르Jacqueline Sassard의 연기에 대한 평가 역시 양극단을 이룬다. 모즐리의 스티븐은 애나에게 끌린 이유가 그가 원하는 것은 무엇이든지 투사할 수 있는 그런 존재, 즉 "무"의 존재이기 때문이라고 분명하게 밝힌다(47). 그러나 핀터의 스티븐은 이런 생각을 분명하게 밝히고 있지 않으며, 핀터의 애나 역시 오브제 쁘띠 아와 악의에 찬 게이즈로만 볼 수 없다. 사실 핀터가 애나를 원작보다 더 이해하기 어려운 여자로 부각시킨 이유는 그녀로 하여금 스티븐을 감각-운동의 도식의 한계 지점으로 이끄는 역할을 수행하도록 만들기 위해서이다. 따라서 이 영화에서 왜 애나가 사실 매력적이라고 보기엔 힘든 늙은 남자 찰리와 불륜 관계를 맺는지, 왜 그녀가 윌리엄과 결혼하기로 결정한 것인지, 왜 그녀가 찰리에게 자신의 결정을 말해달라고 스티븐에게 부탁한 것인지, 왜 그녀가 스티븐이 그녀에게 섹스를 강요하도록 어느 정도 유혹하고 기회를 제공한 것인지 등등, 그 어느 "왜"도 감각-운동 도식으로는 설명될 수 없다. 핀터 자신도, "나는 드라마의 왜라는 것들becauses을 싫어하며," <사고>에서도 "모든 것은 일어났고, 아무 것도 설명되지 않고 있다"라는 사실을 강조한다 (Taylor, "*Accident*" 184). 따라서 강렬한 시선만이 그 비밀을 알 수 있지만, 아무리 보고 추측해도 항상 더 많은 비밀들이 남아 있다고 덧붙임으로써, 애나가 끊임없이 해독해야 할 기호들을 생산하고 있음을 시사한다(184).

사실 핀터가 애나를 잔인한 이미지와 더불어 더욱 해독하기 힘든 여자로 만든 이유는 윌리엄이 죽게 되는 치명적인 사고를 일으킨 장본인으로서 팜므파탈의 역할을 부각시키기 위한 것일 수도 있다. 그러나 애나가 맡은 더 중요한 역할은 스티븐에게 "잃어버린 시간 찾기," 즉 "진실 찾기"를 강요하는 것이다(*Proust* 15). 들뢰즈의 프루스트 읽기에 의하면, 우리는 진실 찾기로 몰고 가는 어떤 폭력을 겪을 때만 진실을 찾아 나선다. 애나는 스티븐에게 이러한 폭력을 행사하는 기호를 생산하는 잔인한 여자이다. 스티븐이 이러한 기호를 마주친 것은 우연이지만 진실 찾기를 강요당하는 피할 수 없는 "사고"이다. 따라서 <사고>는 바로 애나가 생산하는 "기호의 폭력"(15)에 의하여 시작된 스티븐의 진실 찾기 과정이라고 말할 수 있다. 스티븐이 해독해야 할 기호들을 끊임없이 생산하는, 즉 진실 찾기로 그를 유도하는 애나는 또한 남성들을 게임에 참가하도록 유도하는 역할을 한다. <사고>에서도 <하인>에서처럼 일련의 게임들이 등장하는데, 이 영화에서는 특이하게도 게임의 플레이어들보다 게임을 구경하는 자가 더 주목을 받고 있다. 다시 말해, 여기서 남성들의 치열한 경쟁에 의한 승부보다는 게임을 유도하면서 구경하는 여자들의 역할이 게임을 이해하는 데 더 중요한 의미를 가지고 있다는 것이다.

핀터는 주로 게임을 그것을 하는 자들의 폭력적 충동과 소진으로 인한 시간의 파괴적인 부정적 이미지를 구현하는 데 사용하고 있는 것으로 간주된다. 그러나 클라인이 지적하듯이, <사고>에서는 "시간의 유예와 조작의 능력 때문에" 가질 수 있는 게임의 "새로운 전능성"에 입각하여 시간에 대한 심화된 탐구를 할 수 있는 장치로 게임을 활용하고 있다(74). 즉 이 작품에서 그는 게임을 시간에 대한 심층적 실험을 위한 중요한 모티프로 사용하고 있다는 것이다. 사실 <사고>의 플래시백을 구성하는 주요 모티프들은 일련의 게임들이다. 원작자 모즐리는 핀터가 『하인』처럼 자신의 소설 『사고』 역시 마치 게임을 하듯이 등장인물들이 의사소통의 쇼를 하고 있기 때문에 관심을 가졌을 것이라고 말한다(*Sharp Cut* 159–60 재인용). 또한 모즐리도 강조하듯이, 여기서 핀터의 게임에 대한 관심은 부정적이 아니라 낙관적인 관점을 제시하고 있다(160). 따라서 <사고>가 치명적인 게임의 역학에 기초하고 시간의 부정적인 결과를 구현하고 있음에도 불구하고, 이 영화는 그러한 역학이 작동하는 야만적인 세계의 한계를 넘어설 수 있는 시간의 열림을 시사하고 있다.

이중적 시간 구조를 가진 <사고>의 모든 게임들은 플래시백에서 일어난다. 그 게임들은 스티븐 집에서 일요일 오후에 스티븐, 찰리, 윌리엄과 애나가 참가한 테니스 게임, 윌리엄의 저택에 초대받은 스티븐이 참가를 강요당한 소위 '이튼 벽 게임'Eton wall game이라는 귀족들이 즐기는 야만적인 풋볼 게임, 그리고 옥스퍼드 교정에서 찰리와 스티븐 팀이 벌인 크리켓cricket 게임 등이다. 테니스 게임의 구경꾼은 임신한 로잘린드이다. 풋볼 게임과 크리켓 게임의 시퀀스는 서로 연결되어 있는데, 윌리엄이 구경만 하겠다는 스티븐에게 말하듯이, 구경꾼들은 여자들과 늙은 남자들이다. 예컨대, 윌리엄의 저택에서 귀족들이 즐기는 풋볼 게임의 구경꾼들은 귀족 여자들이다. 카메라의 앵글이 치열한 게임을 구경하고 있는 여자들을 잡고 있다가, 갑자기 정중한 격식을 갖춘 게임이 진행되고 있는 옥스퍼드 크리켓 구장으로 이동하여, 관람을 하고 있는 늙은 남자들, 학장, 스티븐, 그리고 찰리를 포착한다. 그리고 이들 사이의 음흉하고 냉철한 계산에 의한 형식적 대화는 격식을 갖춘 표면적 세계가 감추고 있는 냉혹한 권력의 게임을 오히려 부각시킨다.

원작과는 달리 핀터는 크리켓 게임 장면과 애나가 스티븐에게 윌리엄과의 약혼 사실을 알리며, 그녀 대신 찰리에게 그 사실을 알려줄 것을 부탁하는 장면을 연결한다. 마치 로지-핀터의 차기작 <중개인>*The Go-Between* (1971)의 귀족 메리언Marian이 그녀의 연인에게 편지를 전달하는 중개인 역할을 레오Leo에게 부과하듯이, 애나는 스티븐에게 중개인 역할을 부탁한 것이다. 핀터가 이 장면을 크리켓 게임과 연결시킨 이유는 "멋진 젊은 선수" 윌리엄을 죽음으로 이끈 애나의 팜므파탈 역할을 부각시키기 위해서가 아니다. 게임의 구경꾼이자, 남자들을 게임으로 유도한 애나가 스티븐에게 자신의 결정을 찰리에게 알려달라고 부탁한 이유는 마치 강탈하는 동물들처럼 행동하는 "완전무결한 괴물들"인 남자들이 벌이고 있는 게임의 진행을 끊어 놓는 그녀의 단절을 부각시키기 위해서이다(Dixon 35). 즉 애나가 남자들을 게임으로 유도했지만, 도피도 위안도 불가능한 야만적인 자연주의적 세계의 게임의 역학을 단절시키는 역할도 수행하고 있음을 보여주기 위해서이다.

차사고 이후, 아커만의 줄리가 냉담하고도 초연하게 떠나듯이, 애나는 죽은 윌리엄, 어리둥절해 하는 찰리, 그녀를 붙잡아 둘 이유가 없다는 것을 알고 있는 스티븐을 두고 담담하게 떠난다. 애나의 이러한 행동은 예측하지 못한 돌연한 결정으로 보인다. 그러나 그녀의 갑작스러운 떠남은 들뢰즈가 로지의 여자들에 대하여 설명하는 "탈출의 선을 추적하는, 창조적, 예술적 또는 단순히 실질적인 자유를 얻은"(*Cinema 1* 138–39) 여자의 선택으로 볼 수 있다. 이제 애나는 그녀를 대상으로 한 스티븐의 기억 창조 과정에서 그 회로의 종결을 스스로 절단하는 예측할 수 없는 간극을 다시 초래한 것이다. 애나가 다시 가져온 간극은 "외부the outside로서의 전체the whole"를 시사한다(*Cinema 2* 179). 그 외부는 여전히 스티븐을 돌이킬 수 없는 과거의 현재성에 속박하는 상식적인 연접적 세계의 경계를 넘어서는 전체를 시사하는 외부를 의미한다. 따라서 애나의 떠남은 스티븐에게 과거를 돌이킬 수 없지만 현재 시점에서 끊임없이 변화시킬 수 있다는 것을, 그리고 현재는 과거의 연속적 효과이기 때문에 현재의 창조를 통해 과거를 구제할 수 있으며, 따라서 현재의 창조적인 행위는 과거를 구원하고 미래를 생성한다는 것을 선도적으로 보여주는 행동으로 볼 수 있다. 간단히 말해, 애나가 초래한 간극은 감각-운동 도식의 위기와 더불어 성정치성의 개입을 시사한다. 그리고 이러한 시사는 들뢰즈의 영화이론에 내포된 현대 영화의 시간과 성정치성의 밀접한 연관성을 검토할 수 있는 중요한 실마리가 된다.

VI

대체적으로 <사고>의 마지막 장면은 스티븐의 피할 수 없는 과거의 현재성에 대한 강조를 뜻하는 결말로 해석된다. 사실 <사고>의 첫 장면과 마지막 장면은 차사고가 나던 날 밤 스티븐의 집 전경과 대낮의 스티븐 집 전경을 각각 카메라가 몇 분간 정지한 채 포착하고 있다. 따라서 마지막 장면은 첫 장면의 거울 이미지로서 영화의 내러티브가 종결을 확립하고, 이제 사고가 나기 이전으로 스티븐의 감정적, 도덕적 평정이 회복됨을 의미하고 있는 것으로 보일 수 있다. 그러나 이와 같은 회복은 하나의 환상, 또는 단지 외면상의 문제일 뿐, 스티븐이 피할 수 없는 과거의 현재성이 오히려 강조되고 있다는 것이 대부분의 비평가들의 견해이다. 바로 앞 시퀀스에서 옥스퍼드 타워의 종소리와 함께 오프-스크린의 음향으로 액셀 밟는 소리와 점점 높아지는 차 소리로 연결되는 마지막 장면의 반복되는 차사고의 음향은 스티븐의 과거의 현재성과 영속성을 강조하는 효과를 가져온다. 사실 <사고>의 마지막 장면은 더 이상 현실적 공간이 아니라 탈현실화된 정신적 공간을 구축하고 있다고 볼 수 있다. 카메라가 뒤로 물러나다 정지하여 고요한 스티븐 집 전경을 롱테이크로 잡고 있는 동안 오프-스크린 음향으로 들리는 차 미끄러지는 소리, 갑자기 긁히며 부서지는 요란한 소리, 그리고 침묵, 그 가운데 규칙적인 시동소리는 운동-감각 도식의 폐쇄적 회로를 깨뜨리는 단절을 알리는 신호를 보낸다. 다시 말해, 오프-스크린 음향은 플래시백 기억들의 이미지를 벗어나 출현한 새로운 시간-이미지의 기호들인 시지각 기호와 음향 기호로 간주될 수 있다.

<사고>를 두 차원의 서술들이 상호작용하는 구조의 영화로 읽어내는 팔머와 라일리는 이 마지막 장면에 이르러, 일인칭 서술, 즉 스티븐의 주관성의 영역이 우세하게 된다고 주장한다(83). 달리 말해, 영원히 현존하는 과거를 보여주는 듯한 마지막 장면은 필연적으로 일인칭 화자로서 스티븐의 주관적 지각-이미지를 보여주고 있다는 것이다. 특히 <사고>와 차기작 <중개인>의 각본을 쓴 뒤, "나는 과거는 과거가 아니고, 그것은 결코 과거였던 적도 없다는 것을 확실히 점점 더 느낀다."(Gussow 25–26)라고 밝힌 핀터의 말을 인용하면서, <사고>는 결론적으로 스티븐의 내면적 현실이 과거의 영향을 벗어날 수 없다는 것을 보여주고 있다고 그들은 단정한다(83). 그러나 <사고>의 마지막 장면은 스티븐의 주관적 지각-이미지만을 보여주는 것이

아니라 그것과 그것을 변형시키는 "카메라-의식"(*Cinema 1* 74)의 상호관계를 보도록 우리를 유도한다. 사실 <사고>의 첫 장면과 마지막 장면은 우리가 카메라의 존재를 가장 확실하게 느낄 수 있는 장면들이다. 마지막 장면에서 카메라는 스티븐이 그 프레임 속에 들어오길, 즉 스티븐이 집에서 나와 아이들을 데리고 그 프레임 속으로 들어왔다가 다시 그 장면에서 나가기를 기다리다가, 뒤로 물러나, 다시 텅 비게 된 공간, 즉 순수하고 절대적인 의미화에 맡겨진 공간을 프레임 속에 담고 있다. 여기서 우리는 스티븐의 집을 정지한 채 비추는 카메라의 "집요한" 또는 "강박적인" 프레임화를 강요하는 의식, 즉 반성하는 의식 또는 "영화적 코기토"cinematographic Cogito라고 할 수 있는 카메라-의식을 감지할 수 있다(74). 특히 아무도 없는 텅 빈 전경은 집요하고 강박증적인 카메라-의식을 잘 드러내 보인다. 이와 같이 <사고>의 마지막 장면은 스티븐이 주관적 지각-이미지를 부각시키는 대신, 카메라-의식 속에 그 주관적 지각-이미지를 반영하여 자유간접주관성free indirect subjective의 입지를 획득한 현대 영화로서의 면모를 보여주고 있다. 마지막 장면에서 카메라-의식의 강박증적인 프레임 속에 잡힌 스티븐 집 전경의 이미지는 이제 감각-운동 도식에 의해 결합된 이미지들로부터 탈연쇄화된다. 그리고 그 이미지는 첫 장면의 거울 이미지로서가 아니라 첫 장면의 이미지와는 다른 그 차이에 따라 서로 재-연쇄화되어, 그 이미지들 사이의 틈새, 간격을 드러낸다. 따라서 <사고>의 끝 장면은 확장 가능한 세계로서의 열린 전체를 지향하는 고전 영화의 이미지들을 결합시키는 감각-운동 도식을 벗어나 이미지들의 간극을 통해 시사되는 "외부"로서의 전체를 시사한다고 볼 수 있다(*Cinema 2* 179). 이러한 맥락에서 볼 때, 로지-핀터의 두 번째 영화 <사고>는 고전 영화와 현대 영화의 "사이"에서 생성된 시간-이미지와 자유간접주관성의 현대 영화로의 진입을 예고하는 성공적인 영화로 평가될 수 있다.

스펙터클과 시간-이미지: 〈중개인〉

〈중개인〉(*The Go-Between*, 1971)

I

핀터가 L. P. 하틀리L. P. Hartley의 소설 『중개인』*The Go-Between*(1953)을
각색하여 로지와 만든 3번째 영화 <중개인>(1971)은 칸영화제Cannes Film
Festival에서 황금종려상(1971)과 영국필름아카데미상British Film Academy Award으
로 최우수영화각본상(1971)을 탄 작품이다. 이와 같이 <중개인>은 핀터의 영
화각본들 중 가장 권위 있는 상들을 수상한 작품이지만, 핀터의 전작 <사
고>만큼 영화적으로는 성공하지 못했다는 평가를 받는다. 그 이유로 스티

븐 게일Steven H. Gale은 첫째는 원작 소설이 더 뛰어나기 때문이고, 둘째로는 핀터가 강조하기로 선택한 주제가 강한 흥미를 주지 못했기 때문이라고 지적한다(*Sharp Cut* 192). 게일에 따르면, 로지는 이 영화를 "그들의 계급과 있을 법하지 않는 상황에서 사회에 의하여 덫에 걸린 사람들의 연구"로 보고 있지만, 핀터의 강조점은 다른 곳에 있다는 것이다(192 재인용). 원작이 가장 중요한 주제로 다루고 있는 것은 계급 주제인데, 핀터는 당시 그가 쓰고 있던 극작품들인『풍경』*Landscape*(1969)과『침묵』*Silence*(1969)에서처럼 기억과 시간, 특히 시간을 그의 영화각본의 중심 주제로 다루고 있어서 <사고>보다 성공적이지 못했다는 것이 게일의 주장이다(195). 마틴 에슬린Martin Esslin 역시 핀터의 관심은 다르다고 지적했지만, 바로 이러한 다른 관심사 때문에 이 작품이 <사고>보다 더 훌륭한 작품이라고 평가한다. 에슬린은 우선 <중개인>이 <사고>보다 더 간결하고 생략적인 핀터적Pinteresque 대사를 구현하고 있다는 점, 그리고 특히 관객을 과거와 현재 이미지들의 복잡한 관계의 패턴 속으로 끌어들여 마음속에서 과거와 현재를 혼합시키는 시간에 대한 실험에 성공했다는 점을 들어 이 작품을 극찬한다(*The Peopled Wound* 205). 그러나 게일이 에슬린의 <중개인>에 대한 극찬을 지나친 평가라고 말하지만, 핀터가 강조하기로 선택한 시간 주제의 전개가 오히려 원작 소설이 계급 주제를 다룸에 있어서 부딪히는 문제와 한계를 넘어 그 주제를 새로운 차원에서 다룰 수 있도록 만들어준다고 볼 수 있다. 이러한 맥락에서, 계급 주제와 시간 주제의 연관성, 즉 정치성과 시간성의 연관성에 근거하여 두 주제를 새로운 단계에서 다루고 있는 <중개인>은 <사고>와『프루스트 영화각본』*The Proust Screenplay*을 잇는 역할을 하고 있는 것으로 평가될 수 있다. 그리고 무엇보다도 <중개인>은 <하인>에서 시작한 로지와의 일련의 영화작업들이 핀터의 영화 정치성 구현에 매우 중요한 영향력을 행사했음을 입증해주는 작품인 것이다.

원작 『중개인』은 핀터가 파악한 과거의 본질을 가장 잘 드러내는 "과거는 낯선 나라이다. 사람들은 거기서 모든 것들을 다르게 하고 있다."라는(17) 첫 구절로 시작한다. 과거에는 우리가 아니라, 그들이, 낯선 자들이 있다. 그 낯선 자들은 우리가 보지 못하는 세계에, 우리가 있지 않은 곳에 도달할 수 있게 해줌으로써 우리가 절대 몰랐을 암흑의 세계를 잠재태의 세계로 만들어주는 타자들이다. 핀터는 <중개인> 작업을 할 무렵, "나는 일종의 삶의 영원한 현재성을 더욱 의식하게 된다. 분명히 나는 과거는 과거가 아니라는 것, 그리고 결코 과거였던 적이 없다는 것을 더욱 느낀다. 그것은 현재인 것이다"(Gussow 25–26)라고 과거와 현재, 시간에 대한 그의 새로운 접근 태도를 피력한다. 핀터는 존 러셀 테일러John Russell Taylor에게 <중개인>에서 중요한 역할을 하고 있는 것은 시간 자체이며, 이 작품은 성인이 된 콜스톤 eo Colston24)이 그에게 정신적 외상을 준 어린 시절 경험이 일어난 장소로의 귀환을 통해 가능하게 된 "시간의 전복"을 보여주고 있다고 밝힌다("The Go-Between" 203). 핀터가 보여주고자 한 시간의 전복이 들뢰즈가 주장한 클리셰를 보여주는 감각-운동 도식의 운동의 축에서 정치적 사유-이미지를 생산할 수 있는 간극 또는 중단으로의 선회를 의미하며, 그리고 정치성이 영화의 본질이라는 그의 주장과 일맥상통한다는 것을 알 수 있다(Coleman 150).

하틀리의 소설은 현재 시점에서의 프롤로그와 에필로그를 곁들인 인물들의 정체성 형성에서 유전과 환경을 원인적 요인들을 강조한 직선적 구조의 자연주의 소설이다(Bednerik 49). 핀터는 원작의 마지막 에피소드인 콜

---

24) 13세 레오 콜스톤과 그 어린 시절의 장소로 다시 돌아온 늙은 레오 콜스톤을 구별하여, 전자를 레오로 후자를 콜스톤으로 각각 부르기로 한다. 회상-이미지가 아니라 순수한 회상, 즉 보존된 과거, 과거의 시트 속에서 그렸던 아이 레오와 그는 동시대인이 된다.

스톤의 브랜드햄홀Brandham Hall 재방문을 영화의 시작으로 해서 소설의 아리스토텔레스적 구조를 깨뜨려 영화적인 재구성을 시도한다. 또한 소설의 일인칭 화자는 보이스-오버로 대체되고, 플래시백의 창조적 활용으로 그 역할이 보완된다. 이러한 영화적 재구성에 기초한 <중개인>에서 핀터는 <사고>에서 시도한 자유간접화법을 본격적으로 활용하여 다성화된 목소리들, 즉 다양한 관점들을 통하여 전체the whole여야 할 정서적인 삶에 간극을 초래하는 직선적인 시간을 과거, 현재, 미래로 파편화하여 탈구 또는 전복시킨다. 핀터가 시도한 이러한 시간의 전복은 연속적인 시간과는 대조적인 베르그송의 순수 시간pure time인 다차원적이며, 과거, 현재, 미래가 융합되어 전체를 이룬 시간의 개념에 근거한 것이다. 따라서 <중개인>에 이르러 핀터는 시간, 기억, 그리고 의미에 대한 고전적 사유와 직선적인 시간의 전복 등의 주제를 효과적으로 다룰 수 있는 다층적이고 모순적인 시간의 시트들sheets을 전달하는 방식에 본격적으로 관심을 갖게 되었다고 볼 수 있다.

<중개인> 역시 들뢰즈의 분류에 따르면 자연주의 영화이다. 그러나 들뢰즈가 자연주의 진입을 좌절시키는 요소로 지적한 풍속희극적 스펙터클을 구축하는, 즉 연극성을 추구하는 영화로도 간주될 수 있다. 사실 엔딩 장면에서 시작하는 콜스톤의 내레이션은 레오의 성인되기 의식의 시퀀스까지, 그의 불행한 생일파티로 클라이맥스에 이르기까지 불멸의 존재들이 사는 것 같은 상류사회 세계의 스펙터클을 구축하고 있다. 다시 말해, 회상을 통한 콜스톤의 내레이션이 구축한 것은 풍속희극적 스펙터클인 것이다. 들뢰즈는 르누아르를 자연주의로의 진입 시도에 실패한 감독으로 간주하여 자연주의 영화감독들과 비교하여 저평가를 했지만, 후일 르누아르의 관심사가 자연주의 영화로의 진입보다 스펙터클의 구축, 즉 "순수한 연극성" 추구에 있음을 인정한다(Cinema 2 84). 들뢰즈의 평가 기준에 따르면, 자연주

의 영화의 진입과 연극성 추구를 동시에 한다는 것은 상반되는 방향을 동시에 지향하는 것을 뜻한다. 그러나 로지-핀터의 <중개인>은 자연주의 영화로의 진입과 연극성을 동시에 추구한 영화라고 보는 것이 정확한 판단이다. 로지-핀터의 영화를 평가함에 있어서 로지는 바로크적 낭만주의 영화 그리고 핀터는 위협희극적 연극성을 각각 추구하였으며, 핀터의 영향력이 압도적일 때 부정적인 결과를 초래하기도 하지만 대체로 이들 사이의 치열한 상호간의 "훔치기"(Palmer and Riley 43), 즉 정치적 협상을 통해 성공적인 영화를 만들 수 있었다는 것이 전반적인 견해이다. 들뢰즈는 로지를 유보적이지만 자연주의 영화의 대가로 인정을 했다. 따라서 로지-핀터의 협동 작업에 있어서 로지의 추구 방향이 자연주의 영화이고, 핀터는 그 상반되는 방향인 연극성을 추구했다는 논리가 성립될 수 있다. 그러나 사실은 핀터의 연극성 추구가 오히려 그들이 영화를 단순히 자연주의 영화 진입만이 아니라 성공적인 자연주의 영화 나아가 시간-이미지의 현대 영화로 진입하는 데 더 큰 공헌을 하고 있다.

사실 <중개인>은 자연주의 영화의 시원적 세계 탐구보다 르누아르 영화의 주요 관심사인 "유산으로 물려받은 자족적인 귀족적 영역, 역사로부터 단절된 인공적인 영역"(Bogue, *Deleuze on Cinema* 130)인 상류사회의 스펙터클 구축에 더 집중하고 있다. 상류계급사회의 세련된 인공적인 세계의 스펙터클은 자연주의 영화에서는 시원적 세계에 도달하기 위한 매개체로서의 파생 환경에 지나지 않는다. 그리고 그 스펙터클은 사회 규범과 관습이라는 무거운 과거의 함정에 빠져 죽음으로의 도피 외에는 어떠한 탈주도 가능하지 않는 닫힌 세계를 구축하고 있다(Bogue, *Deleuze on Cinema* 128). 콜스톤의 내레이션에 의하여 구축된 브랜드햄홀의 스펙터클은 바로 들뢰즈가 분류한 결정체의 4번째 상태인[25] "해체되고 있는 결정체"(*Cinema 2* 94)이다.

콜스톤의 보존된 과거에서 그렸던 어린 레오와 그가 동시대인으로 머물 수 있는 순수한 회상 속에서 구축된 브랜드햄홀의 스펙터클은 비스콘티의 영화가 성공적으로 구축하고 있는 "부유한 귀족들의 세계, 부유한 구귀족들의 세계"로 "합성된 결정체"(94)와 같은 인위적인 귀족 세계의 스펙터클과 같은 부류로 간주될 수도 있다. 그러나 '중개인'으로서 콜스톤의 내레이션은 비스콘티의 시점과는 달리 브랜트햄홀의 내부로부터의 해체 과정, 해체를 가속화한 역사적 상황, 너무 늦음에 가슴 아파하는 귀족의 탄식을 대변하는 것이 아니다. 엔딩에서 다시 시작하여 시간의 전복을 통해 자신을 가두고 있었던 양극단의 간극에서 탈주의 선을 찾으려는 콜스톤의 내레이션은 단순히 해체되고 있는 결정체의 스펙터클을 구축하기 위한 것이 아니다. 그보다는 그 스펙터클과 그것의 구축 자체에 문제를 제기하고 과거와 현재를 자신의 잠재성의 계열 안에서 생성으로 이끄는 창조적 역량, 즉 "거짓의 역량"을 발휘하기 위한 것이다. 따라서 콜스톤의 내레이션은 결정체적 시간의 묘사와 서사의 차원을 넘어선 세 번째 차원인 '이야기'로, 지배자의

---

25) 들뢰즈는 결정체-이미지의 결정체를 스펙터클에 비유하여 설명하면서 결정체의 네 가지 상태를 설명한다. 스펙터클로서 결정체는 분명히 구별되지만 식별불가능한 상호적 이미지로 공존하는 지나가는 현재의 현실태적 이미지와 보존되는 과거의 잠재태적 이미지의 원무의 회로로 결정화된다. 우선 현실태적 그리고 잠재태적 이미지가 결정체를 구성하는 요소이자 결정체의 두 가지 측면의 상태가 된다. 세 번째 상태로는 결정체 자체를 형성하는 배아와 더불어 형성과 성장 속에 있는 결정체, 그리고 마지막으로 네 번째 상태가 바로 "해체되고 있는 결정체"이다. 들뢰즈는 비스콘티의 영화로 네 번째 상태인 해체되고 있는 결정체의 네 요소들을 설명한다. 우선 부유한 구 귀족 세계의 인위적으로 합성된 결정체의 구축, 두 번째 요소는 내부로부터 부식되어 어둡고 불투명하게 만드는 해체의 과정, 세 번째 요소는 해체를 이중화하고 가속화하는 역사, 네 번째 요소는 무엇인가가 너무 늦게 도래했다는 생각 혹은 깨달음 등으로 나누어 설명하면서, 들뢰즈는 비스콘티가 <표범>(*The Leopard*, 1963)을 통해 이 네 가지 요소들을 조화시켜 완벽하게 다루고 있다고 평가한다(*Cinema 2* 83-97).

관점을 대변하는 진실의 모델을 따르지 않고 소수가 가지고 있는 "이야기 꾸며대기" 역량이 만들어낸 것이다. 그리고 그 이야기는 주관과 객관, 콜스톤과 레오의 구분을 넘어서는 자유간접화법의 방식으로 전개된다.

프란시스코 고야Francisco de Goya나 외젠 들라크루아Eugène Delacrioix가 그린 초상화의 여인처럼 19세기 특유의 상류사회 양식과 포즈를 적절하게 취하고 있는 메리언Marian은 난생 처음 상류사회를 방문한 중산층 계급의 13살 어린 레오가 해독하기 어려운 상류사회 사교계의 신비스러운 기호들을 방출함으로써 그를 매료시킨다. 그러나 메리언, 그녀의 약혼자인 귀족 휴 트리밍햄Hugh Trimingham, 그리고 그녀의 정부인 농부 테드 버기스Ted Burgess의 삼각관계를 잇는 "중개인"go-between의 역할이 부과된 레오는 상류사회로의 진입, 즉 풍속희극의 스펙터클의 일부가 되는 것이 허락되지 않고, 양극단 사이의 간극인 무인지대no-man's-land에 갇혀 있는 상황에 치히게 된다(Klein 80). 그에게 주어진 중개인의 역할이란, 후일 늙은 메리언이 말하듯이, "갑자기 나타나" 상류사회의 "소중한 것"(사랑, 명예, 열정)을 안전하게 중개함으로써 그들을 만족시키는 역할이며, 그 역할을 수행한 뒤 그곳을 떠나도록 되어 있는 "사라지는 중재자"(Žižek, For They Know Not 182)의 역할이다. 다시 그곳에 귀환한 늙은 콜스톤에게 메리언은 여전히 그녀를 위해 그러한 중재자 역할을 해줄 것을 요구한다. 그러나 이제 마법이 사라진 "먼지 구름으로 희미하게" 보이는 브랜드햄홀이 그가 너무 가까이 다가갔었던 태양과 같은 상류사회의 여주인 메리언의 공허함의 은유(Renton 31)일 뿐이라는 사실을 그는 발견하게 된다. 그리고 그는 그녀를 위해서가 아니라 과거와 현재, 유년과 성년, 상류와 하류계급, 19세기와 20세기 사이의 중개인으로서, 그동안 그를 가두고 있었던 양극단의 간극에서 시간의 전복을 통해 탈주의 선을 찾는 모험을 시도한다. 그리고 바로 여기서 <중개인>은 시작한다.

II

    <하인>과 <사고>에서와는 달리 거울보다는 창문을 많이 사용하고 있는 <중개인>의 오프닝 쇼트는 빗물이 흘러내리는 차창을 담고 있다. 여기서 콜스톤은 보이지 않지만, 카메라의 이동은 콜스톤의 시선과 일치하고 있음을 알 수 있다. 콜스톤의 보이스-오버와 더불어 카메라는 그의 회상 속에서 보는 "낯선 나라"로서의 과거로, 어린 레오가 마차를 타고 가며 처음 보았던 우거진 나뭇잎들 사이로 얼핏 보게 되는 열기 가득한 마법에 걸린 영토로 우리를 인도한다. 에드워드시대의 우아함과 장엄함의 상징인 브랜드햄홀은 어린 레오의 마음의 눈에는 "꿈의 풍경"(45)으로 보였다고 하틀리는 설명한다. 콜스톤이 회상 속에서 보는 경치가 "낯선 나라"이듯이, 어린 레오가 창문을 통해 보는 세계 역시 아주 낯선 세계이다. 레오가 브랜드햄홀의 메리언을 비롯하여 모즐리Maudsley 집안 식구들과 손님들을 처음 본 것도 이층 창문을 통해서이다. <중개인>의 브랜드햄홀은 <하인>과 <사고>의 저택처럼 하나의 등장인물과 같은 중요한 역할을 하고 있다. 레오가 브랜드햄홀 안으로 들어올 때, 카메라는 그의 동선을 따라 현관 출입구를 통과하여 나선형 계단을 올라와 마르커스Marcus의 방으로 이동한다. 층계를 오르며 창문을 통해, 그리고 층계참에 서서 다른 창문을 통해 아래 잔디밭 광경을 바라보는 레오를 카메라는 따라 온다. 방에서 나온 레오가 마르커스와 함께 장난을 치며 아래층으로 내려갈 때, 여전히 창문들을 통한 레오의 훔쳐보기로 카메라는 좀 더 가까이에서 나른해 보이는 우아한 인물들을 보여주는 일련의 쇼트들을 포착한다. 그가 창문을 통해 본 메리언과 크로켓croquet을 하는 사람들의 광경은 풍속희극, 즉 19세기 시대극 영화 특유의

정적이고 고도로 양식화된 스펙터클을 구축한다.

레오가 내다보며 황금 세계를 구경하는 깨끗한 창문들은 콜스톤이 차를 타고 이동하며 내다보고 있는 차창과 연결된다. 사실 영화 시작 부분에서 보여주는 이러한 레오의 창문을 통한 훔쳐보기는 콜스톤의 내레이션이 전개하는 어린 레오의 경험의 패러다임을 제공해준다. 또한 레오와 마르커스가 층계참에서 치는 장난은 <하인>에서의 배럿과 토니의 폭력적인 놀이와는 다르지만, 단순한 장난 이상의 중요한 의미를 지닌다. 브랜드햄홀의 주인 마르커스만 아는 비밀문과 그의 당당한 선조들의 초상화에 압도당한 레오에게 가한 갑작스러운 공격과 장난에 대한 콜스톤의 회상 속의 장면은 레오의 황홀감과 경이감뿐 아니라 이에 대한 콜스톤의 아이러니를 모두 다 포착하고 있다. 즉 이 장면은 레오가 본 것뿐 아니라 레오는 보지 못했지만 이제 귀족사회의 우아한 표면 세계가 미로 같이 은밀하며, 위험하고, 파괴적인 것을 가리는 베일이었음을 아는 콜스톤이 본 것을 함께 보여줌으로써 레오가 치러야 할 대가를 시사하는 아이러니를 내포하고 있다(Palmer and Reily 98). 다시 말해, 이 장면에서 자유간접화법 관계를 형성하는 레오와 콜스톤의 목소리의 간극을 발견할 수 있으며, 거기서 자유간접화법 내부에 공존하는 동질화되지 않는 바깥의 목소리의 존재를 감지할 수 있다는 것이다.

<중개인>에서 레오가 처음으로 상류사회 사람들을 보는 장소인 층계참은 <하인>에서 자연주의적 시원적 세계의 상징으로서의 층계참과는 다른 의미를 갖는다. 그 공간은 갇힌 느낌보다는 레오가 그의 관음증적인 보기를 위해 선택한 유리하게 격리된 위치를 시사한다. 물론 레오는 그가 관찰하고 있는 세계로부터 격리되어 있는 것은 아니지만, 그 세계의 일원도 아니다. 따라서 층계참과 난간은 그를 거부하는 것이 아니라 그의 세계가 아닌, 낯선 세계로 들어갈 수 있는 통로가 된다. 오버헤드 쇼트overhead shot

로 레오가 들여다보는 그 낯선 세계는 마치 동화의 세계처럼 보이는 효과를 준다(Houston and Kinder 25). 핀터는 이러한 층계참과 창문 그리고 문들을 다른 곳을 들어다 보거나 들어갈 수 있는 출구 또는 수단으로 사용함으로써 분명하게 구별되는 사회적 계급 체계를 보여준다. 층계 역시 소년들의 이층 침실과 아래층 사이의 통로일 뿐 아니라 성인의 방과 응접실의 사교계로 접근하기 위해 통과해야 하는 미로이기도 하다. 복도도 흡연실처럼 오로지 초대받은 사람들만이 통과할 수 있는, 그래서 종종 멈춰 서야 하는 곳으로 계급 구별의 상징이 된다. 이러한 브랜드햄 저택의 공간들과 더불어 소설에서는 언급되지 않지만 핀터가 첨가한 층계벽에 걸린 모즐리 가문의 초상화들, 흰색 드레스와 린넨 양복, 파라솔과 파나마모자 등과 같은 의복과 여유로운 행렬의 마차들 또한 계급구별을 위한 상징들로 풍속희극의 인위적인 스펙터클을 구성하는 요소들로 사용된다.

레오가 저택 밖으로 나와 창문을 통해 본 세계로 다가와, 해먹에 누워 있는 흰 드레스를 입은 메리언 곁을 지날 때, 그는 이미 그녀가 발산하는 기호들의 마력에 빠지고 만다. 곧 이어 마르커스와 영지를 탐험하는 도중 오래된 정원에서 발견한 독성 있는 "벨라도나"(아름다운 숙녀)와의 레오의 접촉은 테드의 죽음과 자신의 저주받은 삶을 가져다 줄 메리언의 치명적인 마력을 예견하는 시각적 은유로 볼 수 있다. 중산층 소년 레오에게 상류사회는 불멸의 존재들, 즉 신들의 세계로 보인다. 그러나 메리언이 초록색 새 옷과 더불어 그에게 부여한 정체성은 여신과 신들 사이의 메신저가 아니라 신들과 하층계급의 양극단 세계를 오가는 중개인 역할인 것이다. 사실 메리언은 레오를 단지 테드와의 은밀하고도 위험한 연애의 음모에 이용한 것뿐이다. 메리언과 레오가 노르위치로 옷을 사러가는 장면에 개입한 "너는 태양에 너무 가까이 날아갔어, 그래서 불에 탈 거야"라는 콜스톤의 보이스-

오버는 여신의 메신저로서 레오가 갖게 된 오만에 대한 콜스톤의 신랄한 비판의 소리이다. 학교에서 유명한 마법사로 알려진 레오는 메리언과 테드의 제동을 걸 수 없는 열정을 상징하는 한여름의 치솟는 열기를 자신의 마법으로 막으려고 노력하지만 실패한다. 이러한 열기의 상승은 결국 레오에게 트라우마를 가져다 줄 일종의 원초적 장면인 메리언과 테드의 정사 장면 목격이라는 클라이맥스에 이르게 한다.

레오가 브랜드햄홀의 사교계에 입문자로 도착해서 처음 본 그 세계의 광경은 잔디밭 위에서 크로켓 게임을 하고 있는 어른들의 세계이다. 크로켓 게임은 지위를 이용해 다른 선수들을 유도할 수 있는 능력을 발휘하는 게임으로 사회적 관계를 적절하게 표식하는 시대물이다. 게임이 진행되는 잘 다듬어진 공간은 주변의 자연과 대조를 이루며, 인간이 만든 규칙에 따른 게임의 진행은 인간을 자연 세계의 통제지의 지위에 두는 위계질서를 강조한다. 이 공간은 레오가 테드와 메리언의 중개인으로 오가는 숲과는 대조를 이룬다. 인간의 쾌락을 위해 자연을 길들인 인공적인 공간에서 인위적인 규칙에 의해 크로켓 게임이 진행되듯이, 메리언과 테드의 규칙을 어긴 연애는 이곳에서는 불가능한 게임이다. 따라서 그들의 밀회는 이러한 공간 밖에서, 벨라도나의 덤불을 스치고 지나가야 하는 바깥채의 헛간에서 일어난다. 바로 이러한 헛간과 레오가 중개인으로 오가는 길들여지지 않은 숲과 같은 자연적인 공간은 상류사회의 지배적인 인위적 구조물에 대한 "정치적 전복"을 내포하고 있다(Bednerik 52).

브랜드햄홀이 상징하는 영국 상류문화의 사교계로의 레오의 진입은 남자들의 흡연실로의 진입에서 그 절정에 이른다. 그는 거기서 신사들의 명예와 결투의 대상이 되는 여성은 결코 아무런 잘못이 없다는 것을 배운다. 귀족 휴에게서 여자는 결투, 명예를 건 시합을 할 수 없고 다만 그러한 시합의 구성을 위해서 필요할 뿐이라는 것을 배우는 것으로 레오의 사교계 진입은 절정에 이른다. 휴가 농담이지만, 레오에게 메리언을 "죽은 채로든 또는 산채로든" 데리고 오라고 지시했듯이, 그녀는 크로켓 시합에서 4인조 구성을 위해 그리고 그의 트리밍햄 부인으로서만 필요할 뿐이다. 메리언과 테드의 결합과 달리 서로 사랑하지 않는 휴와 메리언의 결합은 상류계급이 누리는 지위, 특권, 이상 등을 강화하기 위한 인위적인 결합일 뿐이다.

<중개인>에서 핀터는 크로켓뿐 아니라 <사건>에서 옥스퍼드 대학 교정에서 열리는 정중한 격식을 갖춘 크리켓 게임을 레오가 입문하고자 하는 사교계의 냉혹한 권력 게임으로 사용한다. 젠트리와 마을사람들이 연례행사로 여는 크리켓 게임은 복잡하고도 엄격한 규칙들과 경계가 분명한 구별 짓기의 게임이다. 이 크리켓 시합 시퀀스는 풍속희극의 스펙터클을 압축적으로 보여준다. 이 시퀀스에서 가장 시각적으로 주목을 끄는 장면은 관람석 천막에서 보여주는 광경이다. 탁자를 사이에 두고 한쪽은 모두 비슷한 블레이져 코트를 입은 신사들이 앉아 있고 다른 한쪽은 각양각색의 옷을 입은 농부들이 앉아 있는 모습은 계급적 구별의 경계선을 시각적으로 보여주는 스펙터클을 이룬다. 레오는 바로 이러한 극단의 양 계급 사이를 오가는 중개인인 것이다.

사실, 두 계급 사이의 연중행사로 열리는 크리켓 시합은 양측의 차별화를 재강조하며, 또한 메리언과 테드 사이의 계급적 장벽을 강화하고 그들을 분리시키는 결과를 초래한다. 이 시합은 계급 사이의 전쟁을 의미하며, 상류계급은 명예를 위해 승리하는 것이 중요하다. 남자들과는 달리 메리언은 단순히 크리켓 게임을 구성하기 위하여 필요하고 그리고 크리켓 게임에서는 구경꾼의 위치에 있을 뿐이다. 따라서 들뢰즈가 로지-핀터의 자연주의 영화에서 여자들이 시원적 세계에서 배제되어 남자들의 치열한 게임에 가

담하지 않는다고 지적하듯이(*Cinema 1* 138), 메리언 역시 남자들의 게임에 직접 가담하지는 않는다. 그러나 메리언은 잔인한 본능의 추동에 의한 남자들의 치열한 동성애적 게임의 세계를 다루는 자연주의 영화의 시원적 세계 밖에 존재하는 여자는 아니다. 그녀는 비록 그 게임의 플레이어는 아니지만, 게임의 법칙을 누구보다도 잘 알고 있는 여성 관객으로 풍속희극의 스펙터클을 구성하지만 동시에 그것을 열 수 있는 잠재력을 가진 '여성 관객성'을 구현할 수 있는 입지에 있다고 볼 수 있다.

사실 상류사회 시스템에서 메리언은 아무 잘못도 추궁 받지 않는 특권적이지만 수동적인 숙녀의 역할이 주어진다. 그러나 어린 레오가 휴에게 문제를 제기하듯이, 그녀는 테드를 죽음으로, 레오를 죽음 같은 삶으로 이끈 잘못을 저지른 팜므파탈의 역할을 한 셈이다. 그녀 스스로 콜스톤에게 강조하듯이, 물론 그녀는 정신분석의 패러다임으로 읽히는 에드거 앨런 포Edgar Allen Poe의 「도난당한 편지」"The Purloined Letter"(1844)의 왕비의 역할, 즉 트리밍햄 부인으로 상류사회의 명예와 권위의 수호자 역할을 표면적으로 유지해 왔다. 그러나 그러한 수호자의 역할에 대한 불안으로 히스테리 증세를 보이는 그녀의 어머니 모즐리 부인과는 달리, 그녀는 팜므파탈로 수호자가 아니라 상류사회의 코드와 혈통을 깨는 성정치적 그리고 정치적 전복성을 구현하게 된다. 농민계급 팀의 최강 타자 테드가 던진 공이 관람석의 메리언을 거의 맞힐 뻔한 것은 테드의 성적인 승리를 암시한다. 그러나 그는 젠트리 팀의 12번째 선수로 배정된 레오에 의하려 캐치 아웃을 당하고 게임에서 지게 된다. 비록 레오의 캐치 아웃은 승패를 결정하는 중요한 캐치이지만, 그것은 우연에 의한 것이다. 레오가 그 승패를 가리는 공을 우연히 잡게 된 것은 "우주의 기획의 부조리성과 임의성"(Bednerik 47)을 반영하는 것이며, 엄격한 규칙과 경계를 구분하는 권력 게임의 무의미함을 의미한다. 콜스톤이 마침내 발견하게 되는 메리언이 방출하는 사교계의 기호들의 공허함은 바로 이러한 게임의 무의미함과 같은 것이다. 따라서 <중개인>은 자연주의 영화의 엔트로피로 치닫는 치열한 게임을 전개하기보다 계급과 신분의 경계를 준수하는 게임 자체의 무의미성과 공허함을 드러내 보임으로써 그러한 규범과 전통에 근거한 상류사회의 스펙터클의 열림의 가능성을 시사하고 있다. 그러므로 게임의 이러한 활용과 스펙터클의 구축을 통해 <중개인>은 오히려 자연주의 영화의 한계를 극복할 수 있음을 보여주고 있다. 따라서 콜스톤의 내레이션을 통해 이러한 스펙터클을 구축한 <중개인>의 주요 관심사는 19세기말 에드워드 영국 상류사회에서 어린 레오가 한 경험과 늙은 레오 콜스톤의 회색빛 암울한 현실과의 인과성의 관계를 보여주는 것이 아니다. <중개인>의 주요 관심사는 이중적 내레이션의 구축과 전개 자체로 잃어버린 시간의 발견에 이르는 과정과 시간의 질서를 벗어나 시간의 계열 속에서 세 번째 직접적인 시간-이미지의 출현을 보여주는 것이다.

III

<중개인>을 위한 핀터의 영화각본은 그의 시간에 대한 생각의 전환을 보여주는 작품이다. 핀터는 통상적으로 과거를 "살아있는 것, 그러나 실제는 아닌 것으로, 상상력의 자산으로, 사실적이기보다는 허구적인 현상으로서 존재하는 것"으로 본다고 클라인은 말한다(80). 그러나 <사건>과 <중개인>을 쓰고 나서 핀터는 과거를 단순히 회상 또는 상상력의 산물, 그 이상의 무엇임을, 즉 과거의 실재성과 현재성을 강력히 주장한다. 따라서 <중개인>에서 과거는 단순히 상상적인 회상이 아니라 실재로서 현존하는 것이

다. 그리고 여기서 시간을 전복 또는 "빗장을 벗긴다"out of joint는 것은 "이다"와 "였다" 사이의 구별을 깨뜨려 전체로서의 시간을 회복시키는 것을 의미한다. 이러한 시간에 대한 핀터의 이해는 원작 소설에서는 불가능한 영화적 방식으로 레오 콜스톤의 내레이션에서 현재와 과거의 각각 분리된 두 시간대의 내러티브들 사이의 상호배제와 역설적인 상호의존성의 관계를 통해 드러난다.

하틀리의 소설은 콜스톤이 어린 시절 썼던 일기가 자극이 되어 50년이 지나 그 당시 경험했던 것을 일인칭 화자의 중재로 전개한다. 이제 성숙하고 아이러닉한 감수성을 가지게 된 화자 콜스톤의 회상을 통한 내레이션은 그에게는 일종의 발견 행위이며, 로지-핀터가 하틀리의 소설에서 주목한 것은 바로 이러한 콜스톤의 발견 행위이다. 따라서 <중개인>의 주요 내용은 콜스톤의 현재의 과거로의 침입과 기억의 과정에 의한 이중적 내레이션을 통한 그의 진실 찾기이다. 다시 말해, 이 영화는 시간의 직선적 인식과 콜스톤의 삶에 있어서 인과성을 밝히는 것이 아니라, 과거와 현재가 하나로, 나누어질 수 없는 실재로 존재한다는 시간의 전체성을 부각시키고 있다. 이를 위해 <중개인>은 현재의 비연대기적인 내레이션의 전개와 과거의 장면에 현재로부터의 보이스-오버들을 그리고 현재의 장면에 과거로부터의 보이스-오버들을 개입시켜 상호작용하는 이중적 내레이션을 전개한다.

<중개인>의 첫 시퀀스에 핀터가 하틀리의 소설을 영화로 각색함에 있어서 사용한 대부분의 주요한 영화적 기법들이 소개되고 있다. 우선, 과거와 현재의 대조적인 장면 병치와 보이스-오버의 사용이다. 핀터는 이러한 기법들을 통해 원전의 내러티브의 효과적인 전개와 더불어 그의 중심적인 관심사인 시간의 주제를 본격적으로 다룬다. 사실 촬영된 영화와 핀터의 각본과는 약간의 차이가 있다. 핀터의 각본은 과거 시간의 쇼트로 찬란한

햇빛을 받고 있는 영국 시골 장면으로 시작하지만, 영화의 오프닝 쇼트는 영화의 마지막 장면이기도 한 현재의 빗물이 흘러내리는 차창 쇼트이다. 이러한 차이는 핀터가 로지와의 <중개인>이라는 영화 만들기 과정에서 배우게 될 그리고 다음 작품인 프루스트의 『잃어버린 시간을 찾아서』에서 본격적으로 다루게 될 시간 주제에 대한 새로운 복합적인 차원의 접근 방식을 잘 보여준다. 예컨대, 『프루스트 영화각본』은 "시작할 때였다"라고 말하는 마르셀Marcel의 보이스-오버로 끝나고 있으며, 바로 여기서 핀터의 각본이 시작되고 있다. 핀터의 이러한 시간의 순환성에 대한 이해와 이에 기초한 영화의 구조화는 <중개인> 작업을 통해 그가 배운 가장 중요한 시간 주제에 대한 전개 방식이다.

사실 <중개인>의 시간 주제 전개는 들뢰즈의 직접적 시간-이미지의 유형과 강력한 시간-이미지의 출현을 보여주고 있다. 우선 <중개인>은 들뢰즈의 직접적인 시간-이미지의 기본적인 유형인 결정체 안에서 이중적인 움직임의 시간, 즉 지나가는 현재와 모든 과거를 보존하면서 어두운 심연으로 떨어지는 과거, 현실태와 잠재태의 식별불가능성의 회로 속에 있는 결정체-이미지 구조의 구축에서 시작된다. 그리고 스펙터클로 설명될 수 있는 이러한 결정체적 시간의 구조인 결정체에서 미래와 생성의 방향으로 나아갈 수 있는 가능성은, 즉 결정체 속에서 구원을 발견할 가능성은 지나가는 현재 쪽이 아니라 보존되는 과거 쪽에 존재한다는 것을, 즉 그 속에 "새로운 현실의 도약, 삶의 분출"을 보유하고 있다는 것을 보여준다(Cinema 2 91). 그리고 더 나아가 보존된 과거의 시트들sheets의 공존성보다 현재의 첨점들peaks의 동시성 속에 구원과 생성의 가능성이 더 강력하게 존재한다는 것을(101) 주장하고 있는 것으로 <중개인>의 시간 주제의 전개를 요약할 수 있다. 그리고 함께 가능하지 않은 현재들의 동시성과 잠재적인 과거들의 공존성이라는 시간의 역량은 서사의 새로운 위상을 출현시킨다(131). 다시 말해, 서사는 이제 참임을 주장하지 않고 본질적으로 거짓을 만드는falsi-fying 것이 되며, 참의 형태를 대체 또는 해체시키는 "거짓의 역량"을 발휘한다. 따라서 <중개인>의 서사는 바로 전통적인 서사의 진리의 위기를 "거짓의 역량"으로 해결하는 거짓의 예술적, 창조적 역량이 창조한 새로운 서사의 위상을 보여주게 된다.

현 시점에서 콜스톤의 브랜드햄홀 재방문은 지나가는 현재들의 수평적 연속을 이루는 사건이 아니다. 즉 레오에게 맡겨졌던 중개인 역할의 재개를 위한 것이 아니다. 그의 재방문은 테드의 죽음과 자신의 죽음 같은 삶으로의 질주를 초래했던 중개인 역할을 다시 맡기 위해서가 아니라 보존된 과거의 시트들로의 귀환의 사건이다. 그 사건으로 그 속에 함축된 동시적이고 설명 불가능한 미래의 현재, 현재의 현재, 과거의 현재라는 세 개의 함축된 현재, 즉 탈현실화된 현재의 첨점들의 동시성으로 이루어진 그 사건 내부에 존재하는 시간을 <중개인>은 보여준다. 콜스톤의 귀환은 수평적인 탈주의 선이 아니라 자신의 고유한 과거와 심연으로 결합하는 수직적 선을 찾아 "유일하고 단일한 공존"의 현재의 첨점에서 보존된 과거 속에 보유된 "새로운 현실의 도약, 삶의 분출"을 찾기 위한 것이다(Cinema 2 92). 다시 말해, 콜스톤의 내레이션은 순수한 회상 속에서 보존된 과거에서 그였던 아이와 그가 동시대인이 되어 "영원적인 것eternel이기보다는 내원적인 것internel이라 할 것을 구성함으로써 구원을 찾기 위한 것이다(92).

<중개인>이 현재의 시점에서 시작하고 있듯이, 콜스톤의 회상으로 형성되는 기억은 현재에서 발생하는 사건이다. 그의 잃어버린 시간 찾기의 지점인 13세 생일에 발생한 트라우마를 가져온 일종의 원초적 장면의 목격사건과 현재 사이에 지금까지는 기억이 없는 '죽은 지대'가 존속해온 것이

다. 사실 사건이란 회상 속에서 재생될 때 파악할 수 있으며, 또한 회상은 우리가 현실(현재적, 일상적인 현실적 세계)을 "탈현실태화"할 때 발생한다(*Cinema 2* 130). 다시 말해, 우리는 아무 것도 일어나지 않는 텅 빈, 죽은 시간 속에서 회상하는 셈이다. 이러한 텅 빈 시간 속에 회상들이 설정되고, 그리고 현실과 재결합됨으로써, 새로운 형식으로 현재가 재생될 수 있는 것이다. 이러한 방식이 바로 <중개인>의 이중적 내레이션의 상호작용이며, 영화의 전개 방식이다. 현재의 시점에서 시작한 오프닝 쇼트는 어린 레오가 브랜드햄 홀과 모즐리 가의 식구들에게 소개되는 과거 시간의 시퀀스로 이동하고, 현재와 과거의 이미지가 이어지며 그 위로 성인 콜스톤의 현재 목소리가 보이스-오버로 들린다. 이중적인 내레이션의 전반적인 전개는 이러한 소리와 이미지 사이의 첫 분리의 사례를 다양한 변이들로 반복 진행된다. 다시 말해, 콜스톤이 그의 13번째 여름의 장소로 귀환하는 스토리를 다루는 현재의 전지적 내레이션과 콜스톤이 회상하는 그 여름의 기억들에 대한 내레이션으로 나눌 수 있는 두 단계의 이중적인 내레이션이 시각적 이미지와 소리를 분리하는 "일련의 탈육체화된 목소리들"(Gale, *Sharp Cut* 163)인 보이스-오버의 창조적인 기법을 통해 상호작용을 한다는 것이다. 그리고 목소리가 속한 다른 차원의 세계가 시각적 이미지의 물리적 무대의 세계를 침투할 수 있고 또한 그 역도 가능함으로써 서로 다른 차원의 세계들이 개입하는 상호작용에 기초하여 이중적 내레이션이 전개된다는 것이다.

첫 단계의 내레이션인 현재의 콜스톤의 귀환을 다루는 전지적 내레이션은 마치 두 번째 단계의 내레이션인 콜스톤이 회상하는 그 여름의 기억들의 내레이션 속에 파편화되어 개입되어 있는 것처럼 보인다. 그래서 이작품에서 핀터가 플래시백을 역전한 플래시포워드flashforward를 사용하고 있다는 지적을 받기도 한다(Bednerik 49). 그러나 그것은 미래형의 시간대의 장면으로 넘어가는 플래시포워드라기보다는 현재에서 과거로, 과거에서 현재로 넘어가는 기법으로 기본적인 플래시백을 창의적인 수법으로 사용한 창조적 플래시백이라고 보는 것이 더 타당하다. 그리고 첫 단계 내레이션의 또 다른 중요한 특징은 영화의 마지막 길고 복잡한 시퀀스를 빼고는 모두 간단한 장면들로 나누어져 비연대기적인 순서로 전개되고 있다는 것이다. 예컨대, 전반부에 전개되는 파편화된 현재의 5개 장면들, (1)크레디트가 올라가는 첫 쇼트의 차창 장면, (2)교회묘지에 있는 콜스톤의 쇼트 개입, (3)콜스톤이 노르위치 기차역에 도착하여 차를 타는 장면, (4)차가 교회에 도착하는 장면, (5)전경에 서 있는 콜스톤 어깨너머로 어느 집(나중에 늙은 메리언이 살고 있는 집임을 알게 됨)을 잡는 롱쇼트의 개입 등의 5 장면들은 연대기적으로 편집되어 있지 않다. 5장면들의 연대기적 순서로는 (3), (4), (2), (5), 그리고 (1)의 순서가 된다. <중개인>의 엔딩은 다섯 장면들 가운데 연대기적 순서로 마지막에 오는 이 첫 쇼트로, 즉 콜스톤의 내레이션이 시작하는 지점에 다시 이르게 된다. 이러한 엔딩은, 『프루스트 영화각본』이 마르셀의 보이스-오버, "시작할 때였다"로 끝나는 것처럼, 지금까지 우리가 본 것은 이미 말해진 것이 아니라 말해질 것임을 예고하는 엔딩이다. 다시 말해, 콜스톤의 내레이션은 노르위치에 도착하는 순간에서가 아니라, 메리언을 만나고 난 뒤 오만하게 보이는 브랜드햄홀의 남서쪽 전경을 다시 본 순간에 시작된 것이다. 이 시점에서 시작한 콜스톤의 내레이션은 상식적인 순간들의 연속으로서의 "경험적 연속"이 아니라 그 순간의 "내부"에서 시간의 역동적 동요를, 과거에 대한 현재의 다시 당김과 미래에 대한 현재의 미리 당김에 의해, 즉 시간의 질서를 벗어나 "계열"로서 시간의 역량에 의해 전개된다(Cinema 2 275).

"거짓의 역량"에 의한 내레이션은 현재에서 참과 거짓 사이의 설명

불가능한 차이의 문제를, 또 과거에서 이들 사이에 결정할 수 없는 양자택일의 문제를 제기한다고 들뢰즈는 설명한다(*Cinema 2* 131). 사실 클라인을 비롯한 대부분의 핀터 비평가들은 "과거와 현재 사이의 관계의 궁극적인 상징"인 브랜드햄홀에서 이제 시작할 콜스톤의 내레이션은 그가 메리언의 손자에게 들려줄 이야기로 단정하며, 메리언이 부탁한 그 임무는 콜스톤이 하기로 운명지워진 "승리도 포기도 불가능한" "새로운 게임"으로 간주한다(Klein 101–2). 그러나 콜스톤이 메리언의 요청대로 그 청년을 만날지 또는 안 만날지, 만난다면 메리언이 부탁한 상식적 내러티브의 메시지를 전할지 또는 "왜곡된" 시간의 역량에 의한 "거짓의" 메시지를 전할지는 알 수가 없다. 그가 청년을 만나는 것 그리고 만나지 않는 것은 "함께 가능한" compossible 것은 아니다(*Cinema 2* 130). 그러나 들뢰즈의 시간 개념에 의하면, 그 두 가지가 함께 가능하지 않은 것은 가능태에서 발생하는 것이고, 두 가지 모두 반드시 진실은 아닐지라도 진실일 수도 있는 세계가 있을 수 있다. 즉 "반드시 진실의 과거라고는 할 수 없는 것"과 관련된 "함께 가능하지 않은 현재들"의 세계가 있을 수 있다는 것이다(*Cinema 2* 131). 따라서 콜스톤의 내레이션은 진리의 형식을 대체하고 전복시키는 "거짓의 역량"이 될 수 있으며, 공존불가능한 현재들의 동시성 혹은 반드시 진리라고는 할 수 없는 과거들의 공존을 내포할 수도 있는 것이다.

IV

콜스톤이 과거의 장소로의 귀환의 내레이션을 통해 마침내 발견하게 되는 것은 풍속희극의 스펙터클의 기반을 이루는 감각-운동 도식에 근거를 둔 상류 사교계의 상식적 연속성과 규칙성의 진부성, 즉 "일상의 진부성"(*Cinema 2* 170)과 환멸이다. 따라서 콜스톤이 다시 돌아온 과거의 현재 세계는 클리셰들의 영역으로 패러디하는 방식으로 다루어지고 있다(*Cinema 2* 210). 특히 후반부에 콜스톤이 늙은 메리언을 만나는 복잡한 시퀀스는 이러한 클리셰들의 패러디를 통해 감각-운동 도식을 붕괴하여 간극과 중단을 초래함으로써 현대 영화의 정치적 사유-이미지의 생산을 유도하고 있다. 이 시퀀스는 메리언의 보이스-오버와 그녀의 일방적인 내레이션으로 진행되고, 콜스톤은 능동적인 참여자라기보다는 메리언을 보고 있는 '견자'의 역할을 하고 있다. 이러한 견자의 역할이란 우리의 자연스러운 그리고 사회적인 지각 습관들을 구성하고 있는 클리셰를 넘어서서 볼 수 있는 역할을 의미한다(Marrati 59). 메리언의 콜스톤 접견 장면은 이들의 클로즈업의 교차와 보이스-오버의 교차로 진행된다. 그 중간에 늙은 메리언의 보이스-오버로 시작하여 레오의 생일파티와 메리언과 테드의 정사 발각 장면이 삽입된다. 그 장면은 레오에게 일종의 원초적 장면의 목격과 같다. 레오를 앞세우고 바깥채로 향하는 모즐리 부인의 히스테리의 그로테스크성이 마지막 시퀀스의 복합성을 부각시키는 주된 역할을 한다(Klein 95).

　　<중개인>에서 모즐리 부인은 브랜드햄홀의 안주인으로, 가문의 명예를 지키기 위해 레오로 하여금 메리언과 테드를 배신하도록 강요한 부정적인 사회적 관습을 대변하는 상류사회의 진부적인 어머니 역할을 맡고 있다. 카메라는 바깥채로 가는 길에 있는 벨라도나 덤불을 먼저 잡고, 그리고 바깥채 내부의 광경들은 벽에 비치는 그림자, 모즐리 부인, 레오, 그리고 바닥에 누워있는 테드와 메리언의 클로즈업 쇼트들을 교대로 잡는다. 이러한 클로즈업과 그림자의 키아로스쿠로를 이용한 이미지들의 그로테스크한 몽타주는 레오에게 준 트라우마의 강도를 시사한다. 반쯤 뜬 눈으로 올려

다보는 메리언의 클로즈업에 이어, 크로켓 게임을 하는 사람들을 배경으로 메리언이 해먹에 누워 있는 쇼트로의 빠른 연속을 통해, 메리언의 불일치한 모습으로 레오의 당혹감을 증폭시킨다. 그리고 이 쇼트에 계급의식과 과대망상에 빠진 늙은 메리언의 목소리가 보이스-오버로 개입한다. 표정 없이 듣고만 있는 콜스톤의 얼굴이 클로즈업되고, 그녀의 사랑의 "사실들"을 그녀의 손자에게 말해달라고 부탁하는 메리언의 목소리가 들리는 가운데, 카메라가 계속 콜스톤의 얼굴을 잡고 있다가, 다리 옆에 총을 기대 놓고 의자에 털썩 앉은 채 죽은 테드를 미디엄 쇼트로 잡는다. 그리고 "물론 모든 사람들이 우리를 알고 싶어 했어요. 당신도 알지만, 나는 트리밍햄 부인이었어요. 여전히 그래요, 다른 누구도 아니고."(118)라고 말하는 늙은 메리언의 클로즈업 쇼트로 연결된다. 이어서 브랜드햄홀을 향하는 차 윈도우 스크린을 잡는 쇼트에 늙은 메리언의 보이스-오버가 계속되며, 콜스톤은 시종 무표정한 얼굴이다. 그리고 첫 시퀀스에서 찬란하게 빛나던 과거의 브랜드햄홀 전경의 쇼트를 아이러닉하게 연상시키는 현재의 브랜드햄홀의 남서쪽 전경으로 구성된 침묵 속에서 전개되는 영화의 마지막 몽타주는 상실감과 비애감을 남긴다.

원작 소설은 에필로그를 통해 콜스톤이 중개인 역할을 다시 하는 것을 조심스럽지만 긍정적인 어조로 언급한다. 따라서 소설의 결말은 콜스톤이 새롭게 삶을 시작하기 위해서 메리언이 요구하는 낭만적 사랑의 메신저, '진리의 배달부' 역할을 다시 한다는 상식적인 내러티브의 결말이다. 소설의 이러한 결말은 중점적인 주제인 계급 문제를 다룸에 있어서 상식적인 내러티브의 한계를 보여준다. 다시 말해, 이러한 결말은 원작 소설이 의도한 지배계급 사회의 비판보다는 오히려 닫힌 세계로서의 지배계급 사회의 순환과 반복 구조를 강화시키는 역설적인 결과를 초래한다. 이러한 소설의 결말과는 달리, 영화의 결말은 콜스톤과 여전히 자신의 환상 속에 빠져 있는 늙은 메리언과의 참기 힘들 정도로 고통스러운 대화로 끝난다. 이러한 영화의 엔딩에 대하여, 로지는 미셸 시맹Michel Ciment에게, 콜스톤은 뒤늦은 카타르시스이지만 모든 것을 깨닫게 되고 마침내 메리언에게 이용당하는 것을 분명하게 거부한 것으로 설명한다(Conversations 304). 그러나 잠재태적인 영화로서의 핀터의 영화각본뿐 아니라 현실태된 영화도 콜스톤의 그러한 선택을 확실하게 보여주지는 않는다. <중개인>의 결말은 오히려 "불확실성의 공격"을 받은 어두운 결말로 제시된다(Bogue, *Deleuze on Cinema* 144). 콜스톤의 얼굴이 클로즈업되고, 과거 어린 레오가 입문하고자 한 사교계의 기호들을 방출했던 메리언의 독백이 계속되며, 비가 흘러내리는 차창을 통해 브랜드 햄홀이 그의 얼굴위로 반사되는 콜스톤의 마지막 무표정한 시각적 이미지는 확실한 그의 선택을 말해주는 대신 불확실한 의미의 기호들을 방출한다.

길고 복잡한 영화의 마지막 시퀀스는 이중적 내레이션의 상호침투적인 관계를 드러내 보이는 보이스-오버들을 활용한 시간의 전복을 통해 공존불가능한 선택들이 공존할 수 있는 다차원적이며, 과거, 현재, 미래가 융합되어 전체를 이룬 순수 시간을 <중개인>이 지향하고 있음을 보여준다. 가장 특이한 보이스-오버의 활용은 콜스톤과 늙은 메리언의 보이스-오버가 같은 말들을 두 번하는 보이스-오버들을 반복하는 것인데, 여기서 핀터의 각본과 영화 사이에 약간의 차이가 발견된다. 그 보이스-오버들은 늙은 메리언의 보이스-오버, "그래 내 손자를 만났소?"에 콜스톤의 보이스-오버로 "예 그랬어요."라는 대답, 그리고 "그가 당신에게 누군가를 연상시키던가요?"라고 묻는 메리언의 목소리에 "물론이죠. 테드 버기스"(75, 그러나 각본에서는 "그의 할아버지")라고 대답하는 콜스톤의 목소리와 "그래요, 그래요, 그가 그렇죠."라는 메리언의 보이스-오버로 이루어진다. 이 보이스-오버들은 메리언과 콜스톤이 실제로 만나는 장면에 앞서 과거의 내레이션에서 그리고 현재의 만나는 장면에서 다시 반복된다. 콜스톤과 메리언의 보이스-오버의 첫 번째 등장은 레오가 자신의 메신저 역할이 휴에 대한 배신행위임을 깨닫고 메리언의 편지를 전해주지 않겠다고 하자, 히스테릭한 반응을 보이는 메리언에게서 편지를 받아들고 시골길을 따라 걸어가는 장면을 잡은 하이 쇼트 위로 들린다. 그리고 두 번째는 콜스톤과 메리언이 50년 후 만나는 장면에 이어 반복된다. 이렇게 반복되는 보이스-오버들 사이에 그 내용에 해당하는, 즉 콜스톤이 청년을 만나는 현재의 장면들이 삽입되어 있다.

핀터의 각본에서는 크리켓 경기와 축하연 직후 레오가 마르커스에게 메리언이 휴와 약혼을 했다는 사실을 알게 되는 장면에 이어, 미디엄 롱 쇼트로 청년이 늙은 메리언이 현재 살고 있는 집을 지나가는 모습을 잡는다. 콜스톤이 그 프레임으로 들어가 그를 향하여 가는데, 그 청년이 그를 보고 몸을 돌린다(97). 좀 뒤에 레오가 브랜드햄 홀을 곧 떠날 것이라 생각하고 테드에게 작별을 고하는 과거의 장면에 이어 콜스톤이 청년을 만나는 장면의 두 번째 반복 버전이 등장한다(101). 이 장면은 앞서의 장면과는 다른 각도에서 잡은 것으로 두 인물들의 신체적 움직임이 다르다. 레오가 다가가자 청년이 주저한다. 서로 악수를 나눈다. 그리고 과거의 몇 장면들에 이어 콜스톤의 말을 듣고 서 있는 청년의 쇼트가 연결된다. 그러나 영화에서는 콜스톤의 말을 듣고 있는 청년의 쇼트는 생략되고, 곧 늙은 메리언과 콜스톤의 보이스-오버의 반복이 그들이 만나기 직전에 이루어진다. 그 이후 노포크의 시골장면의 이미지가 이어지며, 레오의 생일 아침식사와 일련의 과거 장면들에 이어, 익스트림 롱 쇼트로 겨우 분간할 수 있는 형체의 청년과 콜스톤이 악수를 하는 모습이 보인다. 이와 같이 각본과 영화가 차이는 있지만, 이러한 콜스톤과 청년이 만나는 장면들은 콜스톤이 메리언의 손자를 만나는 것을 보여준다. 그러나 각본과 영화 모두 반복되는 보이스-오버의 배치와 그것에 해당하는 시각적 이미지들 사이에 불연속성과 모호성을 부각시킨다. 우선 그 만남의 장면을 잡는 카메라 거리와 앵글들이 서로 다르며, 특히 콜스톤과 손자와의 이러한 마주침과 콜스톤과 메리언의 만남과의 시간적 관계가 모호하다. 다시 말해, 콜스톤이 청년을 마주친 것이 그에게 한번 더 중개인이 되어달라는 메리언의 요청보다 앞선 것인지 또는 메리언의 요청에 의하여 만나러 온 것인지가 확실하지 않다. 따라서 콜스톤이 메리언의 요청을 들어주었는지의 여부는 불확실하다. 즉 콜스톤이 메리언의 요청대로 메시지를 손자에게 전했을 수도 있고 아닐 수도 있다는 것이다. 그러나 이 두 가지는 동시에 가능한 것은 아니지만, 그렇다고 둘 다 진실이 아니라고 할 수도 없다. 이와 같이, 이러한 보이스-오버의 반복을 통해, 두 내레이션의 상호작용뿐 아니라 진실과 거짓의 상식적 시간과 공간의 진실을 왜곡시키는 효과를 가져온다. 이러한 반복은 공존 불가능한 현재들의 동시성을 내포함으로써, 완전히 식별 불가능한 것은 아니지만, 그것은 왜곡하는 능력, 즉 "거짓의 역량"을 가질 수 있다. 이러한 "거짓의 역량"은 전통적인 내러티브의 감각-운동 도식의 규칙성을 전복시키고 도식적인 진실을 위기에 처하게 만든다.

V

핀터는 로지와의 영화작업을 통해서, 시간에 대한 실험을 본격적으로 시작했다고 말할 수 있다. <하인>에서는 기본적으로 시간의 연대기적 흐름을 따르고 있고, 다만 시각적 스타일과 편집 속도에 있어서 변화를 주고 있다. <사고>는 영화 전체를 플래시백 속에 담고 있다고 본다면, <중개인>은 창조적인 플래시백의 기법을 사용하여 점점 더 획기적으로 "시간의 안무"를 보여주는 작품이다(Houston and Kinder 22). 핀터가 <중개인>을 쓴 시기는 시간 주제를 다루는 두 극작품들 『침묵』Silence(1969)과 『옛 시절』Old Times (1972) 사이이다. 따라서 이 영화에서 핀터의 시간성에 대한 새로운 인식이 두드러지게 드러난다. 특히 주목할 시간에 대한 새로운 인식과 실험은 <사고>에서부터 구축하기 시작하여 <중개인>을 거쳐 『프루스트 영화각본』에 이르러 완성 단계에 이른 시간의 순환성이다. <사고>는 스티븐의 마음 속에서 반향하고 있는 차사고로 시작하여 그것으로 끝나는 구조이다. 영화는 스티븐의 플래시백을 통해 과거의 시점에서 사고를 탐구하는 것으로, 오프닝 쇼트의 이미지로 돌아오는 엔딩은 그의 미래에 미치는 그 영향을 시사한다고 볼 수 있다. <중개인>에서는 현재의 장면들이 과거에 삽입되어 있는 것과 같은 창의적인 플래시백 기법의 사용과 과거와 현재로부터의 보이스-오버들이 각각 다른 층위의 시간에 개입함으로써 시퀀스들을 분리하기가 힘들 정도로 시간의 전복이 심하다. 이러한 시간에 대한 실험을 통해 핀터는 프루스트를 스크린에 옮기는 고도로 복잡하고 모호한 작업을 할 수 있게 된다.

    <중개인>의 엔딩은 전작 <사고>의 엔딩처럼 영화의 첫 장면의 그 지점으로 돌아오지만, <사고>에서는 시도하지 않은 새로운 관점이 내포되어 있다. 사실 <사고>의 엔딩 장면에서는 스티븐 집의 전경을 잡고 있는 카메라의 존재, 즉 카메라-의식이 강하게 감지된다. 전방 시점에 있던 카메라가 스티븐이 아이들을 데리고 집안으로 들어가자, 뒤로 물러나 그의 집의 전경을 잡는 이동에서 카메라의 "집요한" 또는 "강박적인" 프레임화의 의지를 감지할 수 있다(Cinema 1 74). 이러한 프레임 속에 잡힌 그 집의 전경은

폐쇄적인 자연주의적 세계를 의미한다고 볼 수 있다. 그러나 롱테이크로 잡고 있는 스티븐 집 전경 쇼트에 오프-스크린 사운드로 들리는 차가 부서지는 요란한 소리와 이어지는 침묵에 의한 음향 기호의 청각적 이미지가 개입하여 폐쇄적인 회로를 깨뜨리는 단절을 시사한다고 볼 수 있다. 반면에 콜스톤이 타고 있는 차가 멈춰 먼지를 일으키며 그 전경을 흐리게 한 <중개인>의 엔딩은 <사고>에서는 생략된 그러나 『프루스트 영화각본』에서는 기본적인 관점이 된 새로운 관점, 즉 여기서 이야기가 이제 시작된다는 점이다. 마르셀이 엔딩에서 보이스-오버로 말하고 있듯이, 끝에 이르러 이제 스토리텔링을 시작할 때가 되었다는 것을 말해준다. 마치 핀터의 『재에서 재로』*Ashes to Ashes*(1996)의 엔딩이 스토리텔링을 통해 "끝"에서 "다시" 새로운 생성을 지향하는 홀로코스트 생존자 레베카의 모습으로 끝나듯이, <중개인> 역시 상식적 내러티브의 환멸의 끝에 이르러 콜스톤의 "이야기 꾸며대기"를 통한 새로운 생성을 예견하는 엔딩으로 끝을 맺고 있다.

핀터적인 카메라의 눈:『프루스트 영화각본』

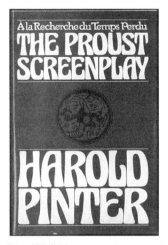

『프루스트 영화각본』(The Proust Screenplay, 1972)

I

1972년 핀터가 쓴『프루스트 영화각본』The Proust Screenplay은 로지 감독과의 4번째 영화작업을 위해 마르셀 프루스트Marcel Proust의 기념비적인 소설『잃어버린 시간을 찾아서』A la Recherche du Temps Perdu(1913–1927)를 각색한 영화각본이다. 그러나 이 각본은 아직도 제작자를 찾고 있는 중이다. 사실 간결한 스타일을 추구하는 핀터가 3,000쪽이 넘는 방대한 프루스트 소설의 각색자로는 적격이 아닐 수 있다. 그리고 그가 아직 "프루스트적 카메라의 눈"을 포착하기에는 영화 매체에 대한 충분한 이해가 부족하다는 지적을 받을 수도 있다(Davidson 170). 그러나 스탠리 카우프만Stanley Kauffmann이 주장하듯이, 핀터의 각본은 현실적인 제작 요건과 타협하지 않는 "순수한" 형식의 영화를 지향하고 있으며, 위대한 원작을 다른 예술로 재구성한 작품들 가운데 가장 뛰어난 작품이라는 극찬을 받을 자격도 있다(Klein 105 재인용). 이러한 상반된 평가들이 시사하듯이, 아직 현실태가 되지 못하고 여전히 잠재태로 남아 있는 핀터의 『프루스트 영화각본』은 논란의 여지가 많은 문제작임에는 틀림없다. 그러나 분명한 것은 이 각색 작업을 통해 핀터가 마침내 소설과 영화 매체 사이의 '중개인'go-between의 입지에서 상호매체성을 통해 새로운 영화 만들기를 본격적으로 시작하게 되었다는 것이다. 따라서 이 각본은 핀터의 영화작업에 있어서 전환점을 제공하는 중요한 작품으로 평가될 수 있다.

원작자 프루스트는 그의 소설 속에서도 밝히고 있듯이, 영화를 "사실을 묘사하는 것에 만족하는 문학" 수준의 예술로 폄하하였다(III 890). 그러나 존 스터락John Sturrock이 지적하듯이, 핀터의 시대에 이르면, 영화의 카메라의 눈은 프루스트의 시대보다 훨씬 더 세련되어, 인식과 연상을 포착할 수 있을 뿐 아니라 시간과 공간의 자유로운 이동으로 사물의 시점을 복합적으로 포착할 수 있을 정도로 진화하게 된다(Davidson 161 재인용). 다시 말해 현대 영화는 이제 프루스트의 정신과 통할 수 있는 매체로, 어떤 면에서는 그가 소설에서 추구했던 것들을 더 잘 수행할 수 있는 매체로 발전한 단계에 이르게 되었다. 따라서 원작과 반세기의 시대적·문화적 차이와 더불어 영화 매체의 발달이 반영된 핀터의 프루스트 각색 작업은 의아한 시도라기보다는 오히려 핀터가 하기에 "이상하게도 적절한 작업"(Graham 38)일 수 있다. 사실 『프루스트 영화각본』은 '핀터적Pinteresque 카메라의 눈'으로 프루스트의 진수를 잘 포착한 새로운 현대 영화의 잠재태로 간주될 수 있을 정도로 극찬을 받을만한 작품임에는 틀림없다.

핀터가 원작에서 발견한 가장 중요한 사실은 프루스트가 소설에서 추구한 것과 그가 시도한 소설 기법이 현대 영화가 추구하는 것과 그것을 위한 영화 기법과 상응한다는 것이다. 그리고 이러한 발견은 그로 하여금 영화와 정치성 사이의 밀접한 연관성을 인식하도록 유도한다. 이와 같이 프루스트 소설을 영화로 매체 전환하는 과정에서 갖게 된 "영화와 정치성에 대한 공통된 관심"은 20년이 지나 1991년 카프카의 『심판』The Trial(1937)을 영화화하는 작업에 이르러 부각되는 것으로 주로 지적된다(Armstrong 117). 대체적으로 카프카가 핀터의 정치성에 영향을 준 작가로 지목되지만, 베케트와 프루스트 역시 상당한 영향력을 행사한 작가들이다. 사실 이 세 작가들은 모두 들뢰즈와 가타리가 선정한 소수문학 작가들의 반열에 속한다. 그러나 다른 정치적 작가들과는 달리 이들은 행위자agent의 역할에 중점을 두는 정치성보다는 현대 영화에서처럼 보기에 주력하는 "견자"seer의 역할에 중점을 둔 소수문학의 정치성을 구현한다(Cinema 2 128). 예컨대, 프루스트는 주인공 마르셀Marcel을 행위자가 아니라 당대 상류사회의 상황 자체만이 아니라 더 심오하고 긴급한 문제의 조건들을 보고자 하는 욕망을 가진 보기를 고집하는 견자로 등장시키고 있다. 이러한 맥락에서 볼 때, 흔히 80년대 중반에 이르러 핀터의 정치성이 마침내 몽유 상태에서 깨어나게 되고, 90년대 초반 카프카의 각색 작업에 이르러 그의 영화와 정치성의 공통된 관심이 부각된다고 보는 견해는 수정될 필요가 있다. 즉 핀터의 정치성이 각성되고 영화와의 공통된 관심이 드러나기 시작한 것은 이미 70년대부터이며, 프루스트 각색이 바로 이러한 중요한 변화의 계기를 제공한 전환점이 된다는 것이다. 따라서 폴 테일러Paul Taylor가 분명하게 지적하듯이, 『프루

스트 영화각본』은 핀터의 프루스트에 대한 작업이라기보다는 핀터에 대한
프루스트의 작업, 즉 핀터의 새로운 미래 글쓰기를 가능하게 한 작품으로
간주될 수 있다(Knowles, "Harold Pinter 2000-2001" 211 재인용).

II

핀터의 『프루스트 영화각본』은 영화로 제작되지 않았지만26), 마이클
베이크웰Michael Bakewell에 의하여 라디오극BBC Radio3(1995)으로 각색되었고,
핀터 자신과 다이안 트레비스Diane Trevis에 의하여 연극으로 각색되어 『지
나간 것들의 기억』Remembrance of Things Past(2000)이라는 제목으로 공연이 된
적도 있다. 특히 연극으로 각색된 『지나간 것들의 기억』은 70년대에 이미
핀터의 영화와 정치성에 대한 관심이 서로 공통된 것으로 부각되었다는 사
실을 반증해준다. 관찰자 마르셀이 상류사회에 대한 환멸에 이르는 과정을
보여주는 이 연극은 상류사회에 대한 부르주아 계급의 보복적 승리를 부각
시킨 사회희극이자 핀터의 후기 정치극과 같은 "불량풍속희극"comedy of bad
manners의 작품이다. 다시 말해, 이 작품은 같은 시기에 쓰인 그의 마지막
극작품 『축하파티』Celebration(2000)와 같은 불량풍속희극(Gordon 68)으로 분류
될 수 있다. 21세기 포스트모던 시대의 상류사회 풍속도를 다루고 있는 『축
하파티』처럼 『지나간 것들의 기억』은 무대를 떠나지 않고 남아 있는 마르

---

26) 1977년 『프루스트 영화각본』이 출판된 이후, 7권으로 구성된 원작소설에서 각각 1, 5,
7권을 영화화한 폴커 슐렌도르프(Volker Schlöndorff)의 <스완의 사랑>(Swann in Love,
1984), 라울 루이즈(Raúl Ruiz)의 <되찾은 시간>(Time Regained, 1999), 샹탈 아커만
(Chantal Akerman)의 <갇힌 여인>(The Captive, 2000) 등, 주로 전체보다는 부분을 다
룬 일련의 영화들이 제작되었다.

셀을 관찰자로 등장시킨 일종의 풍속희극[27])으로 간주될 수 있다. 그리고 핀터의 후기 정치극과 프루스트의 영화각색을 연극으로 재각색한 작품이 풍속희극으로 귀결된다는 것은 풍속희극의 차이의 반복으로 볼 수 있는 그의 초기 위협희극에 잠재된 정치성이 영화에 대한 관심과 더불어 부각된 결과임을 반증한다. 이러한 반증을 통해 핀터의 『프루스트 영화각본』이 지향하는 영화는 바로 들뢰즈가 구별하는 본격적으로 "견자"의 시점에서 다양한 층들의 시간을 포함하는 이미지들의 세계를 구축하는 현대 정치영화임을 알 수 있다.

핀터가 프루스트 소설을 각색하는 방식은 원작의 일부만을 다루는 것이 아니라 전체 작품의 "정수를 뽑아" 주요 주제들을 통합적으로 다루는 방식이다(The Proust Screenplay ix). 핀터는 프루스트 원작의 정수를 뽑는 과정에서 두 가지 대조적인 운동들을 발견하게 된다. 그 중 하나는 내러티브로 일종의 환멸을 향하는 운동이고, 다른 하나는 간헐적인 것으로, 잃어버린 시간이 발견되어 예술로 영원히 고정되는 지점에 이르는 계시를 향한 운동으로 구분된다(ix). 그런데 흥미로운 사실은 핀터가 프루스트 각색 작업의 주축으로 발견한 이 대조적인 두 운동들이 들뢰즈가 그의 프루스트 읽기에

---

27) 재각색한 연극에서 항상 무대를 떠나지 않고 있는 마르셀의 지속적인 현존은 당대 엘리트 계급에 속한 지식인들을 작가로 하여 자신들이 속한 사교계나 사회계층을 표적으로 한 풍자극인 풍속희극의 관찰자로서의 작가적 입지를 강조해준다. 사실 프루스트 소설의 영화각색을 다시 연극으로 각색하여 무대에 올린 이 극작품은 핀터의 사회적 희극과 역사적 시간에 대한 그의 인식을 더욱 강조해준다. 다시 말해, 이 연극은 제3공화정 프랑스에서 상승하는 부르주아와 몰락하는 귀족 사이의 막판대결을 상류사회 살롱을 무대로 하여 계급과 지위의 전투의 형태로 다룬다. 이러한 연극으로의 각색은 핀터가 프루스트를 엘리트적인 속물이 아니라 비타협적인 진보적 사상을 가진 엘리트로 평가한 발터 벤야민(Walter Benjamin)의 프루스트로 보고 있음을 입증한다. 따라서 이 작품은 몰락하고 있는 상류사회의 풍속에 대한 프루스트의 가혹한 목격을 강력하게 부각시키고 있는 정치극의 일종으로 간주될 수 있다.

서 주목하고 있는 두 운동들과 일치한다는 것이다. 프루스트 소설을 마르셀의 배움의 이야기로 읽고 있는 들뢰즈는 잘못된 생각, 헛된 기대 속에 있던 마르셀이 마침내 거기에서 벗어나게 됨으로써 환멸과 더불어 깨달음의 운동이 생겨나고, 이 두 운동들이 소설의 전반적인 리듬을 형성한다고 파악하고 있다(Proust 4). 그리고 중요한 것은 이 소설이 과거가 아니라 미래를 향하고 있다는 사실이라고 들뢰즈는 강조한다(4). 따라서 프루스트 소설에서 들뢰즈와 핀터가 읽어낸 두 대조적인 운동들은 바로 들뢰즈의 영화 이론에서 구별하는 고전 영화와 현대 영화의 '운동-이미지'와 '시간-이미지'의 운동과 일치한다고 말할 수 있다. 다시 말해, 핀터가 말하는 환멸의 내러티브에 이르는 운동은 들뢰즈의 운동-이미지, 그리고 핀터의 예술에 이르는 계시를 향한 간헐적 운동은 들뢰즈의 시간-이미지가 구현하고자 하는 미래의 정치성을 지향하는 운동과 각각 일치한다.

로지와의 일련의 영화작업의 최종 단계에서 심화시키게 된 시간 주제를 통해 마침내 핀터가 구체적으로 인식하게 된 것은 들뢰즈가 강조하는 영화 매체의 정치적 잠재력이라고 말할 수 있다(Pisters 77). 이러한 관점에서 들뢰즈와 핀터의 프루스트 읽기를 설명하면, 첫 번째 운동은 운동-이미지의 운동으로 계급 주제를 다루는 내러티브, 소위 진리라고 여겨지는 것의 허위와 문제점들을 드러내 보임으로써 환멸에 이르는 내러티브를 전개한다고 볼 수 있다. 이와는 대조적으로, 둘째 운동은 시간-이미지의 운동으로 그 환멸의 지점에서 다시 찾은 시간에 내재한 다른 유형의 생성의 잠재태들을 지향하는 운동을 의미한다. 특히 핀터가 파악한 예술에 이르는 계시를 향한 운동은 바로 프루스트의 예술이 지향하는 "우리의 세계를 변화시키고 우리의 모든 이해를 능가하는 생산적인 본질을 밝히는 급진적 변화와 창조로 우리를 인도하는" 운동을 의미한다(Drohan 35). 따라서 핀터의 프루스트 각색은 바로 이 두 운동들을, 즉 고전 영화의 운동-이미지와 현대 영화의 시간-이미지의 두 대조적인 운동들을 주축으로 하여 전개하는 작업이다. 그리고 들뢰즈가 지적했듯이, 운동-이미지의 운동 축에서 시간-이미지의 운동 축으로 전회할 때 비로소 영화는 정치적이 된다는 것을 보여주고 있다.

들뢰즈는 1970년 루키노 비스콘티Luchino Visconti가 착수한 프루스트 영화 프로젝트를 거론하면서, 부유한 구 귀족사회의 결정체적 세계의 해체를 보여주고 있는 훌륭한 작품들을 만든 비스콘티를 프루스트의 주제들을 가장 잘 다룰 작가로 인정하고 있다.[28] 들뢰즈는 비스콘티의 프로젝트와 1972년 로지-핀터의 프로젝트를 비교하여, 비스콘티에게는 결여된 시간에 대한 의식이 로지-핀터의 각색에서는 찾아볼 수 있다고 지적한 브루노 빌리앵Bruno Villien의 분석을 반박하며, 오히려 정반대임을 주장한다. 즉 빌리앵은 비스콘티의 프로젝트는 자연주의적 해석이며, 핀터의 프로젝트는[29] 시간 주제를 심도있게 다룬 해석으로 평가한다. 그러나 들뢰즈는 이 두 프로젝트가 각각 시간에 대한 심오한 의식을 가진 감독으로서 비스콘티의 역량과 자연주의 영화의 시원적 세계와 충동에 시간을 종속시킨 자연주의 영화감독으로서의 로지의 역량을 입증한다고 주장한다. 들뢰즈의 이러한 빌

---

28) 들뢰즈는 프루스트의 "귀족들의 결정체적 세계와 그 내적인 해체, 그리고 비스듬히 보인 역사(드레퓌스 사건, 1914년 전쟁), 잃어버린 시간의 너무 늦음과, 그러나 또한 예술의 통일성 혹은 되찾은 시간을 부여하는 너무 늦음, 사회 그룹이라기보다는 정신의 친족으로 정의되는 계급 등", 이 모든 것들이 비스콘티에게서 읽어낸 주제들과 함께 묶을 수 있을 정도로 일치하고 있다고 주장한다(*Cinema 2* 296 n37).

29) 비스콘티는 1970년 서소 체치 다미코(Suso Cecchi d'Amico)가 쓴 각본으로 그리고 로지는 1972년 핀터가 쓴 각본으로 각각 프루스트 프로젝트를 착수했지만, 빌리앵은 두 프로젝트의 주인을 비스콘티와 핀터로 각각 간주하며, 두 프로젝트를 분석 비교하고 있다(25). 반면에 들뢰즈는 이 두 프로젝트를 비스콘티와 로지의 프로젝트로 각각 간주하고 로지식의 자연주의와 비스콘티식의 시간-이미지의 영화로 비교 분석한다(*Cinema 2* 296-7 n37).

리앵의 분석에 대한 반박에도 불구하고, 빌리앵의 평가대로 비스콘티의 프로젝트는 시간의 부정적인 결과로서의 엔트로피와 "너무 늦음"(*Cinema 2* 96)으로 인한 출구 없는 시간 속으로의 함몰을 보여주는 자연주의적 해석으로 볼 수 있는 여지가 많은 것은 사실이다. 그의 전작 <베니스에서의 죽음> *Death in Venice*(1971)을 비롯하여 그의 대표작들에서처럼, 비스콘티가 프루스트 영화작업에서 구축할 귀족사회의 "인공적인 결정체"(95)로서의 스펙터클은 임박한 몰락을 보여준다. 들뢰즈는 임박한 몰락을 막기에는 너무 늦음에 대한 예술가의 "감각적이고 관능적인 깨달음"에 의한 탄식이 예술작품의 성공을 조건 짓는 가장 중요한 요소라고 주장한다(97). 그러나 비스콘티의 프로젝트는 강력한 시간-이미지의 출현을 예고하는 새로운 현대 영화의 생성을 담보하기보다는 "귀족적인 허무주의"의 탄식으로 들릴 여지가 더 많다(97). 반면에 핀터의 프로젝트는 프루스트 원작 소설의 자연주의적 해석이 아니라 소설이 강요하고 있는 진실 찾기의 영화를 만들기 위한 시간에 대한 탐구이자 새로운 시간-이미지의 생성을 지향하는 작업으로 평가될 가능성이 더 크다(*Proust* 17).

III

들뢰즈는 프루스트의 『잃어버린 시간을 찾아서』를 비자발적 기억 자체를 다루는 것이 아니라, 한 작가의 배움의 과정, 즉 진실 찾기의 과정에 대한 이야기로 읽는다(*Proust* 91). 사실 극작가 핀터에게도 프루스트 읽기와 다시 쓰기로서의 각색은 일종의 진실 찾기의 과정을 의미한다. 핀터가 『프루스트 영화각본』을 쓴 1970년대는 기억극memory play 시기로 분류되는 극작 시기이다. 그러나 또 한편으로는 후일 그가 정치적 관심을 표명하면서 더 이상 기억극을 쓰지 않겠다고 말했듯이, 그 시기는 기억극이 기초한 오이디푸스적 폐쇄회로에 갇혀서 탈주를 모색하던 시기이기도 하다. 따라서 기억극 시기로 분류되는 70년대초 핀터가 만난 프루스트 소설은 오이디푸스적 기억의 방에서 몽유상태에 있던 그에게 사유와 진실 찾기를 강요하는 "기호"가 된다고 말할 수 있다. 다시 말해, 그에게 프루스트 각색은 그 기호의 의미 해석과 진실 찾기를 강요하는 "우연한 그리고 피할 수 없는"(16) 만남의 결과인 것이다.

들뢰즈에 의하면, 마르셀이 마주치는 기호들은 비자발적인 기호들이며, 그리고 그가 찾고자 한 진실이란 그 기호들이 누설하는 것이지 의지적으로 찾을 수 있는 것이 아니다. 들뢰즈는 현대 영화의 강력한 직접적 시간-이미지를 과거 기억의 사건들의 시트ohoot들의 공존성과 어느 한 시대, 즉 현재에 갇힌, 즉 현재의 첨점peak들의 동시성의 관계로 설명한다. 들뢰즈에 의하면, 한 시대는 다면적이며, 영토들, 탈주선, 다른 사회적 조건들, 또는 말 그대로 과거 시대들과 연결된다. 그 첨점은 그 시대가 없이는 아무런 의미가 없으며, 각 시대는 그 자체의 잠재적인 변형을 가지고 있으며, 그것의 형태와 첨점의 분화는 변경되기 마련이다. 즉 그 시대는 고정된 것이 아니라 끊임없는 재배치의 상태에 있으며, 궁극적으로 과거의 한 층의 연속체는 파편화되어 또 다른 연속체를 형성하게 된다(Shaw 11). 따라서 핀터의 프루스트 읽기와 영화 매체로의 번역은 이러한 시간-이미지의 지향과 더불어 그의 시대의 잠재적인 변형과 정치성 추구를 위한 새로운 사유 방식 모색으로 그를 유도한다. 바로 이러한 영화작업을 통한 새로운 사유 방식 모색이 오이디푸스적 '방' 안에 갇혀 있던 그로 하여금 그 방이 외부세계와 근접해 있다는 사실 그리고 그 자신 감당하기 어려울 정도로 견디기 힘든 그 무엇과 직면해야만 한다는 사실을 깨닫게 만든 것이다(Knowles, "Harold Pinter, Citizen" 25). 따라서 프루스트와의 이러한 만남은, 후일 마침내 핀터가 노벨상 수상연설에서 밝히고 있듯이, 우리 세계를 덮고 있는 "거짓말의 거대한 태피스트리"(Billington 433)로부터 탈주를 시도해야 하는 "강제적인" 정치적, 윤리적인 결단에 이르는 진실 찾기 과정을 본격적으로 착수하게 만드는 중요한 계기가 된다고 볼 수 있다(442).

핀터가 프루스트와의 만남에서 시작한 진실 찾기는 그의 자발적인 의지의 산물이 아니라 "사유 안에서 행사된 폭력의 결과"(Proust 16)이며, 바로 기호들이 그러한 폭력을 행사할 수 있다. 다시 말해, 핀터의 각색은 원작의 방대한 세계에서 우연히 마주친 기호들이 강요한 의미 해석 행위이며, 그 해석 행위는 기호 그 자체의 전개와 동일시된다. 따라서 마르셀이 그의 세계 속에서 마주친 기호들을 해석하는 행위가 그가 쓰고자 하는 '그 책'이라는 예술 기호를 만드는 과정이라면, 핀터가 마주친 기호들을 해석하는 행위 역시 『프루스트 영화각본』이라는 새로운 예술 기호를 만드는 과정인 것이다. 들뢰즈가 레네를 인용하며 설명하듯이, 영화는 실제를 재현하기 위한 수단이라기보다 마음이 작동하는 방식에 접근하는 가장 최상의 방법인 것이다(Cinema 2 121). 핀터의 각색 작업 역시 마르셀의 사유 안에서 폭력을 행사하는 기호들과 그의 사유 방식을 드러내 보이는 데 주력하고 있다. 원작 소설에서 마르셀은 외부로부터 볼 수가 없는 화자이지만, 핀터 각본은 마르셀을 영화적 현재로 등장시키고 그리고 그의 사유 방식 역시 노출시킬 수 있다. 들뢰즈는 프루스트 소설의 화자를 "하나의 거대한 기관들 없는 신체"로 일종의 "화자-거미"에 비유한다(Proust 182). 마치 거미가 꼭대기에서 미소한 진동을 감지하면서 기호들을 먹이로 하여 거미줄을 짜듯이, 화자는 『잃어버린 시간을 찾아서』를 짜고 있다는 것이다. 화자-거미는 거미줄을 짜내며 그 자체를 자신의 기관들 없는 신체의 강도 높은 힘으로 변형시키고 있다. 사실 이러한 거미줄 짜기는 부딪히게 되는 기호들에 대하여 매순간 강렬한 반응을 하는 화자-거미의 비자발적 사유를 의미한다. 핀터가 영화매체 전환을 통해 포착하고자 한 것이 바로 이러한 화자의 사유 방식이라고 말할 수 있다.

들뢰즈는 마르셀의 사유 방식을 4개로 분류될 수 있는 세계의 기호들30)이 각각 갖는 시간적 차원들, 시간선들의 상호작용을 통한 복합적인 진리 체계 속에서 파악한다. 그리고 그 시간선들을 "잃어버리는 시간, 잃어버린 시간, 되찾는 시간과 되찾은 시간 등의 시간선들"로 각각 구별한다 (*Proust* 87). 사실, 잃어버린 시간은 단지 존재들을 변화시키고 존재했던 것들을 없애버리는, 지나가는 시간일 뿐 아니라 우리가 잃어버리는 시간이기도 하다. 되찾은 시간은 우선 잃어버린 시간 속에서 우리가 되찾는 시간, 우리에게 영원성의 이미지를 주는 시간이며, 또한 절대적인 근원의 시간, 예술 속에서 확인되는 참된 영원성이기도 하다. 이러한 맥락에서, 마르셀의 배

---

30) 들뢰즈는 프루스트가 『잃어버린 시간을 찾아서』에서 탐색하고자 하는 세계를 여러 가지 기호들의 세계로 파악한다. 따라서 그는 『잃어버린 시간을 찾아서』를 주인공의 기호 (sign)에 대한 관심을 주목하며 작가로서의 주인공의 배움의 과정의 이야기로 읽는다. 들뢰즈에 의하면, 배움이란 어떤 대상, 존재가 방출하고 있는 해독하고 해석해야 할 기호들에 민감하게 반응함으로써만 가능하다. 다시 말해, 배움을 주는 모든 것은 기호를 방출하며, 방출된 기호를 해석하는 것이 배우는 행위이다. 따라서 주인공의 배움에 대한 소설로서 『잃어버린 시간을 찾아서』는 여러 가지 기호들의 세계에 대한 주인공의 탐색을 제공하고 있다. 이 기호들의 세계는 서로 교차하는 여러 개의 원들로, 크게 사교계, 사랑, 인상 혹은 감각, 예술의 기호들의 세계들로 구성되어 있다. 그리고 이 세계들은 공허한 사교계의 기호들, 사랑에서의 거짓말의 기호들, 물질적인 감각적 기호들, 그리고 다른 모든 기호들을 변형시키는 본질적인 예술의 기호들로, 서로 다른 세계들을 구성한다. 따라서 들뢰즈에 의하면, 마르셀의 서로 다른 세계들에서 다양한 길들을 통한 모든 배움의 과정은 예술에 관한 무의식적인 배움의 과정으로 볼 수 있다(*Proust* 3-14).

움의 과정은 특권적인 시간선을 갖고 있는 각 기호가 다른 종류의 기호들과 섞여 시간선들의 결합들을 증식시키는 다원적 복합적인 진리 체계를 형성하는 과정을 의미한다고 볼 수 있다. 사실 들뢰즈가 프루스트 소설에서 읽어낸 시간선들의 결합을 통한 복합적인 시스템 속에서의 진리 찾기는 그의 영화 이론에서 주장하는 현대 영화의 시간-이미지의 구현으로 가장 잘 포착될 수 있다. 따라서 핀터의 『프루스트 영화각본』은 바로 들뢰즈의 프루스트 읽기를 핀터 나름의 방식, 즉 '핀터적인 카메라의 눈'으로 현대 영화의 속성과 잠재성을 제대로 포착한 작품으로 볼 수 있다.

IV

로지와 만들었던 첫 세 작품들 <하인>, <사고>, 그리고 <중개인>은 모두 핀터의 초기 위협희극의 연극성을 지향하고 있으며, 이로써 자연주의 영화의 한계를 극복한 작품들로 간주될 수 있다. 이 작품들은 모두 파괴적인 침입자들이 집(핀터의 '방'을 확장한 공간)에 들어와 집안에 있던 사람들과 벌이는 경쟁적 갈등 관계에 초점을 두고 있다. 『프루스트 영화각본』 역시 34개 쇼트들로 구성된 첫 시퀀스 이후 8살 어린 마르셀이 콩브레Combray 가족 여름별장의 자기 방에서 방문객들을 맞고 있는 엄마를 기다리고 있는 장면으로 연결된다. 이 작품을 구성하는 마르셀의 파편적인 회상들은 대체적으로 그가 한 상류사회 저택 방문과 상류사회 구성원들의 그의 집 방문들에 집중되어 있다. 그러나 앞의 세 작품들의 주인공들과는 달리, 주인공 마르셀은 위협적인 갈등 관계의 게임에 참가 또는 개입하기보다는 "견자"의 입장을 유지하고 있다. 핀터는 원작 소설의 등장인물들과 사건들을 대폭 생략 또는 압축하고, 무대 또한 콩브레, 파리Paris, 발벡Balbec, 그리고 베니스Venice 등, 4개의 장소들과 마르셀이 어린 시절 산책을 다닌 2개의 길들, "스완 집 쪽으로 난 길"Swann's Way과 "게르망트 집 쪽으로 난 길"the Guermantes' Way로 축소하여 영화로 각색을 했다. 핀터가 주목한 마르셀이 다닌 갈라지는 두 길의 스완과 게르망트라는 이름은 섞일 수 없는 두 계급, 부르주아와 귀족 계급의 분화를 상징한다. 이러한 각색에 의한 각본에서 마르셀의 역할은 전혀 다른 두 세계가 만나서 서로 섞이고 뒤바뀌는 이야기의 내레이션 전개와 동시에 그 세계들에 대한 지각 습관을 구성하고 있는 클리셰를 넘어서서 볼 수 있는 견자로서의 역할이다.

핀터 각본에서 우리는 일종의 절시증scoptophilia의 엿보는 자voyeur처럼 마르셀의 시선과 그의 주관적 반응을 항상 의식하게 된다. 그러나 핀터의 원작 각색에서 가장 두드러진 변형은 엔딩 장면에서 보이스-오버로 등장하는 마르셀의 목소리를 제외하고는 화자로서의 마르셀의 역할이 생략되어 있다는 것이다. 물론 영화각본에서 마르셀은 중심적인 등장인물이지만, 소설의 일인칭 화자와 일어난 모든 것의 근원으로서의 그의 역할은 배제되고 있다. 핀터의 영화각본에 등장하는 마르셀 역시 소설의 일인칭 화자로서 로저 샤턱Roger Shattuck이 구별하는 3개의 다른 "나"[31]를 오고가는 모호한 입지를 취하고 있다. 그러나 핀터의 영화각본은 원작의 모호한 마르셀의 주관적 입지와는 독립된 카메라의 관점과의 상호작용을 통해 마르셀의 주관적 관점이 변화되고 투사되는 또 다른 비전, 즉 "자유간접주관성"free in-

---

31) 샤턱은 원작 소설의 "나"(I)를 3개의 다른 "I"들로 구별한다. 첫 번째 "나"는 소설의 과정을 통해 성장하는 마르셀, 즉 주어진 시점에서 미래가 그에게 무엇을 확보하고 있는지를 모르는 소년 마르셀이다. 두 번째 "나"는 나이가 들어 작가가 되어 자신의 이야기를 말하는 화자로서의 마르셀이고, 셋째는 자전적인 프루스트가 아니라 그의 문학적 페르소나로 자신의 소설과 그것의 진리와 실제와의 관계를 언급하는 작가로 각각 구별한다(38).

direct subjective을 생성하고 있다(Cinema 1 76). 이러한 맥락에서 볼 때, 중심적인 주관성의 관점을 지닌 마르셀은 후일 들뢰즈가 설명하는 "성숙한 영화 의식을 지향하는 전단계로서 카메라의 의식"(Shaw 145)을 대변할 수 있는 주인공이다.

그러나 사실 영화 의식이 관객, 주인공도 아닌 카메라이듯이, 카메라-의식 역시 비록 중심적인 주관성의 관점을 대변하지만 특정한 인물 마르셀의 주관성과는 독립적으로 출현한다. 그것은 장 미트리Jean Mitry의 "반주관적" 이미지 또는 파졸리니의 "자유간접화법"과 같은 것이다(Cinema 1 72). <사고>와 <중개인>에서도 보았듯이, 자유간접화법은 스크린에 등장하는 마르셀의 관점과 동시에 그를 보고 있는 카메라의 관점의 상호작용을 통해 자유간접주관성이라는 또 다른 비전을 생성하는 이야기 방식이다. 따라서 견자로서 마르셀은 자신의 주관적인 관점과 동시에 독립적인 비전과 음향의 혼합으로 변형된 또 다른 비전에서 그 자신의 세계를 보는 보기를 수행한다. 마르셀이 이러한 비전을 의식한다는 것은 카메라-의식과 동일시한다는 것, 그리고 비로소 예술가의 비전을 갖게 된다는 것을 의미한다. 또한 이러한 비전은 역사 속의 특정한 시대의 장소와 사건들의 첨점을 포착하고, 그 속에 잠재된 "변화들을 목격할" 수 있는 그의 정치적 각성을 유도할 수 있다(Cinema 2 19). 따라서 원작자 프루스트는 영화를 사실만을 묘사할 수 있는 수준의 예술로 폄하했지만, 핀터의 영화각본은 카메라-의식과 자유간접주관성을 통해 프루스트와 그의 마르셀이 추구한 것을 더 성공적으로 구현할 수 있음을 입증해준다.

사실 핀터는 소설의 일인칭 화자인 마르셀을 거의 모든 장면에 등장시키고 있다. 스완과 오데트Odette에 관한 장면을 빼고 거의 모든 장면에 마르셀은 존재한다. 그러나 그는 시종일관 조용히 지켜보는 자, "견자"로 존재한다. 들뢰즈가 현대 영화를 "견자의 영화"라고 부를 때(Cinema 2 126), 그 견자란 그의 주관성의 물질적 차원들을 결합시키는 운동-이미지들의 감각-운동 도식을 깨뜨리는 보기를 하는 자이다. 들뢰즈가 참조하는 베르그송에 의하면, 지각이란 그 대상으로부터 우리의 관심을 끌지 못하는 모든 것을 제외시키고 우리에게 유용한 것만을 인식하는 것을 의미한다(Difference and Repetition 178). 따라서 들뢰즈에 의하면, 우리는 적게 인식할수록 더 잘 볼 수 있는 것이다(178). 사실 감각-운동 도식이란 사물과 존재들이 주어진 장소와 기능들에 한정되어 있어야 인식할 수 있는 습관의 힘이 작동하는 도식이다. 따라서 오히려 이러한 습관적인 도식에 의한 인식이 실패해야만, 우리로 하여금 자연스러운 것으로 받아들이도록 강요하는 사회적인 지각 습관들로 구성된 클리셰 속에서 비로소 본질의 세계를 볼 수 있는 것이다(Marrati 59). 견자로서 마르셀은 바로 클리셰로서 사교계, 사랑, 감각적 기호들의 의미를 깨닫고 환멸을 경험함으로써 본질의 세계에 대한 순수 사유의 계시를 얻게 되는 것이다. 그리고 바로 여기서 마르셀의 예술가-되기가 시작한다. 따라서 핀터의 영화각본의 엔딩 장면에서 "시작할 때였다"라고 말하는 마르셀의 보이스-오버는 마침내 잃어버린 시간을 예술의 기호들의 세계 속에서 포착할 수 있는 예술가의 목소리를 담고 있다. 그리고 핀터의 각본이 시작되는 곳도 바로 여기인 것이다.

V

34개의 짧은 쇼트들로 구성된 『프루스트 영화각본』의 첫 시퀀스는 음악의 서곡과 같은 부분으로 주요 주제를 도입할 뿐 아니라 작품 전체의 구조와 리듬을 드러내 보인다. 따라서 프루스트의 정교하면서도 부연적인 묘사의 방대하고 산만한 소설을 생략과 압축의 신속한 영화 매체로 전환하기 위해 핀터가 사용한 기본적인 기교들과 각본 전체의 구성적 원리를 여기서 찾아볼 수 있다. 첫 시퀀스는 다음과 같은 4개의 파편적 이미지들로 시작한다.

1. *노란색 스크린, 정원문 종소리*
2. *기차 책실에서 보이는 흰히 트인 시골, 일련의 나무들, 기차가 정지해 있다. 무성. 빠른 페이드아웃.*
3. *순간적인 노란색 스크린*
4. *높은 창문에서 보이는 바다, 전경에 빨랫줄에 타월이 널려 있다. 무성. 빠른 페이드아웃.*
5. *순간적인 노란색 스크린*
6. *베니스 곤돌라에서 보이는 궁의 창문. 무성. 빠른 페이드아웃.*
7. *순간적인 노란색 스크린*
8. *발벡의 식당. 무성. 비어 있다.* (3)

첫 시퀀스의 4개의 이미지들은 과거의 다양한 잠재적인 시트들 가운데 우연히 떠올라 현재의 탈현실태화된 첨점을 이루는 이미지들의 경우처럼 장소와 시간, 그리고 시간과 공간적 상호관계 등에 대한 정확한 정보를 주지 않는다. 그리고 이 이미지들은 오프닝 쇼트로 시작하는 노란색 스크린과 교체하면서 전개된다. 4개의 이미지 쇼트들 사이마다 개입하는 노란색 스크린은 22번 쇼트에 이르러 카메라가 뒤로 물러나면서 그것이 요하네스 베르메르Johannes Vermeer(1632–1675)의 그림 <델프트 풍경>*View of Delft*(1661)의 아주 작은 한 부분, 그림 속의 노란색 벽의 한 부분임이 드러날 때까지 도대체 무엇인지 알 수가 없다. 또한 음향 역시 노란색 스크린의 첫 쇼트에서 정원문 종소리를 제외하고는 모든 쇼트가 무성으로 처리된다. 따라서 고요 속에서 정원문의 종소리가 마치 전령처럼 마르셀의 4개의 에피퍼니적인 이미지들을 불러일으킨 것 같다. 사실, 이 이미지들은 그에게 비자발적 기억의 감각적 기호들을 방출한다. 그 기호들은 마르셀의 어린 시절 콩브레가 예기치 않은 현존으로 다가와 그를 갑자기 황홀 속에 빠지게 만드는 마들렌느가 방출하는 기호들과 같다. 원작에서 마르셀은 이러한 기호들의 방출을 물에 넣으면 펼쳐져 그 표면에 인쇄되었던 숨겨진 풍경들이 드러나게 되는 일본종이의 효과에 비교한다(Vol 1, 51). 핀터가 이미지들 사이에 삽입한 노란색 스크린을 델프트 풍경의 파노라마로 펼치는 수법은 바로 이러한 일본종이의 효과를 노린 것이라고 볼 수 있다. 그리고 이 노란색 스크린은 첫 시퀀스에서 반복 등장할 뿐 아니라 엔딩 쇼트를 구성하기도 한다. 이와 같이, 핀터는 프루스트의 마르셀의 모든 기억과 지각은 '세부적인 것'detail과의 우연한 마주침에서 발생한다는 사실에서 매체 전환의 전략을 발견하고 있다. 사실 4개의 이미지들 역시 핀터가 프루스트의 원작 세계에서 마주친 세부적인 것들이며, 이것들에 대한 몰입과 반복, 그리고 전체로의 확장 효과라는 프루스트적인 특성을 영화적으로 전달할 수 있는 각색 전략으로 선택한 것이다.

핀터가 선택한 첫 시퀀스와 엔딩에서의 노란색 스크린과 <델프트 풍경>의 전략, 즉 세부적인 것에서 전체, 그리고 전체에서 세부적인 것으로 카메라 이동의 역전은 운동-이미지와 시간-이미지의 대조적인 운동 방향과 간극을 보여줄 수 있는 효과적인 장치가 된다. 첫 시퀀스의 22번 쇼트에서 카메라가 반복하여 보여준 노란색 스크린의 실체인 노란색 벽의 일부에서 광대한 파노라마식의 델프트의 풍경 그림 전체로, 즉 세부적인 것에서 전체로 움직인다. 반면에 455번 엔딩 쇼트에서는 베르메르 그림 전체를 잡고 있던 카메라가 신속하게 그림 속의 노란색 벽 조각으로 옮겨가 그 조각을 전체 스크린에 담는다. 에녹 브레이터Enoch Brater는 이러한 그림 속의 노란색 파편과 전체 그림을 이용한 전략으로 프루스트가 언어로 성취한 것을 핀터는 회화적으로 성취하고 있다고 평가한다(124). 그러나 핀터의 이러한 성취는 회화적이라기보다는 영화적인 성취이며, 핀터의 노란색 스크린은 회화적인 속성보다는 플래시백 기억의 "기억 기호"mnemosign에서 발전한 시간-이미지의 "시지각 기호"opsign를 생성하는 주요 영상 이미지이다.

또한 첫 시퀀스에서 순수광학적 상황의 파편화된 시지각 기호로서 노란색 스크린과 더불어 종소리는 이에 상응하는 "음향 기호"sonsign로 간주될 수 있다. 사실 첫 시퀀스의 8 쇼트들은 핀터가 각본의 축으로 삼고 있는 두 운동들 중, 두 번째 운동인 계시를 향한 간헐적인 운동, 즉 들뢰즈의 시간-이미지의 출현을 지향하는 몽타주 시리즈로 볼 수 있다. 시지각 기호와 음향 기호는 파편화된 시간성의 출현을 보여주는 기호들로, 그들의 출현은 측정 가능한 시간 속으로 동화되는 것을 저항하는 순간들의 표식으로, 마르셀이 찾고자 하는 시간의 흔적을 보여준다. 특히 이 기호들의 동반 출현은 오프닝 쇼트의 노란색 스크린 위로 들리는 정원문 종소리의 혼합에 보듯이, 탈영토화된 시지각 기호와 음향 기호의 혼합으로, 시각적 이미지와 음향의 분리를 강조하는 동시에 다른 차원의 세계와 시간을 시사한다. 메리 브라이든Mary Bryden이 말한 대로, 핀터는 이러한 기호들을 통해 기억은 어떤 기호들을 해석할 수 있는 기능, 즉 이중적 흐름을 발견할 수 있는 기능으로, 그리고 시간은 해석을 통해 도달하고자 하는 진리의 물질성 또는 유형으로 작용한다는 것을 드러내 보인다("The Embarrassment" 14). 즉 마르셀은 이미지들과 순수광학적인 기호들 사이의 간극 속에서 '되돌아보는'look back 행위로서뿐만 아니라 '앞을 내다보는'look forward 행위로서 기억의 창조 과정에서 시간의 이중적 흐름, 즉 과거에 보존된 현실화된 현재와 미래를 향하여 나가는 흐름을 발견하게 된다는 것이다.

베르메르 그림의 세부적인 노란색 스크린의 강박적인 반복과 더불어 핀터는 소설 속에 등장하는 벵테유Venteuil의 음악 또한 반복적 이미지로 사용한다. 원작에서는 마들렌느와 홍차의 맛과 향기의 감각적 기호가 마르셀의 비자발적 기억을 자극하는 데 주요한 역할을 하지만, 핀터는 그 유명한 마들렌느 사건을 생략하고 시각과 청각적 이미지를 중점적으로 사용한다. 예컨대, 접시에 부딪히는 숟가락 소리, 정원문 종소리, 그리고 벵테유의 소나타와 칠중주 등이 주요한 청각적 이미지들로 사용된다. 이러한 청각적 이미지들과 더불어 현실의 "법석되는 목소리들"과 그것들과는 분리된 무성의 침묵 또한 같은 목적으로 이용된다. 핀터의 주요 극언어이기도 한 침묵은 마르셀의 고립뿐 아니라 "기억의 영역으로의 마르셀의 완벽한 몰입"을 효과적으로 표현한다(Graham 43). 시각적 이미지와 분리된 탈영토화된 음향으로 정원 문 종소리의 개입 역시 마르셀이 현재인 동시에 다른 시간선의 세계로 몰입하고 있음을 더욱 강조한다.

또한 핀터는 시각적 이미지와 청각적 이미지를 병치하는 쇼트들을 반복하기도 한다. 예컨대, 31번 쇼트에서 노란색 스크린과 벵테유 음악의 병치는 후반부 벵테유의 칠중주곡 연주의 절정적인 장면에서도 반복되고 있다. 그러나 핀터가 주력하는 것은 기본적으로 시각적 이미지이다. 예컨대, 핀터는 노란색 스크린의 환유적 기능과 그 쇼트를 반복 개입하여 연결한 몽타주를 이용하여 다양한 기호들과 혼합된 시간선들을 결합하고 증식시켜 다원적인 복합적 체계를 형성하는 효과를 극대화하는 방법을 선택한다. 이러한 복합적인 체계 속에서 생성되는 기호들은 마르셀에게 해석을 요구한다. 왜 콩브레가 그가 한번도 체험하지 못했던 형태로 솟아오르는지 그리고 왜 그렇게 강렬하고 특별한 기쁨을 체험하게 되는지를 설명할 것을 마르셀에게 요구한다. 또한 베니스, 발벡의 레스토랑의 추억처럼 기쁨을 주지는 않지만 25, 28번 쇼트는 마르셀이 돌아가신 할머니의 갑작스러운 현전을 체험하는 죽음과 관련된 고통스러운 기억의 이미지를 보여준다. 기쁨과 슬픔의 추억의 교차와 움직이는 마차 쇼트들의 물리적 운동으로 강렬하고 독특한 감각적 기호들의 증식과 증폭을 체험하게 한다. 이미지들이 생성하는 물질적 감각적 기호들은 독특한 감정과 황홀감을 주는 동시에 일종의 강압적인 "명령"을 한다(Proust 16). 즉 이러한 기호들은 그것들의 의미를 찾는 사유를 강요한다. 그러나 노란색 스크린의 반복적 개입과 종소리의 불규칙적인 개입은 사유를 강요할 뿐 아니라 기호의 의미 해석 행위 자체를 위협하고 그 의미의 불확정성을 끊임없이 초래하는 위협적인 간극이 된다.

VI

『프루스트 영화각본』의 첫 시퀀스는 소설의 마지막 에피소드인 "가면들의 전시장"(18)인 게르망트 대공The Prince de Guermantes의 살롱을 마르셀이 방문하는 에피소드를 다루는 시퀀스로 이어진다. 핀터는 앞 시퀀스와는 달리 게르망트공의 응접실 장면을 흑백으로 담고 있다. 그 이유는 우선 마르셀의 이미지를 흑백의 현실의 시간보다 오히려 더 생생하고 즉각적인 시간선들의 상호작용을 통해 부각시키기 위한 것이라고 말할 수 있다. 따라서 생생한 비자발적인 회상 이미지들의 몽타주가 예술에 이르는 계시를 향한 간헐적 운동의 기본 패턴을 보여준다면, 흑백의 생명력을 고갈시키는 형식주의적인 귀족사회를 대변하는 게르망트 대공의 파티의 스펙터클은 핀터 각본의 또 다른 한 축인 마르셀의 환멸에 이르는 내러티브의 기본적인 틀을 보여주고 있다. <중개인>의 어린 레오를 매료시킨 브랜드햄홀처럼 어린 마르셀을 매료시켰던 게르망트가의 살롱이 방출하는 사교계의 기호들은 사유를 요하지 않으며, 오히려 사유를 무화시키는 상투성과 공허함의 기호들이다. 그 상투성과 공허함이 사교계의 의례적인 완벽성을 강요하며, 그 완벽성은 사교계 말고는 찾아 볼 수 없는 일종의 형식주의와 같은 것이다. 따라서 일시적이고 덧없는 사교계의 기호들은 마르셀이 되찾고자 하는 시간의 충만함과 영원성 대신 고통스러운 소멸과 영원히 잃어버린 시간의 기호들을 의미한다.

 핀터가 원작의 엔딩을 시작으로 선택한 것은 원작 소설의 순환적 구조를 반영하기 위해서인 것은 분명하다. 그러나 가면들의 전시장을 시작으로 한 또 다른 이유는 과거에 친숙했던 사람들을 다시 보게 되는 뜻밖의 계기를 제공할 수 있기 때문이다. 우연히 다시 만나게 된 그러나 이제 더 이상 친숙하지 않게 되어버린 그 사람들의 얼굴은 다른 어떤 기호들보다도 잃어버린 시간, 시간의 흐름, 존재했던 것들의 소멸, 존재들의 변화에 대한 사유를 강요한다. 따라서 핀터는 영화의 엔딩뿐 아니라 시작도 이러한 기호들로 시작한 것이다. 라울 루이즈Raúl Ruiz의 영화 <되찾은 시간>에서 적절하게 표출되고 있듯이, 시간은 그 자체로 비가시적이기 때문에 가시적이 되기 위해 육체를 포착하여 그 위에 자신의 환등기를 비춘다[32]. 사실 사교

---

32) 이러한 시간의 가시화의 구체적인 예는 라울 루이즈의 영화 <되찾은 시간>에서 어린 마르셀이 비추는 환등기 불빛이 게르망트 대공의 파티장 문이 열리면서 보이는 손님들의 모습을 정지(freeze) 상태의 조각상의 모습으로 변화시키는 장면에서 발견된다.

계의 기호들은 일시적이고 덧없는 것들이고, "유행 그 자체가 변화의 필요에서 탄생했으므로, 유행이 변화한다는 것은 당연하지만"(*Proust* 18), 사교계의 기호는 자기가 변질되어 가는 것을 숨기기 위해 고정되어 버림으로써 마치 가면을 쓴 것 같은 얼굴을 하고 있다. 핀터의 카메라의 눈이 포착하고 있는 것은 바로 이러한 사교계의 기호들과의 마르셀의 마주침이다. 다시 말해, 핀터의 각본은 마르셀의 배움, 즉 그의 환멸과 계시가 이러한 사교계의 기호들과의 마주침에서 출발하고 있음을 전제로 시작한다.

사실 핀터의 각본은 계급의식과 속물근성에 대한 패러디로 충만하다. 작은 사례로, 마르셀의 할머니가 공원에서 공중화장실을 사용해야만 하는 장면을, "후작부인"La Marquise이라는 이름의 화장실 관리인이 그녀의 "작은 응접실"을 사용하는 손님들을 가려 받는다는 말로 악의에 찬 계급의 서열관계를 패러디하는 장면을 들 수 있다(73). 또 다른 예로, 전시에 입대한 생루Saint-Loup가 식당에서 마르셀과 식사하는 장면에서, "불행하게도 그가 속하게 된 "사교계"의 속물근성"에 대한 열변(43)을 토하는 생루는 "하층계급"inferior에게 거칠게 말하는 것이 동등한 인간으로 대하는 것이고, 정중하게 말하는 것이 오히려 귀족의 방식이라고 반박하며 상류사회의 가식을 비판한다(44). 거의 모든 모임에서 사람들은 여왕, 남작, 공작, 제후, 그리고 낮은 서열의 귀족들 사이의 상대적 지위의 서열 관계를 끊임없이 언급하고 있으며, 신분과 권력 관계를 이용한 착취와 타락이 각본의 내러티브의 미묘한 가닥들을 형성하고 있다. 또한 늙은 사람들이 젊은 사람들을, 귀족과 돈 많은 부르주아들이 예술가들을 착취하고 타락시키기도 한다. 예컨대, 늙은 작곡가 뱅테유와 젊은 음악가 모렐Morel의 음악은 부르주아 계급의 베르뒤랭가the Verdurins의 사회적 진출의 수단으로 이용된다. 왜냐하면 뱅테유의 연주가 결코 그 집에 발을 들여놓지 않을 귀족들을 끌어들였기 때문이

다. 물론 늙은 샤를뤼스 남작Baron du Charlus과 젊은 마르셀, 모렐, 주피앙
Jupien과의 관계도 착취와 타락의 관계이다. 이와 같이, 핀터 각본의 하나의
축인 환멸에 이르는 내러티브는 들뢰즈가 분류한 공허한 상류사회의 기호
들, 즉 마르셀이 속한 상류사회의 풍속희극적인 스펙터클이 방출하는 기호
들의 클리셰로서의 패러디로 구성되고 있다.

VII

데이비드 데이비드슨David Davidson은 『프루스트 영화각본』에서 핀터가
한 가장 혁신적 시도는 시간의 실험이지만, 면밀히 분석해보면 여전히 보
수적인 기법을 사용하고 있다고 지적한다(167). 비연대기적인 첫 시퀀스와
엔딩의 12개 쇼트들의 종결부coda를 제외하고 그 사이의 각본은 간단한 플
래시포워드와 플래시백을 사용하지만, 대체적으로 직선적인 시간적 행로를
따라 전개된다는 것이다. 물론 데이비드슨도 첫 시퀀스를 비롯하여 프루스
트 소설에서는 등가물을 찾을 수 없는 핀터의 무성 시퀀스들에서 볼 수 있
는 침묵과 압축과 생략의 간결한 대사의 전략적 사용이 비교적 효과적인
기법이라고 평가한다(167). 사실, 핀터는 시간적 전이를 직설적으로 보여주
는 페이드 또는 디졸브를 사용하는 전통적인 플래시백 기교 사용을 상당히
자제하고 있다. 또한 그는 화자로서의 마르셀의 시점을 확보하기 위해 용
이하게 사용할 수 있는 보이스-오버도 자제한다. 이처럼 핀터가 어느 하나
의 전통적 영화기법을 일관되게 사용하는 것을 자제했지만, 오히려 그의
창의성은 프루스트의 미묘한 인식을 전달할 때보다 명확한 것을 강조할 때
더 돋보인다고 데이비드슨은 지적한다(161). 예컨대, 벵테유의 칠중주 감상

시퀀스가 핀터의 창의성이 가장 돋보이는 성공적인 시퀀스들 중 하나인 이유는 단색적이고 일차원적인 기법을 썼기 때문이라는 것이다. 이 시퀀스에서 음악에 집중하는 척하는 귀족 관중들이 내는 소음 소리와 함께 "아주 깨끗하고 순수한" 음악 소리가 절정에 도달한 순간에 핀터가 사용한 노란색 스크린과 "마르탱빌의 뾰족탑들의 쇼트들에 의한 영화적 표현 방법은 너무 단순하다는 것이다.

또한 핀터의 프루스트 각색이 신속하고 대담한 감각적인 광경과 음향을 통해 극적인 효과를 높이기는 하지만, 그것은 프루스트의 복합적인 연상 네트워크와는 표면적인 유사성만을 띠고 있을 뿐이라고 데이비드슨은 혹평한다(163). 이러한 평가들을 근거로, 그는 핀터의 프루스트 원작의 각색 전략은 프루스트적이라기보다는 "핀터적" 전략이며, 그 전략은 프루스트 소설의 영화적 기교와의 유사성을 구현하지 못했다는 결론에 이른다. 즉 핀터의 영화적 변형이 "프루스트적 카메라 눈"을 포착하지 못했다는 결론이다(Davidson 170). 그러나 프루스트의 소설을 각색함에 있어서 각색자로서 핀터, 즉 중개인으로서 핀터가 발견하고자 한 것은 프루스트적인 카메라의 눈 자체가 아니라 그것을 영화적으로 포착할 수 있는 자신의 카메라의 눈인 것이다. 그리고 이 작품은 로지와의 마지막 영화작업을 위한 것으로, 일련의 로지와의 작업을 통해 마침내 '핀터적인 카메라의 눈'을 갖기 시작하는 그의 전환기적 작품임이 분명하다.

『프루스트 영화각본』에서 핀터가 시도한 시간에 대한 실험은 여전히 보수적이라는 지적을 받을 수도 있다(Davidson 162). 그러나 그의 단순한 기법은 반복과 그의 특유의 압축과 생략 그리고 침묵의 전략의 적절한 활용을 통해 일차원적이 아닌 복합적인 층위의 시간선들과 기호들의 세계를 아우를 수 있는, 즉 프루스트의 복합적인 네트워크를 드러내 보일 수 있는 효과적인 기법으로 전환되고 있다. 사실 이 작품은 핀터의 전작인 <중개인>에서처럼 마르셀이 게르망트 공작 저택을 재방문하는 스토리를 다루는 현재의 전지적 내레이션과 마르셀이 다시 발견한 잃어버린 어린 시절의 기억들의 내레이션이라는 두 단계의 이중적인 내레이션의 상호작용을 전개하고 있다.

그러나 『프루스트 영화각본』에서 핀터가 보여준 것은 그의 '핀터적' 전략이 <중개인>에서 시도한 이중적인 내레이션들의 상호작용을 더욱 효과적으로 포착하고 복합적인 진리 체계를 구조할 수 있다는 사실이다. 특히 그 복합적인 체계의 구축을 통해 마르셀이 '사유를 위한 사이'pause for thought를 통해 배움에 이르고 마침내 최종적인 계시에 이르는 과정을 더욱 효과적으로 부각시킬 수 있음을 보여준다. 다시 말해, 『프루스트 영화각본』이 보여주는 과거의 시간대가 더욱 다양한 시트들로 구성되어 있으며, 이러한 다양한 과거의 잠재적인 시트들 속에서 우연히 솟아난 현재의 탈-현실태화된 첨점을 통해 직접적인 시간-이미지를 포착할 수 있는 기법을 핀터가 전략적으로 사용하고 있다는 것이다. 그리고 마르셀을 유도하는 '사유를 위한 정지'는 바로 사교계의 진부한 것과 사랑의 거짓 기호들의 상식적 내레티브의 감각-운동 도식을 벗어난 시간-이미지가 생성되는 간극을 의미한다. 그리고 그러한 전이 또는 중단은 선택의 윤리가 제시되는 순간으로 미학적 사유뿐 아니라 정치적 사유를 유도한다. 따라서 엔딩에 이르러 마르셀이 미학적 계시뿐 아니라 관념적 본질의 "순수한 시각-청각 이미지의 공포 또는 아름다움의 잉여 속에서"(Cinema 2 20) 멈추어 그의 세계 그리고 우리 세계에 새로운 사물들의 조직, 즉 재배치를 가능하게 하는 사유의 정치성을 체험하고 있음을 핀터의 각본은 보여줄 수 있다.

VIII

핀터는 『프루스트 영화각본』을 시작한 곳에서 끝낸다. 마르셀은 다시 드브와가Avenue du Bois에서부터 걸어와, 게르망트 대공 저택의 서재로, 그리고 응접실로 입장한다. 그러나 첫 시퀀스에서와는 달리 이번에는 반복으로 인해, 회상 이미지들의 다양한 쌍들, 고르지 못한 돌과 베니스, 접시에 부딪힌 스푼과 기차 객실에서 본 나무들, 바싹거리는 냅킨과 발벡의 수건, 수로와 발벡의 식당 등의 상호 관계가 이제 명확하게 드러난다. 그러나 마르셀의 비자발적인 기억은 그가 응접실에 들어와 손님들과 섞일 때 방해를 받으며 페이드된다. 마르셀은 혼자 비켜서서 "절룩거리는 굽은 남자들, 반은 마비된 여자들, 떨리는 몸들, 화장으로 덮인 얼굴들", 즉 시간의 파괴적 행동의 상징들을 보고 있다(171). 베르뒤랭 부인은 이제 게르망트 대공의 부인이 되었다. 부유한 부르주아 살롱의 여주인이 이제 귀족 가문의 살롱의 여주인이 된 것이다. 통속적이며 교양 없는 베르뒤랭 부인의 이러한 부상은 전후의 귀족 계급의 몰락과 부르주아의 부상을 상징한다. 이러한 현실 세계의 변화와 잃어버린 시간의 흔적이 가시화된 늙은 육체들이 강요하는 소멸과 환멸의 사유에서 마르셀이 벗어나게 되는 뜻밖의 만남이 발생하면서, 각본은 이제 마지막 시퀀스의 마지막 시리즈의 쇼트들을 전개한다.

마지막 시퀀스에서 마르셀이 우연히 만나게 되는 생루양은 질베르트와 생루의 딸로, 마르셀의 어린 시절 두 길을 의인화한 스완과 게르망트가의 후손이다. 그녀와의 만남에서 마르셀은 방안의 모든 소리가 죽는 "침묵"silence 속으로 들어가, 오로지 정원문 종소리만 생생하게 들리는 가운데, 생루양, 위디메스닐의 나무들, 콩브레 마르탱빌의 뾰족탑들, 그리고 노란색 스크린 쇼트들이 각각 빨리 지나가며, 스완이 정원을 나가고 그리고 소년 마르셀이 침실 창문을 통해 내다보고 있는 쇼트에서 종소리는 멈춘다. 각본의 시작뿐 아니라 결말에서도 소년 마르셀에 초점을 두고 마르셀의 이야기가 시작하는 지점으로 돌아옴으로써 완전한 원을 그리며 오프닝 쇼트인 노란색 스크린으로 순환적 구조를 완성한다. "시작할 때였다"라는 보이스-오버를 통해 마르셀은 그의 삶의 파노라마에서 바로 이 시점에서 그의 예술로 생생하게 번역될 이미지를 마주쳤고, 이것을 예술 작품으로 포착하겠다는 결심을 시사한다. 이와 같이 끝에 이르러 다시 시작하는 순환성을 핀터가 강조하지 않았다면, 사실 그의 각본은 강력한 압축과 생략적인 파편화의 특징만을 가졌을 것이다.

보그Ronald Bogue는 들뢰즈의 프루스트 읽기를 들뢰즈의 "가로지르는 길"로 표현한다(Deleuze's Way 2). 들뢰즈의 가로지르기는 생루양을 통해 마르셀이 예견하는 "스완의 길"과 "게르망트의 길" 사이의 "가로지르기" transversal로 예술 미학적인 영역에 관한 것만이 아니라 그것은 사회적, 정치적 개념에서의 가로지르기를 의미한다(Proust 126). 핀터 각본의 엔딩은 마르셀의 가로지르기가 생루양이 대변하는 미래의 사람들을 형성하는 가로지르기, 즉 수직적 계급관계와 수평적 상호작용 모두를 변화시켜 삶의 새로운 가능성을 가져다 줄 수 있는 가로지르기임을 시사한다고 볼 수 있다. 따라서 이러한 가로지르기를 시도하는 핀터의 『프루스트 영화각본』은 그가 오이디푸스적 닫힌 시스템에서 탈주하려는 정치적 결단과 향후 그의 글쓰기에 있어서 중요한 전환점을 제공하는 영화작업임이 분명하다.

시네-시스템의 정치성: 〈마지막 거물〉

〈마지막 거물〉(*The Last Tycoon*, 1976)

I

소설가 F. 스콧 피츠제럴드F. Scott Fitzgerald(1896-1940)는 할리우드에서
실직한 영화각본작가로 할리우드 영화 제작에 대한 소설을 쓰던 중 갑자기
심장마비로 죽었다. 그는 계획한 30개 에피소드들 가운데 17개만 완성을
하였고, 100개 정도의 초안 에피소드들과 수백 쪽의 작업 초안 노트들과
함께 가칭『마지막 거물의 사랑』*The Love of the Last Tycoon*이라는 미완성의 소
설을 남겼다. 피츠제럴드의 유작『마지막 거물』*The Last Tycoon*(1941)은 바로

이러한 미완성의 소설을 비평가 에드먼드 윌슨Edmund Wilson이 편집하여 출판한 작품이다. 그리고 영화 <마지막 거물>(1976)은 1970년대 할리우드 영화제작에 대한 소설들의 영화각색과 함께 피츠제럴드 붐을 타고 제작된 영화이다. 그 당시 이미 『위대한 개츠비』The Great Gatsby(1925)의 리메이크 영화로 로버트 레드포드Robert Redford와 미아 패로우Mia Farrow의 <위대한 개츠비>(1974)를 비롯하여, 두 개의 텔레비전 전기 영화, <F. 스콧 피츠제럴드와 "최후의 미녀들">F. Scott Fitzgerald and "The Last of the Belles"(1974)과 <할리우드의 F. 스콧 피츠제럴드>F. Scott Fitzgerald in Hollywood(1976)도 제작되었다. 이러한 피츠제럴드 붐이 일게 된 이유는 1960년대 이후 세대들에게 피츠제럴드의 소설과 영화가 다루고 있는 할리우드 영화의 전성시대를 여는 1930년대가 향수적인 매력을 불러일으킬 뿐 아니라 사회정치적인 관심을 끄는 불황의 시대였기 때문이다. 1970년대에 유행한 할리우드 영화들, <스팅>The Sting(1973), <차이나타운>Chinatown(1974), <영광으로 향하는>Bound for Glory(1976) 등도 바로 이러한 향수적 매력을 지닌 불황의 시대로서 1930년대를 다룬 작품들이다. 이러한 할리우드 영화의 추세에 따라, 1975년 피츠제럴드의 유작 소설『마지막 거물』역시 항상 이 작품과 짝을 이루며 거론되는 나다니엘 웨스트Nathanael West의『메뚜기의 하루』The Day of the Locust(1939)와 함께 영화로 제작된 것이다.

<마지막 거물>이 영화로 제작되는 과정은, 시대적 차이에도 불구하고, 원작 소설이 다루고 있는 할리우드의 영화제작 과정과 크게 다르지 않다. 이 영화를 제작한 샘 스피겔Sam Spiegel은 원작의 주인공 몬로 스타Monroe Stahr의 모델로 39세에 요절한 유태계 천재 영화제작자 어빙 탈버그Irving Thalberg를 기념하는 탈버그상Thalberg Award의 1963년도 수상자이기도 하다. 스피겔은 탈버그의 옛 스튜디오인 엠지엠사MGM Com. 지원으로 벅 헨

리Buck Henry의 각색과 마이크 니콜스Mike Nichols를 감독으로『마지막 거물』의 영화작업을 기획했지만, 성사가 되지 않아 파라마운트사Paramount Pictures로 제작사를 바꿨다. 스피겔은 그 과정에서 그만둔 각본작가 대신 핀터를 영입하는 "훌륭한 그리고 기상천외의" 선택(Sinclair 126)을 하게 된다. 스피겔이 핀터를 선택한 이유는 그가 할리우드의 경험이 없어 편견이 없는 시각을 가질 수 있고, 또한 피츠제럴드의 서정적인 산문과는 전혀 다른 스타일의 작가이기 때문이다. 새로운 각본작가로 합류한 핀터가 쓴 각본은 스피겔과 니콜스와 함께 다시 쓰기 작업을 통해 완성 단계에 이르게 된다. 그러나 감독 니콜스 역시 제작자 스피겔과의 마찰로 중도 하차를 한다. 이에 영화각본이 완성된 최종 단계에 니콜스 대신 엘리아 카잔Elia Kazan이 감독으로 합류하게 된다. 이러한 복잡한 제작 과정을 거쳐 마침내 완성되었지만, <마지막 거물>은 흥행에 대실패를 하고 말았다.

각본을 쓴 핀터도 완성된 영화가 지나치게 낭만적이며, 캐스팅 또한, 특히 캐슬린 무어Kathleen Moore 역에 잉그리드 불팅Ingrid Boulting은 잘못된 캐스팅이라고 지적하면서, 영화의 실패를 인정한다(xi). 각본이 완성된 후 합류한 감독 카잔은 인터뷰에서 피츠제럴드의 원작보다 핀터의 각본에 더욱 충실하게 영화를 만들었다고 밝히며, 핀터에게 이 영화의 "작가"auteur의 권한을 기꺼이 인정함으로써(Michaels 111), 영화의 실패 원인을 핀터에게로 돌린다. 그리고 핀터와의 협동작업에서 카잔은 세계를 보는 방식이 서로 다르다는 사실을 발견했다고 언급하면서, 핀터가 영화에서 사용한 그의 유명한 "사이"pause의 효과를 "직면의 회피"로 설명한다(214). 따라서 그는 핀터의 내러티브 전개 방식이 "모든 것들이 수면 아래에서 일어나고 있는" 방식, 완곡하게 반 정도만 보여주는 방식이라고 지적하였는데, 핀터도 자신의 이러한 지적이 적절한 파악임을 인정했다고 덧붙인다(215). 사실 핀터의 내러티브 전개 방식에 대한 카잔의 파악이 틀린 것은 아니지만, 그의 "사이"를 단순히 "직면의 회피"로 본 것은 카잔이 정확하게 이해했다고 볼 수는 없다. 핀터의 "사이"는 들뢰즈가 설명하는 고전 영화가 기초한 감각-운동 도식의 붕괴가 초래한 간극이며 사유를 위한 사이로 정치적 사유-이미지의 생산을 유도하는 간극이지, 단순히 직면을 회피하기 위한 것이 아니다. 또한 카잔은 각본작가 핀터에 대한 불만뿐 아니라 제작자 스피겔을 "마지막 거물-그 놈"과 같은 스타와 동일시하며(212), 영화제작의 모든 과정에 개입했었던 제작자에 대한 불만도 토로한다. 이러한 맥락에서 볼 때, 영화 <마지막 거물>이 다루고 있는 할리우드 영화 제작 과정은 바로 스피겔, 핀터, 그리고 카잔을 둘러싼 이 영화의 현실적 제작 과정 자체를 반영하고 있다고 말할 수 있다. 따라서 I. 로이드 마이클스ₗ. Lloyd Michaels가 <마지막 거물>의 성과를 작가auteur가 누구인가라는 질문으로 논하고 있듯이, 핀터의 첫 할리우드 영화를 위한 각색 작업 역시 각본작가로서 할리우드 영화 제작 시스템 자체에 대한 그의 문제 제기를 검토함으로써 그 성과를 논할 수 있을 것이다.

II

카잔이 강력하게 시사하듯이, 대부분의 비평가들도 이 영화의 실패와 문제들의 원인을 미완성의 원작 작가 피츠제럴드, 각본이 완성된 후 합류한 감독 카잔, 그리고 "마지막 거물"처럼 모든 제작과정을 관장한 제작자 스피겔보다도, 각본을 쓴 핀터에게서 찾고 있다. 그들은 우선 미완성 원작에 대한 핀터의 영화각본의 충실도를 문제로 삼으며, 너무 충실했거나 또는 충분히 충실하지 못한 것, 둘 다가 문제라고 주장한다. 다시 말해, 핀터가 미완성 소설을 충분히 보완하여 등장인물들의 갈등을 제대로 부각시키지 못했다는 비판과 피츠제럴드의 본래 의도를 너무 급격하게 변화시켰다는 상반되는 지적을 실패의 원인들로 제시한다. 예컨대, 리차드 콤브스Richard Combs는 핀터의 할리우드 풍자가 통찰력이 부족할 뿐 아니라, 피츠제럴드가 소설의 미완성 부분에 주를 달아 놓았을 뿐인 정치적 음모와 위선을 지나치게 강조했다고 지적한다(Michaels 111 재인용). 또 한편으로 주디스 크리스트Judith Crist는 핀터가 원작의 완성된 부분에만 너무 의존해서 "클래식한" 소설을 "재미없는 사소한 사랑 이야기"로 축소시켜버렸다고 비판한다(111). 이와 같이 영화의 실패 원인을 핀터에게서 찾는 비평가들의 지적이 서로 상반된다는 사실은 <마지막 거물>이 사랑 이야기 또는 정치적 풍자의 영화 그 이상의 영화이기를 그들이 기대한다는 것을 시사한다. 사실 <마지막 거물>은 그러한 기대에 부합하는 영화이다. 핀터가 다루고자 한 것은 할리우드 영화가 다루는 사랑 이야기 또는 단순한 정치적 풍자가 아니라 할리우드 영화 제작 시스템 자체이며, 그 시스템의 문제들을 다룸으로써 그 닫힌 시스템을 열 수 있는 가능성을 모색하는 정치영화를 만든 것이다.

1990년대에 들어와, 윌슨의 『마지막 거물』의 편집에 대하여 의문을 제기하고 다시 편집하여 『마지막 거물의 사랑』The Love of the Last Tycoon(1993)을 출판한 매튜 J. 브루콜리Matthew J. Bruccoli는 피츠제럴드의 미완성 소설에서 사랑 이야기가 아니라 정치적 주제를 집중적으로 부각시키고 있다. 브루콜리에 의하면, 피츠제럴드는 이 소설에서 당시 미국사회와 할리우드의 정치적 문제들, 즉 할리우드 스크린작가들의 조합투쟁, 동부와 서부 사이의 주도권 투쟁, 갱단의 미국 정치와 산업 침투 등을 중점적으로 다루고자 했다는 것이다(5). 핀터는 윌슨의 편집본에 근거하여 각색을 했지만, 그의 영화각본 역시 정치적 문제를 부각시키고 있다. 그러나 핀터의 각본은 단순히 정치적 문제가 아니라 내러티브 자체를 정치화하는 영화를 지향하고 있다. 다시 말해, 그의 각본은 영화 이미지들을 생산하는 미국사회와 할리우드 시스템의 문화적 관습에 근거하여 영화 이미지들을 정치화한다는 것이다. 들뢰즈에 의하면, 모든 영화는 정치적이고, 따라서 금세기의 대표적인 정치적 매체로서 영화는 내레이션 자체를 정치화한다(Coleman 150-51). 핀터의 각본은 이러한 영화의 정치성에 대한 그의 깊은 인식을 드러내 보이고 있다. 사실 이제 우리는 우리의 지각 속으로 들어온 새로운 "카메라-의식"을 통해 우리의 과거, 현재, 미래를 이해하게 되었다고 말할 수 있다. 따라서 당대의 문화와 그 과거와 미래를 이해하기 위하여 카메라-의식을 더욱 개발할 필요성이 절감되었다(Pisters 2). <마지막 거물>은 우리에게 1930년대 할리우드이라는 특정한 시대의 역사와 사건들의 "변화들을 목격할" 수 있고, 나아가 정치적 각성에 이를 수 있게 만드는 바로 그러한 카메라-의식을 제공할 수 있는 정치영화인 것이다(*Cinema 2* 19).

스크린작가로 실패한 피츠제럴드는 올더스 헉슬리Aldous Huxley를 모델로 한 영국 소설가 박슬리George Boxley의 입을 통해 영화를 단순한 플롯과 부자연스러운 대화를 하는 사람들이 등장하는 매체로 폄하하는 발언을 한다. 그러나 핀터는 그 발언을 스타가 박슬리에게 "영화 만들기"에 대한 설명과 실례를 보여주는 계기로 이용하여, 그 에피소드를 두 번 반복한다. 핀터는 이 반복된 에피소드를 카메라-의식의 구현에 있어서 스타의 역할을 확인하는 장치이자 "시네-시스템"ciné-system의 작동 원리를 보여주는 장치로 활용하고 있다(Colman 9).[33)] 들뢰즈는 영화의 몸을 "사회적이고 살아있는 시스템"(*Cinema 1* 59)으로, "그"the 시스템이 아니라 과정의 시스템, 즉 끊임없이 개념 만들기를 실천하는 "열린 시스템"open-ended system으로 설명한다. 펠리시티 콜만Felicity Coleman의 이러한 설명은 클리셰들과 고착된 이미지들로 만든 닫힌 시스템에 굴복하고 갇힌 많은 할리우드 영화들과는 차별되는 열린 시네-시스템을 지향함으로써 영화의 정치성을 구현하는 영화들을 구별하는 데 매우 유용하다. 사실 핀터의 각본은 역동적인 매체인 영화를 제작하는 과정에서 일부가 되는 각색을 담당한 각본작가의 영화각본이지만, 그의 각본은 이러한 열린 시네-시스템의 정치성을 지향하는 역동적 매체를 위한 창조적 실천의 글쓰기로 간주될 여지가 충분하다.

피츠제럴드는 그의 마지막 미완성 소설 쓰기를 통해 새로운 관점에서 영화와 그 세계를 보는 방식을 시도하고 있다. 그는 소설가로서 영화에 대하여 소설의 우월성을 주장하는 박슬리처럼, "소설은 나의 성숙기에 사고와 감정을 한 사람에게서 다른 사람에게로 전달하는 가장 강력하고 유연한 매체였는데, 할리우드 상인들 또는 러시아 이상주의자들의 손에서 가장 진부한 사고와 가장 분명한 감정만을 투영할 수 있는 기계적인 대중예술에 종속되어 가고 있다"는 불만을 피력한다(The Crack-Up 78). 피츠제럴드의 영화에 대한 이러한 불만은 클리셰를 양산하는 할리우드의 상업주의적 영화, 즉 대중예술로서의 영화의 문제점에 대한 지적과 비판을 의미한다. 사실 영화가 대중의 예술이지만, 시네-시스템의 많은 요인들이 오히려 대중예술의 혁명적인 그리고 민주주의적 잠재력을 위태롭게 하거나 억압할 수 있는 속성이 더 강하다. 예컨대, 파시즘이 등장한 1930년대 반동기의 보수적 정

---

33) 콜만은 들뢰즈가 두 권의 영화 책들, 『영화 1』(Cinema 1: The Movement-Image, 1983) 과 『영화 2』(Cinema 2: The Time-Image, 1985)을 통해 기획한 것은 일종의 "과정의 시네-시스템"을 만들어냄으로써 "시네-철학"(ciné-philosophy)의 모델을 제공하는 것이라고 단언한다(9).

치성이 강조하는 "합의"unanimity가 민중의 합의가 아니라 일당의 전제적인 통합을 의미하듯이, 미국 할리우드 영화가 강조하는 합의 역시 전제적인 통합 개념으로 쉽게 대체될 수 있다. 대중의 예술로서 미국 영화가 강조하는 합의는 계급투쟁과 이데올로기의 갈등이라기보다 희망과 불행의 정점에 있는 대중이 인식하는 경제적 위기와 도덕적 편견 그리고 부당이득사와 정치선동자에 대항하는 투쟁 의식에 대한 합의를 의미한다. 그러나 이러한 합의는 사실 대중을 진정한 주체subject가 아니라 "종속된"subjected 대중들로 만들게 되는 위험을 내포하고 있다(Cinema 2 216). 피츠제럴드는 이러한 할리우드 시스템의 위험에 대한 우려를 그 시스템의 거물인 동시에 그 시스템이 저지르는 "우아한 살인"(Kazan 213)의 제물인 스타를 통해 보여주고자 한 것이다.

　　피츠제럴드는 『위대한 개츠비』에서부터 줄곧 소위 아메리칸 드림 American dream을, 더 정확하게 말해, 미국 남자의 꿈을 다루어 왔다. 미완성의 소설에서도 그는 재능을 가진 개츠비와 같은 부류의 미국 남자 스타의 아메리칸 드림과 할리우드 시스템 사이의 충돌 관계를 다루고 있다. 피츠제럴드가 다루는 미국 남자의 꿈은 사랑하는 여자와 사회적인 선구자의 일을 동시에 성취하는 것이다. 스타 역시 이러한 두 가지를 동시에 이루고자 하는 꿈을 가진 할리우드의 거물이다. 간단히 말해, 할리우드의 천재 예술가이자 시스템을 장악할 수 있는 거물로서 스타의 꿈은 성공적인 영화제작과 캐슬린과의 친밀하고도 열정적인 관계를 동시에 맺는 것이다. 그러나 피츠제럴드의 주인공들은 그 꿈의 실현이 불가능하다는 것을 경험한다. 특히 말년에 사회 속의 개인에 대하여 더 많은 관심을 갖게 된 그는 미완성의 소설에서 30년대 영화의 황금기[34]를 구가하면서 미국 사회와 대중문화의 변화를 반영하는 할리우드 세계를 선택하여, 그 세계 속에 있는 스타를 주인공을 다룬다. 소설가이자 실패한 스크린작가 피츠제럴드는 한 편지에서 그의 미완성 소설이 "새로운 것, 새로운 감정, 아마도 어떤 현상을 보는 새로운 방법"이 되길 바라며, 소설의 배경을 5년 전으로 "우리 시대에 다시 오지 않을 화려하고, 낭만적인 과거로 도피"한 것은 일종의 안전거리를 확보하기 위해서라고 밝힌다(Callahan 205 재인용). 즉 그의 미완성 소설은 할리우드 스튜디오 영화의 황금기를 배경으로 당대의 미국 문화와 그 과거와 미래를 보는 새로운 방법을 시도하고 있다는 것이다. 핀터의 각본은 바로 이러한 피츠제럴드의 미완성의 시도를 영화 매체로 변환시켜 재시도한 것이라고 볼 수 있다. 소설의 배경이 되는 할리우드의 스튜디오 시스템의 황금기는 할리우드 고전 영화의 전성기이다. 들뢰즈에 의하면, 고전 영화와 현대 영화는 제2차 세계대전을 기점으로 구분된다. 따라서 고전 영화의 전성기를 배경으로 한 원작 소설을 1970년대 영화로 각색한 핀터의 각본은 들뢰즈가 구분한 고전 영화와 현대 영화 사이의 "간극"의 조짐을 부각시키고 있으며, 영화 <마지막 거물>이 만들어진 것은 바로 그 간극에서라고 볼 수 있다.

---

34) 영화가 내러티브를 전달하는 매체로 대중 예술의 한 장르로 발전하기 시작하면서, 헐리웃 영화산업은 데이비드 그리피스(David Griffith)와 찰스 채플린(Charles Chaplin)으로 대변되는 무성영화의 전성기를 거친다. 그리고 1927년 재즈 가수가 되고자 하는 젊은 유태계 청년의 이야기를 담은 워너브라더스사(Warner Bros.)가 제작한 최초의 유성영화 <재즈 가수>(*The Jazz Singer*, 1927)가 나온 이후 헐리웃은 스튜디오 시스템을 발전시켜 많은 헐리웃 영화들을 제작하여 황금기를 구가한다. 반면에 유럽에서는 예술로서의 영화에 대한 탐구가 본격화되어, 네오리얼리즘, 누벨바그, 뉴저먼 영화 등으로 불리는 다양한 예술영화들이 제작되기 시작했다. 그러나 세계적인 영화산업의 패권은 30년대 전성기의 헐리웃 스튜디오들로부터 성장한 거대 미디어그룹들에 의하여 장악되고, 그들의 막강한 자본력을 바탕으로 20세기말에 이르러 블록버스터(blockbuster) 시대가 열린다.

III

할리우드 영화 시스템에 대한 우려와 불만에도 불구하고, 피츠제럴드는 스크린작가로서 할리우드 영화에 대한 도전을 계속하였고, 사실 이 소설을 쓰면서도 이미 영화로의 각색을 염두에 두고 있었다고 한다(Rapf 77). 따라서 그의 각본 쓰기 또는 영화로의 각색을 예상한 소설 쓰기는 할리우드 영화 시스템에 대한 진입 시도이자 도전을 의미한다. 핀터는 피츠제럴드의 할리우드 스튜디오의 거물의 몰락을 통해 할리우드 시스템의 문제점을 드러내는 원작을 각색함에 있어서, 그 문제점을 그 시스템의 기초가 되는 고전 영화의 감각-운동 도식의 붕괴 조짐을 통해 부각시키는 방식을 취한다. 예컨대, 영화의 첫 부분에서 사용되는 영화-속-영화the movie within the movie 클립들은 바로 들뢰즈가 제2차 세계대전 이후 감각-운동 도식의 붕괴 조짐을 보이는 할리우드의 고전 영화에서 확인한 다섯 가지 징조들 중 하나인 클리셰에 대한 패러디를 보여주고 있는 장면들이다(*Cinema 2* 210).

스타의 스튜디오에서 제작되는 3편의 영화들에서 뽑은 장면들 가운데, 첫 번째 클립은 영화의 오프닝 시퀀스로 레스토랑에서 팜므파탈 같은 여자가 화장실에 간 사이에 그녀의 갱단 남자친구가 지나가는 차로부터 기관총 공격을 받아 죽는 장면을 보여준다. 둘째 클립은 한 젊은 여자가 아무도 없는 해변에서 그녀의 연인으로부터 멀어져 가는 동안, 카메라는 거기 멈추어 그 남자의 반응을 보여주는 장면이다. 세 번째는 한 외국여자가 라틴계 남자와 그녀의 집에서 정사를 나누고 있는데, 그녀의 남편에게서 전화가 오고, 그녀는 그 남자에게 가라고 말했다가 다시 있으라고 말하는 내용의 클립이다. 즉 첫 번째는 흑백 갱스터 영화, 두 번째는 총천연색 로맨스 영화, 세 번째는 다시 흑백 멜로드라마 영화에서 뽑은 클립들이다. 마이클스는 세 개의 영화-속-영화 클립들이 전체 영화의 내용과 주제를 시사한다고 설명한다(115). 예컨대 첫 번째는 캐슬린의 배신과 보이지 않는 남자들(언급되지만 등장하지 않는 뉴욕의 유력한 사람들)의 힘에 의한 스타의 궁극적인 몰락을, 둘째는 미완성인 해변의 집에서 캐슬린과의 정사와 결국 그녀가 떠날 것임을 각각 예시한다는 것이다. 그리고 셋째는 신비스러운 캐슬린에 대한 정보들을 시사하는 것, 즉 그녀가 영국인이라는 사실, 그녀의 "아니요"no는 스타에게는 "예"yes를 의미하며, 그녀는 항상 부재한 다른 남자에게 속해있다는 사실을 암시한다(Michaels 115-16). 그러나 이러한 영화-속-영화 클립들을 핀터가 사용한 중요한 의도는 <마지막 거물>의 전반적인 내용에 대한 예견을 위한 것만은 아니다.

<마지막 거물>에서 사용되는 영화 클립들이 <카사블랑카>Casablanca (1942)를 패러디한 영화처럼 보이는 시대착오적인 실패작이라는 지적에, 카잔은 노스탤지어를 불러일으키거나 특정한 시대물로 만들기 위한 것이 아니라 보편적인 것을 보여주려고 한 시도였다고 설명한다(212-23). 그러나 카잔의 이러한 설명은 핀터가 영화-속-영화를 사용한 의도를 파악하지 못하고 있음을 보여준다. 핀터가 피츠제럴드 소설을 영화화함에 있어서 화자를 생략하고 카메라의 역할로 대체한 것과 더불어 사용한 또 하나의 중요한 영화적 기법이 영화-속-영화이다(Callahan 209). 우선 이러한 기법을 사용한 그의 일차적 의도는 우리가 보고 있는 전체 프레임 영화와 스튜디오의 상영실에서 제작진들이 보고 있는 프레임 속 영화 사이의 시간과 공간의 미묘한 차이를 보여주기 위한 것이다. 그리고 이 클립들에 대한 스타가 지시하는 전문가적인 수정사항들을 통해 팻 브레디Pat Brady와 같은 상업주의적 영화관을 가진 간부들과는 구별되는 스타의 영화에 대한 탁월한 판단력과

감수성을 부각시키는 계기로 사용한 것이기도 하다. 그러나 30년대를 연상시키는 연극의 이미지와 기법을 사용한 갱스터 영화 또는 멜로드라마의 할리우드 영화들의 클립들을 사용한 핀터의 가장 주된 목적은 30년대 할리우드 영화의 시스템과 그 산물의 진부성에 대한 패러디를 통해 할리우드 고전 영화의 감각-운동 도식의 붕괴 조짐을 보이기 위한 것이다.

<마지막 거물>의 첫 시퀀스는 가장 할리우드 영화다운 흑백 갱스터 영화의 클립으로 시작하여 화면이 갑자기 컬러로 전환되면서 영사실의 다른 모든 사람들은 어둠 속에 있는 가운데 단호하게 지시하는 스타만을 보임으로써, 무서운 젊은 천재로서의 스타의 압도적인 면모를 강조한다. 그의 압도적인 젊고 패기에 찬 목소리는 30년대 할리우드가 그의 모델이 되는 탈버그와 같은 무서운 젊은 천재들의 게임의 장임을 시사한다. 그러나 비평가들은 <마지막 거물>이 30년대 할리우드를 "늙은" 할리우드로 상상함으로써 그 세계의 에너지를 포착하지 못했다는 지적을 한다(Sklar 18). 이러한 지적처럼, 전성기의 할리우드를 "늙은" 할리우드로 보이도록 캐스팅을 한 것은 할리우드 영화의 진부성을 패러디하기 위한 것으로 간주할 수 있다. 그러나 스타, 캐슬린과 세실리아 브래디Cecilia Brady와 같은 중요 인물들은 모두 젊은 배우들로, 당시 비교적 신인인 로버트 드니로Robert De Niro, 신인 여배우들인 잉그리드 불팅과 테레사 러셀Theresa Russell로 각각 캐스팅되었다. 반면에 다른 배역들은 평균 10살 정도 더 많은 배우들이 맡았다. 스타의 라이벌로 루이스 B. 메이어Louis B. Mayer를 모델로 한 브래디 역에 로버트 미첨Robert Mitchum, 헉슬리를 모델로 한 박슬리 역에 도널드 플레즌스Donald Pleasance, 그리고 엠지엠사의 간판 여배우인 그레타 가르보Greta Garbo를 모델로 한 디디Didi 역에 잔 모로Jeanne Moreau, 그리고 할리우드의 베테랑급 감독들도 모두 나이가 많은 배우들로 캐스팅되었다. 따라서 스타,

캐슬린, 세실리아와 대조적으로 할리우드 스튜디오 시스템에 속한 다른 사람들을 전성기가 지난 늙은 배우들로 캐스팅한 것은 전성기의 할리우드에 이미 내재한 진부성을 드러내 보이기 위한 것이다. 사실 <차이나타운> Chinatown(1974)은 1930년대와 1960년대 후반부터 1970년대 초반 사이의 문화적 그리고 이데올로기적 연결을 예술적으로 그리고 상업적으로 활용하는 데 성공했는데, 반면에 <마지막 거물>은 그러한 연결을 포착하지 못했다는 지적을 받는다(Sklar 18). 그러나 <마지막 거물>에서 핀터가 포착하고자 한 것은 단순히 두 시대 사이의 연결성이 아니라 70년대 현 시점에서 30년대의 전성기에 이미 존속했던 할리우드 영화의 진부성이 현실화된 현재와 그것으로부터의 탈주를 위한 미래를 향한 시간의 이중적 흐름인 것이다. 그것은 또한 프루스트 소설에서 핀터와 들뢰즈가 포착한 환멸과 계시를 향한 이중적 운동과 동일한 것이다.

IV

만약에 <마지막 거물>이 실패한 영화라면, 원작의 환멸과 계시의 이중적 운동에서 계시를 향한 운동이 강력하게 포착될 수 있는 우연한 계기들을 살리지 못했기 때문이라고 말할 수 있다. 원작 소설의 중요한 에피소드들 가운데 완성된 영화에서 생략된 것들 중 스타가 캐슬린과 정사를 나누고 해변으로 나가 그루니온 짝짓기grunion run 구경을 온 흑인남자를 만나는 장면이 있다(92-93). 이 장면은 바로 전 정사 장면과는 불협화음을 이룬다고 여겨질 수도 있지만, 스타에게는 자신이 만들고 있는 할리우드 영화를 다른 관점에서 볼 수 있는 계기가 되는 중요한 장면이다. 얻는 것이 없어 영화를 보러 가지 않는다는 그 남자의 말에 스타는 스튜디오로 돌아와 계획하던 4개의 영화들을 버린다. 스타가 그러한 결정을 한 주요 원인이 무엇인지는 모르지만 어쨌든 그 흑인은 자기도 모른 채 영화산업에 상당한 영향을 초래한 셈이다. 카잔은 이 장면을 거의 다룰 뻔했지만, 스타의 비전에 더 중점을 두기 위해 생략했노라고 변명한다(214). 그러나 이러한 삭제를 통해 카잔은 "전 세계적인 역사적 의미를 갖는 할리우드가 창조한 전설과 실제 가능한 대중의 무관심 사이의 간극"과 그 간극에서 발견한 스타의 계시를 보여줄 계기를 놓친 셈이다(Sklar 16). 스타가 그동안 만들어온 할리우드 영화는 영화에 무관심을 표명한 흑인 남자와 그의 아이들과 같은 인종적 소수자들을 미국 민중으로서 대중으로부터 오히려 분리시키는 것을 조장해왔다고 볼 수 있다. 들뢰즈가 지적하듯이, 당대 미국 영화는 "더 이상 그들 자신들이 과거 여러 민족들의 도가니melting pot라고 또는 앞으로 도래할 민중의 종자가 될 것이라고 믿을 수 없게 된 미국 민중의 분열"을 조장하는 결과를 초래했다(*Cinema 2* 216). 사실 스타가 계획 중인 영화들을 버린 이유는 그 흑인 남자와의 우연한 만남에 기인하는 것은 분명하다. 그리고 이 중요한 장면을 다루지 않음으로써 <마지막 거물>은 할리우드 시스템의 근본적 문제를 다룰 수 있는 기회를 상실하게 된다. 현대 정치영화가 지향하는 영화는 바로 할리우드 영화의 이러한 보이지 않는 관객들인 인종적 소수자들 그리고 식민화된 또는 억압받는 제3세계 민중과 같은 소수자들의 존재를 가시화하고, 소수와 다수 사이의 간극을 드러내 보임으로써 자본주의의 폭력을 거부하는 영화이다.

비록 영화에서 스타를 진실 찾기, 즉 계시로 유도할 수 있는 스타와 흑인 남자와의 우연한 만남은 생략되었지만, 캐슬린과의 우연한 만남이 스타의 진실 찾기를 유도한 가장 주요한 요인으로 부각되고 있다. 사실 스타가 죽은 아내인 미나 데이비스Minna Davis를 닮은 캐슬린을 만난 것, 그리고 스크린작가 무도회에서 그녀를 다시 만난 것은 모두 우연이다. 스타의 캐슬린과의 우연한 만남과 그녀에 대한 집착은 핀터의 『프루스트 영화각본』의 마르셀과 알베르틴Albertine의 관계를 연상시킨다. 핀터도 잘못된 캐스팅이라고 지적했지만, 사실 잉그리드 볼팅의 캐슬린 역할은 스타가 자신의 죽은 아내의 유령을 보는듯한 신비함을 지닌 여자로서는 아주 적절한 캐스팅이라고 볼 수 있다(Callahan 208). 영화에서는 소설에서 밝혀진 캐슬린의 가난한 환경과 바람기 있는 행동과 같은 정보들도 생략되어 그녀의 신비함이 더욱 강조된다. 이러한 캐슬린의 배경 삭제는 스타라는 인물에 영화의 내러티브의 힘을 집중하기 위해서라고 볼 수도 있지만(Michaels 113), 그보다는 그녀의 세계가 스타와는 상관이 없는 다른 사람들과 함께 만들어진 세계로 그의 통제력이 벗어나는 미지의 세계임을 강조하기 위한 것이다.

또한 스타가 캐슬린과 그의 몰락과 어떤 연관이 있으며, 캐슬린에게 끌림과 스튜디오 내의 정치적 음모를 어떻게 연결시킬 수 있고, 그리고 스타가 캐슬린과의 만남 이후 그렇게 순식간에 몰락한다는 것이 설득력이 있는가라는 문제들이 제기된다(Kauffmann 20). 이러한 문제제기에 대한 대부분의 논의들은 캐슬린을 영화-속-영화의 클립들과 같은 할리우드 영화에 등장하는 팜므파탈로서의 역할에 한정하는 경향을 보인다. 스타가 캐슬린을 처음 본 곳은 인위적으로 만든 지진이 아니라 실제 지진으로 홍수가 난 스튜디오에서 이다. 그녀는 죽고 난 뒤에야 그가 사랑하게 된 그리고 은막의 여배우로 영원히 남게 된 아내의 외모를 닮은 여자로 처음부터 그의 "완벽한 여자" 이미지를 투사할 대상으로 그의 시선을 끈 것이다. 그러나 그녀는 팜므파탈도 그가 통제할 수 있는 대상도 아니다. 그녀는 그가 해독해야 할 기호들을 끊임없이 생산함으로써 그를 배반하고 질투를 일으켜 그를 진실 찾기로 유도하는 신비스러운 알베르틴 또는 <프랑스 중위의 여자>*The French Lieutenant's Woman*의 사라Sarah와 같은 여자이다.

핀터가 새로 창조한 역할이기도 한 데이비드 캐러딘David Carradine을 카메오로 등장시킨 스튜디오 관람 가이드의 수다스러운 지진 작동 장치 설명과 미나 데이비스 분장실 투어는 실제 지진과 스타의 캐슬린과의 만남의 전조를 보여주기 위한 것이다. 이와 같이 스타와 캐슬린의 만남은 실제 재난이 닥친 혼돈 상태의 스튜디오 안에서 일어난다. 사실 캐슬린은 스타가 통제할 수 있는 스튜디오 시스템에 우연히 들어오게 된 외부 침입자인 셈이다. 스타가 캐슬린에게 끌리는 것을 보여주기 위해 핀터는 『프루스트 영화각본』에서 사용하던 친숙한 기법을 반복한다. 구조작업이 한창인 혼란스러운 스튜디오에 들어온 스타와 그의 시각에서 보는 캐슬린의 무성 쇼트들은 현실에 대한 상상의 우위 또는 초월적 부정을 시사한다(Klein 133). 죽은 아내의 유령을 보는듯한 신비한 경험을 하게 만든 캐슬린을 스타는 "사랑의 기호"를 방출하는 대상이자 그 기호 자체로 착각한다(*Proust* 27). 또한 그는 그녀가 사랑의 기호를 방출하는 대상으로서 자신에게만이 아니라 다른 상대에게도 같은 기호들을 방출할 수 있다는 가능성을 인정하기를 거부한다. 따라서 그는 그녀를 소유하기 위해, 그가 통제할 수 있는 영화 세계로 그녀를 끌어 들이고자 한다. 이러한 맥락에서 볼 때, 그가 상상하는 영화 속에 캐슬린을 등장시키고, 그녀를 잃지 않겠다는 다짐을 하면서 스튜디오 안으로 사라지는 이 영화의 엔딩 장면은 "비극적 권위"를 갖춘 "환상의 비극"의 주인공이 맞는 최후로 설명될 수 있다(Burkman and Kim 67). 그러나 핀터의 각본은 프레임 속의 프레임의 클립들로 할리우드 영화의 패러디를 보여주듯이, 프레임을 이루고 있는 스타의 영화 만들기와 캐슬린 소유하기 역시 할리우드 스튜디오 시스템의 한계와 문제점들을 보여주기 위한 패러디로 다루고 있다고 볼 수도 있다.

캐슬린은 스타를 끊임없이 의심과 질투에 의한 불확실성 속으로 몰고 간다. 그녀는 스타와의 정사 장면에서도 독특한 거리감을 유지한다. 스완Swann과 오데트Odette, 마르셀과 알베르틴 관계처럼, 스타는 캐슬린을 소유하고자 하지만, 그녀는 여전히 미지의 세계에 속한 여자이다. 캐슬린 자신의 스토리에 따르면, 푸르스트의 『잃어버린 시간을 찾아서』의 5권 『갇힌 여인』The Captive에서 알베르틴처럼 그녀는 소유욕이 강한 집착적인 남자로부터 도망쳐 미국으로 왔고, 그녀를 구조해준 미국인 남자와 결혼할 예정이다. 그러나 그녀의 스토리텔링은 그녀가 스타를 만나는 동기와 그녀의 과거에 대한 스타와 관객의 궁금증을 전혀 만족시키지 않는다. 스타는 캐슬린이, 로라 멀비Laura Mulvey가 주장하듯이, 남성의 시각적 쾌락을 위한 대상으로서 주인공이 마침내 그녀를 소유함으로써 거세 공포를 극복하고, 관객 역시 그러한 남성 주인공과 동일시하도록 유도하는 할리우드 영화 시스템의 대상화된 여자의 역할을 하길 강요한다(21). 그러나 캐슬린은 스타에게 "갇혀 있는" 여자가 되기를 거부할 뿐 아니라 모호한 태도를 보임으로써 그를 불확실성 속에 가두어 놓는다. 오히려 캐슬린은 스타가 속한 할리우드 영화 시스템을 거부하는 여자로 그로 하여금 그 시스템의 문제점과 한계를 보게 만드는 잠재적인 성정치적 전복성을 구현하고 있는 여성 등장인물로 볼 수 있다. 따라서 캐슬린은 핀터 극의 『귀향』The Homecoming(1965)의 루스Ruth, 『옛 시절』Old Times(1971)의 케이트Kate, 『배신』Betrayal(1978)의 엠마Emma와 같은 "지혜"를 보여주는 여자들의 범주에 속하는 여자로 간주된다(Burkman and Kim 66). 핀터의 일련의 영화각본들에서도 캐슬린은 『프루스트 영화각본』의 알베르틴과 <프랑스 중위의 여자>의 사라처럼 남성 주인공에게 그의 갇힌 여자가 아니라 오히려 그 자신을 가두고 있는 시스템의 한계와 문제점을 보도록 유도하는 전복적인 성정치성을 발휘할 수 있는 여자들의 계보를 잇는 여성 주인공으로 인정받는다.

스타는 낯선 여자, 캐슬린이 방출하는 기호들의 의미를 충분히 파악할 수 있다고 자신한다. 그가 그녀를 처음 볼 때, 카메라를 통해 그녀를 보려고 시도하듯이, 그녀 역시 이미 그 자신이 통제할 수 있는 할리우드 시스템 속에 속해 있는 것으로 여긴다. 그러나 그가 캐슬린을 통해서 발견하게 된 것은 그가 속한 할리우드 시스템의 진부성과 그것에 대한 환멸이다. 70년대 핀터가 피츠제럴드의 미완성의 소설에서 발견한 것은 30년대 선구자적인 거물 스타의 이러한 발견과 깨달음인 것이다. 따라서 스튜디오로 퇴장하는 스타의 모습으로 끝나는 엔딩 장면은 환상의 비극의 주인공 또는 팜므파탈로 인해 몰락한 멜로드라마의 주인공의 최후로 볼 수만은 없다. 다시 말해, 퇴장하는 스타의 모습에서 오데트에 의해 예술적 탐구를 포기하고 병들어 죽게 되는 스완보다는 새로운 미래의 영화를 만들기 위해서 다시 시작하는 예술적 계시에 이른 마르셀의 모습을 엿볼 수 있다.

V

<마지막 거물>은 피츠제럴드의 원작에 대한 충실보다는 핀터의 자기 반영성이 농후한 작품인 것은 사실이다. 따라서 핀터의 각본에 대해서도 "사이pause의 위대한 작가"인 핀터가 자신의 스타일을 피츠제럴드에게 강요해서, 원작보다 훨씬 더 비관적인 작품을 쓴 것으로 평가된다(Dixon 108). 그러나 대부분의 비평가들이 <마지막 거물>을 무겁고 비관적인 영화로 보

지만, 반면에 존 F. 캘러한John F. Callahan은 <마지막 거물>의 신속함과 리듬의 유동성에서 이 영화의 에너지를 발견할 수 있다고 주장한다. 그는 특히 스타를 이카루스Icarus 같은 신화적 인물의 변형으로, "일부는 사람, 일부는 카메라, 동물적 신속함과 분별력을 갖춘 의식이 부여된 카메라"의 기능과 영화의 에너지의 원천으로 이중적인 기능을 발휘한다고 지적한다(208). 사실 스타의 에너지는 할리우드의 잠재력, 즉 유동성과 끊임없는 가능성의 세계를 대변한다. 그러나 역설적으로 이러한 유동성과 에너지를 발산하는 할리우드 시스템은 미국 사회의 자본주의적 발전에 따른 대기업적인 영화 산업의 닫힌 시스템으로 발전하여, 그 시스템 자체의 원동력이 되는 유동성과 가능성을 소진시키는 결과를 초래하게 되었다. 따라서 할리우드 시스템의 거물 스타는 그 시스템의 에너지의 원천이자, 그 시스템에 의해 '소진된 자'the exhausted인 것이다.

영사실에서 편집본을 검토하는 동안 편집자 에디Eddie가 죽은 것이 발견됐을 때, 방해가 되지 않도록 조용히 죽은 것 같다는 브래디의 조수 제프Jeff의 부조리한 대사(496)는 할리우드 스튜디오 시스템의 실세들의 냉혹성과 에너지의 소진 그 자체를 말해준다. 이어지는 무도회 장면에서 임원들의 대화는 아이러니를 넘어서 그로테스크한 수준에 이를 정도로 그들의 무감각하고 편협한 생각을 드러내 보인다. 핀터가 첨가한 브래디와 그의 동료들이 위대한 미국의 찬양에 이어 터무니없게도 공산주의자와 동성애자를 동일시하는 유치한 수준의 장광설을 늘어놓는 이 장면은 70년대 중반부터 수면에 드러나기 시작한 핀터의 정치적 관점이 섬세하게 드러나는 부분이다(499). 그러나 브래디를 비롯한 할리우드 실세들의 무감각과 보수성에도 불구하고, 스타가 이 영화의 주인공이듯이, 사실 그가 원천이 되는 에너지가 이 영화의 정수이다. 이 영화에서 캐슬린의 가장 중요한 역할은 역설적이지만 스타의 에너지를 소진시키는 동시에 순수 강도의 에너지를 생성하도록 유도하는 것이다. 따라서 캐슬린이 떠난 뒤 스튜디오 수장으로서 할리우드 스튜디오의 공신력에 치명타를 입히게 되는 스타의 비상식적이고 폭력적인 행동은 일종의 에너지 소진을 통한 탈층화, 탈영토화, 탈주체화의 시도로 설명될 수 있다.

스타의 몰락을 초래한 직접적인 원인을 제공한 사건인 스타와 작가조합을 구축하려는 작가들과 연관이 있는 좌파 조직원 브리머Brimmer의 만남은 브리머 역의 잭 니콜슨Jack Nicholson의 기묘한 분위기가 잘 부각되는 장면으로 이 영화에서 핀터가 개선시킨 장면들 중 하나로 부각된다(538-48). 세실리아가 『안토니와 클레오파트라』Anthony and Cleopatra를 인용하며 셰익스피어 이야기를 하다가 출신 지역으로 화제가 옮겨간다. 브리머는 "테네시, 침례교도", 스타는 "뉴욕, 유태계"라고 각자 출신 지역을 밝히는데, 이 영화에서 유일하게 스타의 유태계 출신에 대해서 언급하는 부분이다. 스타는 "적어도 우리 모두는 미국인들"이라고 하지만, 브리머는 잭 니콜슨의 불가해한 어조로 "확실히 우리는 그렇죠. 스타 씨"라고 말한다. 여기서 우리는 소위 도가니melting pot로서의 미국 민중 의식의 강조 이면에 놓여 있는 지역과 문화적 차이에 대한 감정적 의식을 발견할 수 있다. 이 장면은 유일하게 영화의 주역들, 즉 스크린작가, 배우들, 그리고 원작자 피츠제럴드의 열정과 예술성이 잘 맞물린 곳이라는 평가를 받기도 한다(Sklar 23). 소설에서는 세실리아가 주선한 이들의 만남이 중요한 에피소드로 다루어지지만 스타의 몰락의 전조를 보이는 사건으로 설정되지는 않았다. 그러나 영화에서는 스타 자신이 그 만남을 직접 주선하고, 술에 취해 레스토랑에서의 불쾌한 언동을, 브래디의 집에서의 신경질적인 핑퐁게임과 물리적 폭력 행사를 주도한다. 이러한 스타의 행동은 작가조합과의 협상에서 그의 무능력을 드러내 보이는 것으로 해석되기도 하지만, 분명한 것은 원작과는 달리 핀터가 스타의 브리머와의 대면을 그의 몰락의 전조로 설정하고 있다는 사실이다. 브리머와의 사건을 계기로 스타가 몰락하는 것은 너무 갑작스러운 설정이라는 지적을 받지만, 사실 긴급 이사회의 품위를 갖춘 스타의 해고 통고는 "우아한 살인"(Kazan 213)으로, 그의 몰락은 핀터의 말대로 "수면 아래"에서 이미 일어나고 있었던 것이다.

그러나 품위를 갖춘 협상을 하기로 되어 있는 스타는, 로지와의 협동 작업의 영화들에서 핀터가 집중적으로 활용하고 있듯이, 평풍 외교 협상 대신에 그 게임을 자신에게 내재한 폭력의 충동을 분출하는 폭력적 게임으로 몰고 가, 브리머의 폭력적 행동을 유발한다. 사실 스타가 스스로 감각-운동 도식의 상식적 공간에서 에너지를 소진하고 통제력을 상실하여 몰락을 자초한 것은 할리우드 시스템의 막후에서 일어나고 있는 정치적 음모와 폭력으로부터 그 자신을 자유롭게 하기 위한 시도, 즉 탈주의 시도로 볼 수 있다. 브리머에게 맞아 멍들고 긴급 이사회에 불려나와 해고를 당한 스타와 스타를 해고시킨 간부는 각각 패자와 승자가 아니다. 마치 프루스트의 게르망트 대공 파티의 늙은 귀족들 같은 간부들의 모습은 오히려 스타의 젊음과 열정을 더욱 강조해주는 대조적 효과를 갖는다.

스타가 탈주를 위해 직면해야 할 사실은 그가 통제할 수 있다고 믿는 스튜디오, 즉 '방'이 외부 공간과 연결되어 있다는 사실, <심판>The Trial의 요제프 K처럼 자신의 능력을 넘어서 견딜 수 없는 외부의 무엇인가에 대한 인식이다. 스타의 모델인 유태계 천재 제작자 탈버그는 전체적인 영화 제작 과정의 실제적인 통제권을 가지고 있지만, 그는 사실상 아일랜드계 브래디의 모델인 엠지엠사의 부사장인 유태계 루이스 B. 메이어Lewis B. Mayer 의 밑에 있고, 메이어는 또한 영화에서 "뉴욕 사람들"로 불리는 스튜디오 소유주인 기업체(Loew's, Inc)의 감독과 지시를 받는다. 따라서 스타가 직면해야 할 상대는 스튜디오 내의 라이벌인 브래디보다 더 강력한 통제력을 행사하는 스튜디오 밖의 세력인 것이다. 이러한 복합적인 네트워크 속에서 그가 출구를 찾을 수 있는 유일한 방법은 그 할리우드 시스템의 에너지인 자신의 전략이다. 그 자신의 전략을 통해 스타는 그 시스템 내에서 모든 가능성과 에너지를 다 소진한 엔트로피적 상황을 초래하여 잠재적인 것으로의 도약을 현실화할 수 있는 단계에 이를 수 있는 것이다. 다시 말해, 스타의 전략은 그 시스템에 작동하는 자본주의적 폭력을 거부하는 새로운 정치 영화를 생성하기 위한 그의 전략으로 볼 수 있다. 이러한 맥락에서 볼 때, 마지막 시퀀스를 구성하는 스타의 영화 만들기 놀이와 어두운 스튜디오 속으로의 퇴장은 모든 가능성이 다 소진된 환경 속에서 무nothingness를 직시함으로써 새로운 잠재성의 현실화를 결단할 수 있는 정치적 비전을 시사한다고 주장할 수 있다.

VI

핀터가 첨가한 '영화를 보기 위한 니켈' 에피소드는 스타가 설정한 상황을 통해 영화를 위한 글쓰기 방식을 설명하는 예시를 제시한다. 스타의 예시는 사실 핀터 자신의 글쓰기 방식이자 영화 이미지의 생성 방식이며, 또한 영화 매체의 상업성을 설명하는 예시이기도 하다. 스타는 이 에피소드를 두 번, 처음에는 영화의 3분의 1정도에서 박슬리에게, 그리고 두 번째는 영화의 마지막 시퀀스에서 카메라를 향하여 반복한다. 두 번째 에피소드는 첫 번째 에피소드를 변형한 것으로 스타가 화자의 역할을 대체한 카메라가 되어 일종의 영화 만들기 놀이를 시도하는 방식이다. 이러한 두 번째 반복을 통해 핀터는 이 영화에서 사용한 주요 기법인 영화-속-영화 기법의 사용과 카메라-의식을 구체적으로 마지막에 보여줌으로써 <마지막 거물>이 영화 만들기에 대한 영화임을 다시 한번 강조한다. 스타는 카메라를 향해 첫 번째 박슬리에게 설명했던 상황의 서술과 함께 마임을 하는데 그 장면에 첫 번째 에피소드에서의 박슬리와 그의 목소리가 보이스-오버로 개입된다. 그리고 이어 그가 상상 속에서 찍는 영화는 그의 서술과는 달리 사무실이 아니라 캐슬린의 집을 무대로, 사무실 여자가 아니라 캐슬린이 등장하고, 그녀의 장갑이 아니라 아마도 스타에게 온 편지를 태우고, 그리고 그녀를 지켜보고 있는 다른 남자는 그녀의 남편으로 교체되어 장면이 전개된다. 이러한 시각적 이미지 위로 "무슨 일이 일어났어요?"라는 박슬리의 목소리와 "나도 모르지, 나는 그냥 영화를 만들고 있었어"라는 스타의 보이스-오버와 함께, 캐슬린이 돌아서서 그녀의 남편을 보고 미소를 짓고 키스를 한다. 그리고 캐슬린은 갑자기 카메라를 향하여, 즉 스타에게 슬프고도 모호한 시선을 보낸다. 그리고 스타와 캐슬린 사이에 쇼트와 리액션 쇼트가 교체된다. 그리고 스타는 그녀를 향해, 즉 카메라를 향해 "나는 당신을 잃고 싶지 않아"라고 말한다(556). 이 시퀀스에서도 볼 수 있듯이, 사실 할리우드 스튜디오의 수장인 스타의 영화제작 자체가 스타 자신이 의인화된 영화처럼 움직이며, 자신이 촬영되기 원했을 것을 촬영하는 수법으로 작동한다(Callahan 209). 다시 말해, 스타는 자신의 의식대로 카메라가 작동하기를, 나아가 그 카메라가 자신의 의식 자체이기를 원한다는 것이다. 그러나 그의 영화 찍기 놀이는 그의 서술과 그가 찍고 있는 영화-속-영화 클립 사이의 불일치를 부각시키고 있다. 이러한 불일치는 스타의 주관적 의식과 카메라-의식 사이 그리고 <마지막 거물>이라는 영화의 현실화된 이미지와 영화-속-영화의 잠재적 이미지 사이의 간극을 드러낸다. 다시 말해, 그의 영화 찍기 놀이는 카메라-의식의 출현을 통해 고전 영화의 감각-운동 도식을 벗어나는 영화 이미지의 생성을 보여주는 예시인 것이다.

영화의 엔딩은 스타가 자신을 해고시킨 중역들이 리무진을 타고 떠나는 모습을 그의 사무실에서 내려다 본 뒤, "나는 당신을 잃고 싶지 않아"라는 그의 목소리가 반복되는 가운데, 양쪽에 늘어선 세트장 격납고 건물들 사이로 걸어가 어두운 세트장으로 들어가는 것으로 끝난다. 이러한 엔딩에 대한 기존 해석은 스타가 환상의 세계 속으로 완전히 도피한 것으로 간주한다. 그러나 이 엔딩은 『프루스트 영화각본』의 엔딩 장면을 연상시키는 장면으로, 스타의 "나는 당신을 잃고 싶지 않아"라는 말은 "시작할 때였다"라는 마르셀의 보이스-오버와 같은 의미로 해석될 수 있다. 잃어버린 시간을 포착할 수 있는 예술 작품을 쓰겠다는 마르셀의 다짐과 마찬가지로 캐슬린을 잃고 싶지 않다는 스타의 보이스-오버 역시 그를 불확실성으로 몰고 간 캐슬린이 유도하는 진실 찾기를 계속하겠다는 그의 선택을 의미한다. 그러한 선택은 닫힌 할리우드 시스템에 저항하는 윤리적인 그리고 정치적인 선택으로 설명될 수 있다. 스타의 영화 찍기 놀이는 그의 지각에 들어온 새로운 카메라-의식을 통해 그의 과거, 현재, 그리고 미래를 볼 수 있게 됨으로써 그러한 선택에 이를 수 있음을 보여준다. 따라서 이러한 맥락에서 영화의 엔딩은 스타의 모델인 탈버그가 할리우드의 라이벌들이 그를 제거하려고 했지만 다시 돌아와 영화를 만든 것처럼, 스타 역시 다시 돌아와 미래의 영화를 만들 것임을 시사한다고 볼 수 있다. 다시 말해, 엔딩의 스타는 할리우드 시스템을 떠나는 것이 아니라 이제 어두운 입구를 통해 다시 들어가 새로운 시간-이미지의 영화를 만드는 것이다. 이제 스타는 할리우드 시스템이 구축하고 있는 스펙터클로서의 결정체 속으로 새로운 생성의 "배아"가

될 입구를 통해 들어가 거기서 현실태와 잠재태의 식별불가능성으로부터 아직 존재하지 않은 새로운 현실로서의 미래, 생성의 새로운 적극적인 시간-이미지의 영화를 만들 것이다(Cinema 2 88). 그러나 폴린 카엘Pauline Kael을 비롯하여 대부분의 비평가들이 그 장면을 일종의 "도피"로 보고 있으며, 프랭크 리치Frank Rich가 지적했듯이, 스타가 마침내 죽을 곳으로 자신의 스튜디오 속을 택한 것은 적절한 선택이라고 카잔은 주장한다(Kazan 208 재인용). <마지막 거물>의 감독 카잔의 주장처럼, 이 영화의 결말은 스타가 할리우드 세계의 심연 속으로 추락하고 있는 것은 사실이다. 그러나 그가 추락하여 닿는 그 강도 제로의 심연은 새로운 잠재성을 현실화시킬 수 있는 순수 강도의 열정이 다시 생겨날 수 있는 들뢰즈와 가타리의 "내재면"plane of im-manence 또는 "혼효면"plane of consistency이 될 수 있다. 이 심연에서 바로 새로운 배치와 생성으로 미래의 현대 영화가 탄생할 수 있는 것이다.

D. 키스 피콕D. Keith Peacock은 <마지막 거물>을 『프루스트 영화각본』과 <프랑스중위의 여자>를 연결시키는 영화로 자리매김한다(193). 만약 <마지막 거물>이 실패작이라면, 핀터는 할리우드의 영화 제작의 첫 실패 경험을 통해 피츠제럴드처럼 존 키츠John Keats의 "부정적 수용능력"negative ca-pability을 배운 셈일 것이다. 그리고 오히려 그 실패는 닫힌 할리우드 스튜디오 시스템에서 미완성의 열린 "과정 중의 시네-시스템"으로의 전환의 가능성을 발견할 수 있는 계기가 된다(Colman 9). 스타가 짓고 있는 해변의 집은 그의 공허함과 할리우드 영화세계의 미완성과 비실체성을 상징하기도 하지만(Gale, Sharp Cut 232), 지붕이 열려있는 그 집은 열린 시네-시스템의 가능성을 시사하기도 한다. 영화는 역동적인 매체이며, 들뢰즈가 주장하듯이, 과정적인 시스템을 사용하는 창조적 실천을 수행한다(Cinema 1 59). 각본은 그 과정에서 일부일 뿐이고, 각본작가가 그 영화의 작가는 아니지만, 카잔

도 주장하듯이, 핀터에게 이 영화의 실패에 대한 책임이 있다면, 그것은 미완성의 창조적 실천 과정에서 드러나는 간극 때문이다. 그리고 그 간극은 직면의 회피가 아니라 바로 핀터가 정치적 사유-이미지를 발견하여 본격적인 현대 영화를 지향하게 되는 생성의 사이가 된다. 따라서 핀터의 할리우드를 위한 첫 작업의 주요한 성과는 그러한 간극을 성공적으로 부각시킨 실패한 할리우드 영화를 만든 것에서 찾을 수 있다.

여성 "견자"와 "거짓의 역량":
〈프랑스 중위의 여자〉

〈프랑스 중위의 여자〉(*The French Lieutenant's Woman*, 1981)

I

핀터는 존 파울즈John Fowles의 소설 『프랑스 중위의 여자』*The French Lieutenant's Woman*(1969)를 각색한 영화 〈프랑스 중위의 여자〉(1981)의 각본을 썼다. 이 작품은 거의 만장일치로 핀터의 영화각본들 중 가장 훌륭한 작품으로 간주된다. 또한 이 작품은 내러티브 혁신의 새로운 가능성을 보여준

영화로 영화사에 중대한 영향력을 행사한 작품으로 인정을 받는다(Chatman 165). 자신의 이전 소설들, 『콜렉터』The Collector(1963)와 『마법사』The Magnus (1966)를 각색한 영화에 만족하지 못했던 파울즈는 메타픽션적인 소설 『프랑스 중위의 여자』를 쓸 무렵 영화와 소설이라는 매체는 각각 고유한 영역을 갖고 있다는 것을 강력하게 주장했다(ix). 그는 이 두 매체가 본질적으로 내러티브라는 공통점을 갖고 있지만, 동시에 영화의 "시각적인 것들"과 소설의 "언어적인 것들"이라는 서로 보충할 수 없는 매체 사이의 "출입 금지 영역"no-go territory이 있음을 역설했다. 그리고 소설의 고유한 영역을 구별하기 위해서, 그는 소설의 발전이 구조주의와 기호학의 발전과 밀접한 관계가 있음을 강조했다(x). 그러나 구조주의와 기호학은 영화 연구의 기본적인 방식으로 사용되어왔으며, 따라서 영화의 발전과도 긴밀한 연관성이 있음은 누구도 부장할 수 없는 사실이다.

시각적으로 결코 재현될 수 없는 그러한 삶의 면모들과 감정의 양식을 다루는 고유한 소설의 영역이 있다는 주장에도 불구하고, 파울즈는 실험적인 소설을 쓰는 과정에서 아이러니컬하게도 그 영역의 경계선을 넘나들며 장벽을 깨뜨린다. 다시 말해, 비록 파울즈가 『프랑스 중위의 여자』를 영화화 할 수 없는 소설로 쓸려고 의도했지만, 그는 소설의 메커니즘 자체의 실험을 통해 오히려 그 한계를, 즉 소설의 고유 영역을 넘어서게 된다는 것이다. 사실 파울즈가 자신의 소설을 "영화로 만들 수 없는"unfilmable 소설이라고 말할 때, 그 영화는 바로 내러티브 영화를 의미한다. 그러나 영화 역시 실험을 통해 그것의 고유 영역으로 간주되는 내러티브 영화를 넘어서게 되는 매체이다. 각색자로서 핀터는 바로 이러한 영화 매체의 속성에 의거하여 기존 내러티브 영화로 만들 수 없는 파울즈의 소설을 출판된 지 10년이 지나 혁신적인 내러티브이자 현대 영화로 만들 수 있는 영화각본을 쓰는 데 성공한 것이다. 다시 말해, 드디어 감독 카렐 라이츠Karel Reisz와 함께 핀터는 <프랑스 중위의 사랑>으로 두 매체의 고유한 영역을 넘어서, 즉 "출입 금지 영역"을 가로지르는 상호매체성을 성공적으로 구현할 수 있게 된 것이다.

파울즈의 원작 소설은 메타픽션적인 소설로 전통적인 소설의 화자와는 달리 내러티브 목소리이자 소설의 주요 인물로 자신의 존재감을 부각시키는 화자에 의하여 내러티브가 전개된다. 따라서 독자는 이러한 자기의식적인 화자에 의하여 끊임없이 조종을 받고 있다는 의식을 갖게 된다. 그 화자는 "알랭 로브-그리에Alain Robbe-Grillet와 롤랑 바르트Roland Barthes의 시대"와 같은 20세기 현대에 살고 있다고 밝힌다(95). 그러나 그는 또한 "그것은 하나의 게임일 수 있지만", 찰스가 "변장한 나 자신"일지도 모르며, 그래서 아마 자신도 사라와 같은 현대적 여자를 이해하지는 못했을 것이라고 말하기도 한다(95). 이와 같은 상충되는 내용으로, 그는 자신이 서술하고 있는 이야기의 배경이 되는 1867년과 이야기를 서술하는 1967년 동시에 공존하고 있음을 주장한다. 이와 같은 화자의 자의식적인 내레이션은 포스트모던적인 불확정성을 시사한다.

파울즈는 사라 우드러프Sarah Woodruff라는 불가해한 여성의 창조와 더불어 화자의 자의식적 내레이션과 세 가지 다른 결말 제시를 통해 리얼리티의 허구성과 불확정성을 메타픽션적으로 강조한다. 사실 파울즈가 자신의 소설을 영화로 만드는 것이 불가능하다고 주장한 것은 그의 소설이 언어와 그 언어로 이루어진 소설 텍스트가 지닌 근원적인 불확정성 자체를 다루고 있기 때문인 것이다. 예컨대, 파울즈는 한 인터뷰에서 사라라는 여자는 독자가 텍스트를 어떻게 보느냐에 따라 달라질 수 있는 유동적인 이미지를 지닌 인물임을 강조하면서, 사라 역을 맡은 메릴 스트립Meryl Streep의 연기에 찬사를 보내지만 하나의 고정된 이미지를 관객에게 심어준 것에 대해 불만을 토로한다(Barnum 190). 그러나 파울즈는 상대적인 다양성과 언어의 유희성만을, 즉 독자에게 다양한 의미 해석이라는 지적 유희만을 제공하고자 한 것은 아니다. 비록 사라가 리얼리티의 불확정성의 메타포로 간주되지만, 빅토리아 시대가 부과한 기표의 헤게모니에 대한 도전을 시도하는 "혁명적인 충동"의 인물로 창조되고 있듯이(Gaston 51), 파울즈는 자신의 글쓰기는 항상 그가 살고 있는 사회를 변화시키고자 하는 그의 "정치적" 야망의 실천임을 강조한다(Barnum 188). 따라서 그의 소설이 드러내 보이는 리얼리티의 불확정성의 강조는 다수의 헤게모니적 진실을 좌절시키는 니체에게서 영향을 받은 들뢰즈의 "거짓의 역량"의 전략과 같은 맥락에서 이해될 수 있다. 핀터의 각색 역시 소수로서 참을 수 없는 삶의 난국에 직면한 사라를 "견자"로 등장시켜 다수의 헤게모니에 대한 도전을 "거짓의 역량"의 전략으로 시도하는 현대 정치영화를 지향하고 있다.

II

<프랑스 중위의 여자>에 대한 대부분의 읽기들은 이 영화를 내러티브 영화로 간주한다. 내러티브 영화로 볼 때, 이 영화의 타이틀 <프랑스 중위의 여자>는 적절하지 못하다고들 지적한다. 그 이유는 사라가 "단지 수단"으로 실제 주인공인 찰스 스미슨Charles Smithson를 위한 하나의 장애물 또는 일종의 시험이 되는 여자로 주인공이라는 중요한 위치를 차지할 수 없기 때문이라는 것이다(Dodson 298). 그리고 사라는 여전히 신비 즉 수수께끼로 남아있지만, 반면에 찰스는 그녀와의 관계를 통해서 변화를 겪게 되기 때문에 찰스가 프로타고니스트라는 것이다. 이러한 지적은 사라를 욕망의 대

상으로만 보는 내러티브 영화의 메커니즘을 반영한 견해이다(Mulvey 19). 그러나 사실 핀터의 사라는 내러티브의 기초가 되는 욕망의 대상이자 내러티브를 계속 유지하며 끌어가는 욕망의 주체가 된다. 더 정확히 말해, 사라는 남성의 능동적인 시선을 위한 수동적 스펙터클을 연출하여 그것에 기초한 내러티브를 구축하도록 유도하는 동시에 전복시킴으로써 혁신적인 내러티브 전개 방식을 끌어나가고 있다.

그러나 내러티브 영화의 패러다임을 고집하는 읽기들 가운데 사라의 의도적 역전을 부각시키고 그녀를 프로타고니스트로 인정하는 사례가 없는 것은 아니다. 예컨대, 피터 브룩Peter Brook의 내러티브 분석 공식인 "시간 속에 작동하고 있는 욕망의 놀이"와 멀비의 관객성을 적용하여 정신분석과 페미니즘적 시각에서 이 영화를 내러티브 속에서의 욕망의 작동에 대한 알레고리로 분석한 앨리슨 L. 맥키Alison L. Mckee의 읽기를 그 대표적인 사례로 들 수 있다. 내러티브 이론을 영화 이론, 특히 페미니스트 영화 이론으로 전용할 수 있는 방법을 탐구하려는 의도가 반영된 그녀의 읽기는 비록 이 영화를 내러티브 영화로 보지만 그 패러다임의 기본적 구조를 해체하고 있다. 내러티브 영화는 내러티브와 스펙터클의 분리에 기초하고 있는데, 그녀의 읽기는 <프랑스 중위의 여자>에서 그러한 스펙터클과 내러티브 사이의 분리가 해체되고 있음을, 즉 내러티브를 주도하는 사라가 바로 스펙터클임을 부각시킨다. 그러나 이 읽기 역시 내러티브 영화가 기초한 내러티브의 종결성, 즉 의미화의 고리의 집요성을 깨뜨릴 수 없음을 시사한다(Mckee 154). 그러나 사실 <프랑스 중위의 여자>는 내러티브의 종결성을 깨뜨린다는 점에서 혁신적인 현대 정치영화가 된다.

각색자로서 핀터의 중요한 과제는 파울즈의 『프랑스 중위의 여자』의 특이한 내러티브의 주요 특징인 자기반영, 다양한 결말들 그리고 끼어드는 화자의 목소리, 즉 메타픽션적인 특성과 기법에 상응할 수 있는 영화적 기법의 등가물을 발견하는 것이다. 파울즈의 화자의 목소리는 당대적인 시각에서 과거와 우리의 시대를 끝임 없이 대비하도록 하는 일종의 이중적 시각을 취한다. 특히 이 화자는 전통적인 소설의 보이지 않는 객관적 화자가 아니라, 고도로 자기의식적이고, 능동적이며, 호전적인 인물로 항상 독자를 조종하면서 감질나게 정보를 제공하는 화자이다. 그 결과 우리는 스토리가 전개됨에 따라 곧 화자가 소설의 주요 인물로 부각되고, 결국 소설 자체가 그의 스토리텔링의 마법에 대한 스토리임을 의식하게 될 정도가 된다 (Gaston 52). 핀터 자신의 말을 빌면, 원작의 화자는 빅토리아 중기와 동시에 현대적 관점을 넘나드는 혁신적인 "입체적 시각"(French Lieutenant's Woman x)을 가진 화자이다. 핀터가 그 문제의 화자를 대체하고자 사용한 전략은 연극의 '극중극'play-within-a-play의 기법을 전용한 '영화-속-영화'film-within-a-film 기법이다. 이러한 메타영화적 장치로 핀터는 특이한 내러티브 구조의 원작을 영화로 각색하는 데 성공할 수 있었고, 소설의 주제 또한 극적인 생동감과 더불어 더욱 발전한 차원에서 다룰 수 있게 된 것이다.

핀터는 전작 <사고>와 <중개인>에서 원작 소설의 화자를 보이스-오버와 카메라 또는 자율적으로 존재하는 카메라-의식으로 대체하였지만, <프랑스 중위의 여자>에서는 영화-속-영화 기법으로 화자를 대체하고 있다. 그는 이전 영화 <마지막 거물>에서 영화 구조 자체와는 상관이 없는 다른 영화 클립들로 영화-속-영화 기법을 이미 사용하였다. 그러나 <프랑스 중위의 여자>에서 그는 이러한 친숙한 기법을 화자의 혁신적인 입체적 시각을 다룰 수 있는 영화의 구조 자체를 위해 창의적으로 사용하고 있다. 간단히 말해, 이 영화는 동명의 <프랑스 중위의 여자>라는 영화를 찍고 있는 두 명의 남녀 배우들, 마이크Mike와 애나Anna 사이의 러브 스토리, 즉 현대 러브 스토리의 틀 안에 두 배우들이 출연하고 있는 원작 소설의 찰스와 사라의 러브 스토리를 전개하는 제작 중에 있는 영화에 관한 영화, 즉 메타영화적인 영화이다. 영화-속-영화 기법을 사용하여 빅토리아조 시대와 현대의 장면들 사이의 특이한 상호반영 효과로 서로를 비추는 두 개의 러브스토리들을 제시하는 <프랑스 중위의 여자>는 결정체-이미지의 두 양태(*Cinema 2* 77)로 구성된 결정체적 시간과 또한 나아가 상호간에 자유간접적 관계로 형성되는 자유간접화법으로 세 번째 직접적 시간-이미지를 출현시키는 영화가 된다.

III

사라는 자신의 사회적 신분에 맞지 않는 교육을 받았지만 위로도 올라가지 못하고, 그녀 자신의 계급에서도 추방된 여자이다(Olshen 74). 사실 그녀는 빅토리아 사회로부터 자의식적인 추방을 스스로 초래하려는 욕망을 가지고 있다. 이러한 사라를 통해 파울즈가 원작에서 탐구하고자 한 것은 획일성과 과도한 성적 억압이 강요되었던 빅토리아시대 영국을 배경으로 한 사라의 실존적 자유 추구라고 볼 수 있다(Dodson 298). 따라서 역설적이지만, 빅토리아 시대에 적합한 외모에 그 시대 전통을 적절히 준수하는 찰스의 약혼자 어니스티나 프리먼Ernestina Freeman이 "자유로운 사람"free man이 아니며, 오히려 사라가 자유로운 여자가 될 수 있음을 파울즈는 시사한다. 다시 말해, 어니스티나는 그녀의 빅토리아식 저택, 특히 온실과 같은 인공적인 환경에서 자라려고 애쓰는 꽃과 식물로 가득한 온실에서 편함을 느끼는 빅토리아주의의 노예인 셈이다. 반면에 외딴 언더클리프Undercliff, 라임 레지스Lyme Regis 밖의 황폐한 해변가에서 편안함을 느끼는 사라는

"가상의" 성적 부도덕성을 과시함으로써 빅토리아주의로부터 그녀 자신을 자유롭게 만들 수 있다는 것이다.

기꺼이 "프랑스 중위의 창녀"라는 기표가 되기로 한 사라의 선택은 실존적 자유의 선택임에는 틀림없다. 그러나 빅토리아 시대 사회 "바깥"에 놓인 사라의 치지는 참을 수 없는 것에 대한 충격과 그 무엇도 사유할 수 없는 불가능성에, 즉 "인간과 세계의 관계의 단절"에 직면하여 어떤 행위도 할 수가 없는 상황임에도 틀림없다(Cinema 2 169). 따라서 그녀의 선택은 이러한 상황에서의 실존적 선택이자 정치적 선택인 것이다. 파울즈의 소설이 사라를 통해 보여주는 이러한 사유할 수 없는 것의 현전 문제와 그것이 갖는 역량은 바로 들뢰즈의 현대 영화에서 소수가 선택하는 "거짓의 역량"이자, 견자의 역량인 것이다. 다시 말해 사라는 그 시대의 어떤 기존의 방식으로도 사유할 수 없기 때문에 이러한 비사유의 상황은 결국 그녀로 하여금 새로운 사유 방식의 창조를 강요하게 된다는 것이다. 그리고 빅토리아 시대의 "소수 그룹 내 또는 밖에서 사는 것의 불가능성" 그리고 "소수로서의 삶의 참을 수 없는" 난국을 직면한 사라는 무엇도 사유할 수 없고 어떤 행위도 할 수 없게 된 결과 "견자"가 될 수밖에 없다(Cinema 2 218). 그녀에게 주어진 유일한 출구는 그 사태를 직시하고 받아들이는 것이며, 그 가운데 새로운 사유와 삶의 방식, 즉 탈주의 선을 찾는 것이다. 메타영화적 구조의 <프랑스 중위의 여자>는 바로 이러한 견자의 현대 영화를 빅토리아 시대의 사라와 현대의 애나의 여성 관객성, 즉 '여성 견자'를 통해 지향하고 있다. 따라서 <프랑스 중위의 여자>의 내러티브는 할리우드 내러티브 영화에서 로라 멀비Laura Mulvey가 읽어낸 내러티브를 통제하는 능동적이며 욕망하는 시선의 소유자인 남성이 아니라 여성 프로타고니스트의 시선의 힘에 의하여 내러티브는 통제되고 해체된다.

IV

    <프랑스 중위의 여자>의 빅토리아 시대와 현대 러브스토리를 다루고 있고 두 내러티브 모두 상당히 많은 거울들을 반복적으로 사용하고 있다. 빅토리아 시대의 내러티브에서 사교계의 인물들인 트랜터 부인Mrs. Tranter, 풀트니 부인Mrs. Poultney, 닥터 그로간Dr. Grogan의 집, 그리고 찰스의 라임 레지스와 런던의 집에는 거울들이 도처에 있다. 이 거울들은 <하인>의 배럿이 토니의 집을 장식할 때 사용했듯이 상류사회 저택의 일부로 상류사회의 스펙터클을 구성하는 주요 장식물로 사용된다. 그러나 사라가 자기 방에서 거울 이미지를 보고 고뇌에 찬 에드바르 뭉크Edvard Munch의 <비명>The Scream과 같은 자화상을 스케치할 때와 엑스터Exeter의 엔디코트 호텔 Endicott's Hotel 방에서 찰스의 유혹을 계획할 때 거울에 비친 자신을 바라보는 쇼트에서는 거울이 다른 용도로 사용된다. 그 때 거울과 거울 이미지는 위협적인 시선과 견자로서의 자신의 역할에 대한 의식을 강조하는 시각적 은유로 사용되고 있다. 현대 내러티브에서도 거울들이 반복적으로 사용된다. 오프닝 쇼트에서 애나가 사라로 분장을 하고 손거울을 볼 때, 애나의 호텔 방에서 화장대 거울을 볼 때, 의상실 거울들, 윈드미르에서 애나가 자기 얼굴을 살펴 볼 때, 등에서 애나의 거울보기는 빅토리아 시대 내러티브에서 사라의 거울보기와 밀접한 연관성을 띤다. 사실 <프랑스 중위의 여자>에서 거울의 가장 중요한 용도는 두 개의 내러티브 상호간의 반영에 의한 결정체-이미지의 양태와 이에 기초한 메타영화적인 구조를 시사하는 시각적 은유로서의 사용이다.

    <프랑스 중위의 여자>가 자유간접화법적으로 전개하는 빅토리아 시

대와 현대의 러브 스토리는 서로를 반영하는 거울 이미지로 상호간의 거울 이미지의 작용은 결정체-이미지의 양태를 구성한다. 빅토리아 시대 러브 스토리의 찰스는 그 시대의 전형적인 남자Everyman로 그 시대의 전형적인 여자Everywoman인 그의 약혼녀 어니스티나와 커플을 이루지만, 그녀와는 전혀 다른 빅토리아 시대의 대표적인 타자 사라에게 매료된다. 현대 러브 스토리에서는 찰스 역을 맡은 마이크가 현대의 'Everyman'으로 현대의 'Everywoman'이라고 할 수 있는 그의 충실한 아내 소냐Sonia와는 달리 사라 역을 맡은 자유분방한 미국 여배우 애나에게 매료된다. 영화-속-영화와 '영화-밖-영화'film-outside-a-film로 이러한 삼각관계에 기초한 두 러브 스토리를 다루는 <프랑스 중위의 여자>의 첫 장면은 둘 사이의 관계 양태를 설명할 수 있는 거울의 반사와 결정체-이미지의 모델을 제공한다. 사실 우리는 <프랑스 중위의 여자>에서 메릴이 연기하는 사라와 애나를 본다. 다시 말해, 동시에 현존하고 있는 사라/애나/메릴을 본다는 것이다. 따라서 영화-속-영화로서 <프랑스 중위의 여자>를 촬영하기 위해 애나 역을 맡은 메릴이 사라로 분장하여 거울을 보는 첫 장면에서부터 우리는 거울의 반사 이미지와 여기서 확장한 결정체-이미지를 발견할 수 있다.

메릴이 거울 속 자신의 모습을 볼 때, 메릴은 현실태적 이미지이고, 거울에 비친 그녀의 이미지는 잠재태적 이미지이다. 물론 우리가 보는 것은 스크린에 투사된 이미지, 즉 거울 앞에 있는 메릴을 촬영한 영화필름의 반영이다. 이러한 방식으로 이 영화는 관객에게 현실태로서 메릴과 거울 그리고 잠재태로서 영화필름이 동시에 현존하고 있음을 보여주는 첫 장면으로 시작한다. 메릴은 애나를 연기하는 배우이자, 애나로서 영화-속-영화의 사라를 연기하는 배우로, 물리적 인간으로서 그녀는 현실태적 이미지이고, 그녀가 맡은 역할은 영화에서 현실태화되는 잠재태적 이미지이다. 다시 말해 잠재태와 현실태, 즉 애나/사라/메릴은 동시에 현존한다. 메릴이 연기하는 역할은 실재하는 세계를 반영하는 허구 세계의 부분이며, 처음에 허구 세계는 현실태적 실재 세계와의 관계에서 잠재태적이지만, 그것이 연출되고 필름에 녹화될 때 현실태가 된다. 그 상황에 대한 설명은 감각-운동 도식이 존재하는 한 지극히 간단하다. 그러나 그것이 붕괴될 때 대상/반사, 물리적 실체/셀룰로이드, 배우/역할, 실재하는 세계/허구 세계 사이의 구별은 식별불가능하게 된다. 뒤섞여 있는 것이 아니라 주어진 이미지가 속하는 범주를 더 이상 명확하게 결정할 수 없다는 뜻에서 식별불가능인 것이다. 이러한 식별불가능성은 결정체-이미지 안에서 도달한 현실태와 잠재태, 현재와 과거 사이의 식별불가능한 공존의 관계를 의미한다. 그리고 결정체-이미지는 현재를 중심으로 하는 직접적 시간-이미지와 과거를 중심으로 하는 직접적 시간-이미지, 즉 두 개의 직접적인 시간-이미지로 구성된다. 이제 문제는 이러한 두 이미지가 만들어내는 식별불가능성을 넘어 진정한 창조로 나아가는 것이다. 다시 말해, 이제 공존성 또는 동시성을 넘어 "잠재화 혹은 역량의 계열로서 생성 속에서"(*Cinema 2* 275) 세 번째 직접적인 시간-이미지가 출현해야 한다는 것이다.

<프랑스 중위의 여자>의 내레이션은 진리임을 주장하는 대신에 기본적으로 거짓을 만들어내는(*Cinema 2* 131), 즉 진실의 모델을 버리고 "거짓의 역량"을 따르는 내레이션으로 새로운 위상을 얻게 된다. 세 번째 "거짓의 역량"을 지닌 시간-이미지에 상응하는 서사는 실제적인 것과 상상적인 것의 식별불가능성에 도달한 결정체-이미지에 상응하는 서사의 차원을 넘어 이야기의 차원에 이른다. 그 이야기는 거짓을 만들어내는 "이야기 꾸며대기"로 결정체적 시간의 한계, 즉 현재에서 참과 거짓 사이의 설명 불가능한 차이의 문제를, 또 과거에서 이들 사이에 결정할 수 없는 양자택일의 문제

를 제기한다. 사실 이러한 문제를 본질적으로 다룬 철학자는 니체이며, "거짓의 역량"이란 개념은 바로 힘의 의지라는 명목으로 진리의 위기를 해결하려고 했던 니체가 주장한 거짓의 예술적, 창조적 역량인 것이다(131). 예컨대, 사라의 프랑스 중위의 여자로서의 거짓 연기, 즉 "가장무도"masquerade[35]는 빅토리아 사회의 파노라마적인 응시에 의해 그녀에게 고착된 수치스러운 창녀라는 "기표의 헤게모니에 대한 도전"(*A Thousand Plateaus* 15)이다. 그리고 그녀의 스토리텔링은 "거짓의 역량"을 발휘하는 가지지 못한 자의 전략으로서의 "이야기 꾸며대기"인 것이다.

V

영화-속-영화의 빅토리아조 시대 내러티브는 파도와 바람이 몰아치는 라임 레지스 부둣가 방파제에서 사라와 찰스의 첫 만남으로 시작한다. 내러티브 영화에서 멀비가 읽어낸 게이즈 형성과는 달리 여성 프로타고니스

---

35) 주디스 버틀러(Judith Butler)는 여성성의 표출로서의 가장무도에 대한 자크 라캉(Jacques Lacan)의 개념과 루스 이리거라이(Luce Irigaray)와 리비에르(Joan Riviere)의 견해를 전용하여 가장무도의 이중적인 개념을 설명한다. 가장무도는 이중적 또는 양가적인 기능을 갖는데, 우선 진정한 여성성을 감추는 기능 또는 여성성을 감추는 것이 아니라 여성성을 생산하는 그리고 그 여성성의 "정통성"에 대해 의문을 제기하여 그 여성성을 전복하고 또 다른 여성성을 생산하는 수단으로 기능한다는 것이다(46-54). 여기서 사라는 전통적인 내러티브 영화의 관습과 빅토리아 사회의 관습이 그녀에게 부과한 또는 스스로 선택한 배역인 프랑스 중위의 여자(창녀)를 연기함으로써 버틀러의 가장무도를 수행하고 있다. 찰스와 그리고 그의 시선과 동일시하고 있는 관객은 사라가 가장한 창녀의 기표가 아님을 발견했을 때, 다시 말해 카메라가 우리에게 보여 주는 것과 그녀가 감추고 있는 것 사이의 간극을 발견했을 때, 배신감을 느낀다. 핀터는 바로 이러한 배신감을 이용하여 사라라는 여성을 창조하고 있다.

트 사라가 내러티브를 통제하는 능동적인 시선을 가지고 있음을 첫 장면에서부터 분명히 부각시키고 있다. 카메라는 약혼자 어니스티나와 산책을 하던 찰스가 그녀의 만류에도 불구하고, 사라의 안전을 걱정하여 방파제 위로 올라가 뛰어가며 그녀를 부르는 찰스를 포착한다. 그가 부르는 소리에 어깨 너머로 사라가 그를 바라보는 순간, 바람과 파도 소리가 잦아들면서 칼 데이비스Carl Davis의 선율을 사운드트랙으로 하여 다시 찰스에게로 카메라가 가까이 다가가 그녀의 강렬한 시선에 순간적으로 말을 잃은 그의 반응을 보여준다. 그리고 다시 리버스 쇼트로 사라의 시선을 클로즈업으로 보여주고, 이에 대한 찰스의 반응을 또 보여준다. 그가 지켜보는 가운데, 사라는 그녀의 검은 외투 후드를 단단히 잡고 바다를 향해 천천히 시선을 돌리며 그의 시선을 거부한다. 바로 첫 만남의 이 순간에 찰스는 "비극" 또는 "프랑스 중위의 여자"로 알려진, 닥터 그로간이 진단한 바로는 "모호한 우울증"obscure melancholia에 걸린 사라에게 사로잡히게 된다. 이러한 찰스와 사라 사이의 시선의 교환으로 이들의 러브 스토리의 내러티브는 시작된다.

사라와의 찰스의 첫 만남은 들뢰즈가 말한 "우연한 그리고 피할 수 없는" 만남으로 찰스를 그녀가 방출하는 기호들의 의미를 해석하고 진실 찾기를 시작하도록 강요하는 "폭력"을 행사한다(Proust 16). 따라서 사라가 방출하는 신비스러운 기호의 의미 해석 행위의 유도와 좌절로 지속되는 영화-속-영화의 내러티브의 전개는 사라에 의하여 통제되는 것이다. 이러한 내러티브의 전개는 멀비가 설명하는 전통적인 패턴의 시각적 쾌락을 역전시킨다. 사실 찰스가 사라로부터 벗어나려고 하는 시도들은 바로 멀비가 설명하는 욕망뿐 아니라 불안을 불러일으키는 여성의 시선을 피할 수 있는 대안들과 일치한다. 첫 번째로 찰스는 사라를 조사 분석하여 그녀의 신비를 탈신비화하여 그녀를 구하려는 시도를 한다(Mulvey 21). 두 번째로는 사라를 페티시의 대상으로 변화시키려는 시도(21), 즉 그녀를 하나의 스펙터클로 변화시키려는 시도를 한다.

찰스의 첫 번째 대안으로 그가 선택한 사라를 구하려는 시도는 그녀와 프랑스 중위와의 관계에 대한 그녀의 이야기를 들어주는 것이다. 닥터 그로간이 조언해준 시도로, 사라가 그 불행한 연애 이야기를 말할 수 있다면, 우울증이 치료될 수 있을 것이라는 일종의 정신분석적 "말하기 치료"talking cure를 시도한 것이다. 그러나 그로건이 제안한 치료는 효과가 없다. 왜냐하면 사라는 "이야기 꾸며대기"라는 "거짓의 역량"을 발휘하고 있기 때문이다. 그녀의 욕망과 유혹의 이야기는 오히려 그녀를 더 신비화시키고, 그의 불안을 더 가중시킬 뿐이다. 찰스의 두 번째 대안은 사라를 스펙터클화하는 것이다. 영화의 첫 장면에서도 시도되고 있듯이, 사라의 스펙터클화는 쇼트와 리버스 쇼트의 패턴과 클로즈업의 사용으로 구축된다. 쇼트와 리버스 쇼트를 사용하여 관객의 게이즈를 찰스의 게이즈와 일치하도록 유도하면서, 찰스의 리엑션 쇼트는 사선 앵글로 클로즈업을 하고 사라의 클로즈업은 찰스의 관점에서 잡히도록 하는 방식으로 그녀를 스펙터클화 한다. 그러나 카메라를 직접 노려보는, 즉 찰스를 바라보는 사라의 강렬한 시선을 수동적 스펙터클로 변화시키고자 하는 찰스의 시도는 좌절되고 만다.

찰스가 사라의 스펙터클화에 성공하기 위해서는 적절한 거리와 몰래 훔쳐보기가 가능해야만 한다. 예컨대, 찰스가 숲속을 산책하고 있는 사라를 멀리서 쌍안경으로 지켜볼 때, 관객의 시선은 다시 그녀를 통제할 수 있고 객관화할 수 있는 그의 시선과 일치하게 된다. 그러나 사라는 그녀를 스펙터클화하는 그러한 페티시적인 시선을 역시 두 가지 방식으로 거부한다 (Mckee 149). 예컨대 방파제에서처럼 일부러 시선을 돌리는 방법 또는 시선을 되받아서 그녀를 객관화시키는 시선을 무화시키는 방법으로 거부한다.

사실 숲속에서 산책을 할 때도 사라는 찰스의 시선을 느꼈으며 한 순간 그가 있는 쪽으로 시선을 던지기도 한다. 이와 같이 찰스의 남성적 게이즈 시도는 사라의 거부와 되받음으로 무화되는데, 영화의 미장센 역시 그러한 효과를 강화하고 있다.

찰스와 사라를 담고 있는 미장센은 찰스(마이크 역시)를 반복적으로 창문과 현관의 제한적인 틀 속에 두고 반면에 사라(애나 역시)의 상대적인 자유를 강조하는 구도가 주를 이룬다. 예컨대, 애나가 절벽을 따라 걷고 있는 것을 찰스가 보고 있는 것을 쇼트와 리버스-쇼트들로 잡은 시퀀스는 밝은 색체의 트인 바다를 배경으로 자유롭게 움직이는 사라와 낙농장 어두운 문간에 서서 그녀를 바라보는 찰스로 대조가 되는 미장센을 포착한다. 또한 찰스가 그의 도움을 요청한 사라를 찾아온 은밀한 만남의 장면에서도 찰스는 헛간 문간의 틀 속으로 들어온다. 이러한 찰스와 사라 사이의 쇼트와 리버스-쇼트의 시퀀스들은 사라의 덫에 걸린 찰스의 수동성과 사라의 자유, 찰스의 신경증과 억압과 사라의 거부의 대조 효과를 포착한 미장센을 구축하고 있다.

VI

빅토리아 시대 내러티브와 현대 내러티브를 일종의 교차 편집방식으로 전개하는 <프랑스 중위의 여자>의 구조가 감수해야 하는 문제는 우선 몰입을 방해함으로써 관객을 소외시키거나 또는 놓칠 수도 있다는 것이다. 이를 위해 라이츠 감독은 주제적인 측면에서 장면들을 상호 연결하는 반영적인 편집 전략으로 연결하고, 시각적 또는 청각적 요소를 통해 전이를 표식하는 방식을 사용한다. 예컨대, 그는 다른 시대의 장면들을 같은 무대에서 또는 어느 시대에 우리가 있는지를 즉각적으로 우리에게 말해줄 수 있는 사물 또는 디테일에 카메라의 초점을 맞춤으로써 서로 연결한다. 그리고 우리가 현재에서 빅토리아 시대 연애로 돌아갈 때는 낭만적 주제 음악을 오버랩함으로써 또는 현대 이야기에 초점을 둔 장면으로 옮겨갈 때는 현대를 시사하는 차소리, 전화소리와 같은 음향효과를 오버랩함으로써 장면들을 연결한다. 그러나 이러한 편집 전략은 두 내러티브의 전개를 연결하기도 하지만, 서로 연결된 부분들 사이의 충돌과 간극을 오히려 부각시키기도 한다. 가장 두드러진 충돌과 간극은 메릴이 강렬하고 낭만적인 사라에서 얌전빼는 애나를 보여주는 장면으로 이동할 때이다. 관객은 거울 이미지로 서로를 반영하고 있는, 즉 자유간접적인 관계를 형성하는 이 두 장면의 연결에서 간극을 발견하며, 그곳에서 자유간접화법 내부에 공존하는 동질화되지 않는 바깥의 목소리의 존재를 감지하게 된다.

<프랑스 중위의 여자>의 영화-속-영화와 영화-밖-영화, 즉 프레임 영화와 프레임 속 영화를 각각 메인 플롯과 서브 플롯으로 구분하는 사례가 있다(McKee 150). 20세기 영화-밖-영화가 19세기 영화-속-영화의 서브 플롯이자 일종의 단락short circuit으로 기능함으로써 메인 플롯의 찰스와 사라의 재결합을 확고하게 만든다는 것이다. 다시 말해, 20세기 영화의 결말은 애나의 사라짐, 즉 마이크가 애나를 잃어버리는 것으로 끝나고 있으며, 마이크가 애나를 사라라고 부르고 있듯이, 영화-속-영화의 내러티브 공간으로 돌아가고자 하는 마이크의 헛된 시도를 시사한다는 것이다. 그러나 원작이 빅토리아시대 소설인 것 같지만 현대소설이듯이, 이 영화 역시 현대적 시점에서 빅토리아 시대 스토리를 다룬 현대 영화이다. 따라서 20세기 영화가 단락의 역할을 하는 서브 플롯으로 간주되는 것은 문제가 있으며, 오히려 그 단락은 진정한 창조로의 이행의 가능성을 시사한다고 볼 수 있다. 다

시 말해, 영화-속-영화와 영화-밖-영화 각각은 메인과 서브 관계가 아니라 상호작용을 통해 과거와 현재 사이의 식별불가능한 공존의 관계를 보여주는 시간의 결정체-이미지의 양태를 구축하며, 나아가 그러한 공존을 넘어서 진정한 창조의 시간, 미래로의 출구를 열어 놓을 수 있다.

영화-속-영화와 영화-밖-영화의 러브스토리는 모두 불륜 관계의 사랑을 다루고 있다. 찰스가 약혼녀가 있듯이, 마이크는 아내가 있고, 애나 역시 사라의 프랑스 중위처럼 프랑스인 동거남이 있다. 사라와 그녀가 사랑에 빠져 치료해주고 돌봐준 부상당한 프랑스 중위, 바르기네스Varguennes와의 관계는 허구적이긴 하지만, 찰스를 만나기 전에 시작되었고, 애나와 다비드Davide 관계 역시 마이크를 만나기 전에 시작되었다. 그러나 사실 '프랑스 중위의 여자'는 사라가 아니라 애나이다. 그리고 애나가 '프랑스 중위의 여자', 창녀가 되는 것은 프랑스 애인 다비드와의 관계가 아니라 마이크와의 불륜 관계 때문이다. 다시 말해, 사라는 창녀를 가장한 것이지만, 애나는 실제로 창녀가 된 셈이다. 두 영화는 각각 떠났던 사라가 돌아와 찰스와 재결합하는 것과 애나가 마이크를 떠나는 것으로 결말을 맺는다. 이러한 <프랑스 중위의 여자>의 결말은 원작에서 화자가 제시한 세 가지 결말을 대체한 엔딩이다. 그리고 이 영화의 엔딩은 파울즈가 소설의 엔딩을 통해서 드러내 보이고 강조하고자 한 것을 영화적으로 더 잘 구현할 수 있음을 보여준다.

VII

파울즈의 원작 소설의 화자는 소설의 엔딩으로 세 가지 결말을 제시한다. 동시에 가능하지 않는 각기 다른 세 엔딩들을 만드는 이야기는 물론 들뢰즈의 "이야기 꾸며대기"와는 다른 종류의 이야기이다. 그러나 화자의 이야기는 소수의 입지인 사라에게 주도권이 주어진 엔딩이 적절한 엔딩임을 시사하고 있다고 볼 수 있다. 일단 44장에서 제시한 첫 번째 결말은 전통적인 빅토리아조 소설처럼 찰스와 어니스티나가 결혼하는 것이다. 사라에게는 어떤 일이 일어났는지 알 수 없고, 찰스와 어니스티나가 행복하게 살지는 않았지만 함께 살았으며, 관심밖에 있는 그들의 하인과 하녀, 샘Sam과 메리Mary도 그냥 그렇게 살았다는 결론이다(337). 그러나 화자는 그 다음 장인 45장에서 첫 번째 엔딩은 찰스가 런던으로 가는 기차에서 생각해본 결말일 뿐이며, "나"와 찰스는 결코 사라를 "망각의 어둠"shadow of oblivion 속에 두는 전통적 결말을 거부한다고 밝히면서 번복을 한다. 이후 55장에 이르러 이번에는 신적인 존재와 같은 빅토리아 소설 작가라기보다는 수상한 행색의 누보 로망nouveau roman 작가(파울즈)가 직접 개입하여 빅토리아조 소설의 관습이 오픈 엔딩을 허락하지는 않지만 찰스가 원하는 것을 엔딩으로 해야 한다는 열린 결론을 제시한다. 그리고 그는 두 가지 엔딩을 제시하고, 둘 중에 어떤 것에도 비중을 두지 않고 동전 던지기로 그 순서를 정한 뒤 사라진다. 이후 화자는 소설의 마지막 두 장인 60장과 61장에서 각각의 결말로 두 가지 엔딩을 서술한다. 즉 60장은 찰스와 사라가 결혼을 하는 낭만적 엔딩으로, 61장은 찰스와 사라가 각자 자신의 삶을 사는 현대적인 엔딩으로 각각 끝난다. 이러한 원작의 엔딩은 파울즈 소설의 포스트모던적 불확정성을 가장 두드러지게 드러내 보이는 부분이다. 특히 마지막 두 엔딩의 배열 순서를 동전던지기로 정하는 것은 불확정성과 우연성을 부각시키기 위한 것이라고 볼 수 있다. 따라서 이러한 파울즈의 엔딩은 <프랑스 중위의 여자>가 시간의 순서가 아니라 시간의 계열로서 생성 속에서 출현하는 들뢰즈의 세 번째 시간-이미지의 역량으로 가장 잘 구현될 수 있는 영화임을 예견하게 해준다.

<프랑스 중위의 여자>의 영화-속-영화와 영화-밖-영화의 두 엔딩의 결과는 다르지만, 두 엔딩 모두 동일한 쇼트로 끝을 맺는다. 영화-속-영화의 마지막 이미지는 보트를 타고 어두운 터널을 빠져나와 빛으로 나오는 찰스와 사라의 이미지이다. 그들 앞에는 첫 만남의 상징적 배경인 격정적인 바다와는 대조를 이루는 평화와 평정을 시사하는 고요하고 깨끗한 호수가 펼쳐지고 있다. 이러한 이미지는 영화-밖-영화가 결말에 이르렀을 때도 반복된다. 영화-속-영화의 해피엔딩에 이어지는 장면의 무대는 윈드미르이고 실외에서 영화 촬영을 마친 것을 축하하기 위한 파티가 밤에 열리고 있다. 자리를 먼저 뜬 애나를 찾아 마이크는 영화-속-영화에서 찰스와 사라가 재결합한 그 방으로 들어온다. 지금은 영화-속-영화를 촬영한 카메라 장비와 지지대가 놓여 있는 그 방에 마이크가 들어서자 창밖에서 사라가 타고 떠나는 차엔진 소리가 마이크의 주의를 끈다. 그는 곧 창문으로 가서 문을 열고, 떠나는 애나를 향해 "사라"라고 부른다. 엔진 소리가 희미해지고, 마이크는 창문에서 물러나 어둠 속에 혼자 앉아 있고 카메라는 롱쇼트로 그의 움직임을 포착한다. 마지막 크레디트가 올라가기 시작하자, 찰스와 사라가 어두운 터널을 지나 빛으로 옮겨가는 이미지가 반복된다. 이와 같이 비록 영화-속-영화와 동일한 '해피' 엔딩의 쇼트로 끝을 맺지만, 영화-밖-영화의 엔딩은 모든 것을 의문으로 몰고 간다. 따라서 영화-속-영화의 해피엔딩과 이 엔딩을 비롯하여 모든 것에 대하여 의문을 제기하는 영화-밖-영화의 엔딩이라는 두 개의 엔딩으로 끝나는 <프랑스 중위의 여자>의 관객은 "설명 불가능한 차이의 문제"와 "결정할 수 없는 양자택일의 문제"를 제기하는 "거짓의 역량"의 도전을 받는다(*Cinema 2* 131).

사실 마이크와 애나의 관계가 깨진 것은 찰스와 사라의 재결합의 엔딩을 확고하게 하는 단락이 아니다. 그것은 새로운 것을 창조하는 "거짓의 역량"의 개입, 즉 찰스와 사라의 재결합이라는 결론에 대하여 문제 제기할 수 있는 역량을 시사하는 간극이다. 사실 마이크가 애나 대신 사라를 부른 것은 자유간접화법 내부에 공존하는 바깥 목소리의 개입을 의미한다고 볼 수 있다. 이와 같이 영화-밖-엉화의 엔딩은 자신과 애나가 촬영한 영화-속-영화가 현실에서, 누구의 목소리인지, 즉 찰스 또는 마이크 자신의 목소리인지를 확인할 수 없는 바깥의 목소리의 개입으로 "사유 속에 존재하는 사유할 수 없는 것의 현전"을 직면하는 혼란스러운 마이크의 모습을 보여준다. 그리고 이어서 영화-속-영화의 엔딩인 찰스와 사라의 어두운 터널 통과의 반복으로 끝난다. 이러한 엔딩 처리는 마이크가 애나를 잃지 않기 위해 시간을 재생하고자하는 헛된 노력으로 해석되기도 한다(Mckee 154). 그러나 두 엔딩의 반복 이미지는 차이를 보이고 있는데, 영화-속-영화의 엔딩에서는 카메라가 터널 안에 있었지만, 반복되는 영화-밖-영화의 엔딩에서는 완전히 어둠을 통과하여 빛으로 나온다는 점에서 차이가 있다. 어둠을 통과하여 바깥의 밝은 세계로 나오는 출구로서 터널을 통과한 것은 마이크에게, 그리고 나아가 관객에게 이전과는 다른 현재의 사태를 직면하고 사유의 불가능을 사유의 역량으로, 거짓을 만들어내는 시간, 즉 미래로의 이행의 가능성을 제시한다고 볼 수 있다.

상호매체성과 성정치적 전복성:
〈낯선 자들의 위안〉

〈낯선 자들의 위안〉(*The Comfort of Strangers*, 1990)

I

핀터는 자신이 쓴 27개 영화각본들 중 가장 성공적인 작품들 중 하나로 영화 <낯선 자들의 위안>*The Comfort of Strangers*(1990)을 위한 각본을 꼽는다. 그는 이 작품으로 각색이 원작인 이언 매큐언Ian McEwan의 소설(1981)의 예술적 수준을 높여주었다는 극찬을 받으며(Hudgins, "Harold Pinter's *The Comfort*"

54), 드디어 원작에 영향력을 행사할 수 있는 영화각본작가로서의 입지를 확보하기에 이르게 되었다(Burkman 38). 다시 말해, 극작가로서 핀터가 '낯선' 매체들의 '위안'에 힘입어, 각 매체의 문제들을 의식하고 성공적으로 다룰 수 있는 경지에 도달하게 되었다는 것이다. 따라서 이 작품은 다른 어떤 핀터의 각본보다도 상호매체성의 관점에서 극작가 핀터의 영화 매체 개입으로 연극이 영화에 줄 수 있는 연극성의 성과를 검토할 수 있는 적절한 텍스트가 된다.

사실 연극과 영화 사이의 상호작용에 대한 논의는 주로 연극이 영화에 줄 수 있는 것보다는 영화가 연극에 줄 수 있는 것, 즉 들뢰즈의 "영화적 연극성" 또는 앙드레 바쟁André Bazin의 "잉여의 연극성"에 중점을 두고 전개된다(Cinema 2 84). 들뢰즈의 영화적 연극성은 시간-이미지를 설명하기 위하여 사용한 연극과 영화의 관계를 반영하는 개념이다. 그는 시간-이미지의 구조와 작동을 결정체의 틈crack과 결정체-이미지로 설명한다(85). 결정체-이미지의 결정체는 두 이질적인 방향의 시간의 운동, 즉 과거 중심의 시간-이미지와 현재 중심의 시간-이미지의 이중적 운동으로 구성되고 작동한다. 따라서 이러한 구조와 이중적 운동으로 작동하는 시간-이미지의 현대 영화만이 영화적 연극성으로 결정체 안에 갇힌 연극을 해방시킬 수 있다는 것이다(84). 그러나 핀터의 각색은 진정한 의미에서 매체들 사이의 상호작용, 즉 상호매체성을 이용하여 결정체 안에 갇힌 연극뿐 아니라 시간-이미지의 영화도 해방시킬 수 있음을 보여준다. 그의 이러한 상호매체성의 활용은 영화적 연극성을 단순히 영화의 연극에 대한 일방적인 작용이 아니라 상호작용의 관점에서 실천할 수 있음을 그리고 결정체에 갇힌 연극뿐 아니라 영화도 해방시킬 수 있는 역량을 발휘하게 된다. 특히 매체전환을 통해 원작의 격을 격상시킨 <낯선 자들의 위안>은 핀터가 소설, 연극, 영화 매체들의 상호 관계들을 어떻게 구조하고 작동시키고 있는가를 분석함으로써 그의 상호매체성의 활용을 검토할 수 있는 적절한 텍스트를 제공한다.

핀터가 각색을 위해 원작 소설『낯선 자들의 위안』에서 발견한 것은 스펙터클의 연극성과 자연주의 영화의 "충동-이미지", 즉 이질적인 두 방향으로 흐르는 운동의 상호작용이다. 본격적인 현대 영화로의 발전의 가능성을 보이는 영화로 자연주의 영화를 높이 평가하는 들뢰즈의 영화이론을 참조하면, 성공적인 현대 영화를 위해 핀터의 각색은 연극성보다는 자연주의 영화를 추구하는 쪽을 지향해야 한다고 볼 수 있다. 그러나 핀터가 추구한 것은 두 이질적 방향의 흐름의 상호추적으로 구성되는 회로에서 발생하는 벡터에 의한 새로운 생성의 영화이다. 이러한 맥락에서 볼 때, 자연주의 영화보다는 연극성과 자연주의 영화라는 두 이질적인 방향의 상호작용의 동력을 이용한 핀터의 각색으로 만들어진 영화 <낯선 자들의 위안>은 상호매체성의 관점에서 들뢰즈의 영화이론 적용을 검토하기에 매우 적절한 사례의 영화가 될 수 있다.

II

원작『낯선 자들의 위안』은 두 개의 인용문을 제사로 하여 시작한다. 첫 인용문은 "아들들의 왕국에 사는 딸들과 어머니들"이라는 아드리엔 리치Adrienne Rich의 글이고, 두 번째는 낯선 곳에서 경험하게 되는 야만성과 균형감 상실에 대한 위험을 경고하는 체사레 파베세Cesare Pavese의 글이다 (McEwan 7). 이러한 내용의 인용들로 매큐언은 소설에서 다루고자 하는 두 이슈들을 각각 제시하고 있다. 대체로 핀터는 원작에서 다루고 있는 이러한 두 이슈들 가운데 첫 번째 이슈에 중점을 두고 영화로 각색을 했으며, 그렇기 때문에 원작을 능가하는 각본을 쓸 수 있었다는 평가를 받는다(Gale, *Sharp Cut* 334). 그러나 핀터의 각본이 원작 소설의 수준을 높일 수 있는 것은 한 이슈에 초점을 맞추었기 때문이 아니라 두 이슈들의 상호연결성을 잘 포착하여 원작보다 더 효과적으로 다룰 수 있었기 때문인 것이다. 남자와 여자가 각각 살고 있는 다른 두 세계가 공존하고 있는 가운데 여자들은 낯선 남자들의 세계에 살고 있다는 리치의 말대로 영국 남자와 여자, 콜린Colin과 메리Mary 그리고 베니스의 남자와 여자, 로버트Robert와 캐롤라인Caroline 역시 이러한 상황에 처해 있다.

특히 콜린과 메리가 당면한 문제는 서로 다른 두 세계의 원리가 초래하는 불확실성의 상황에서 유래한다. 오래된 연인 사이인 그들은 결혼을 생각하고 있지만, 콜린은 두 아이가 딸린 메리와의 결혼에 확신이 없고, 메리 역시 올바른 선택이라고 확신할 수가 없다. 그들이 영국을 떠나 2년 전에 온 적은 있지만 여전히 낯선 곳인 베니스로 여행을 온 목적은 바로 이러한 문제를 해결하기 위해서이다. 그러나 파베세의 말대로, 그곳에서 그들이 우연히 만난 로버트와 캐롤라인은 친절과 호의를 베풀지만, 그들에게 위안과 문제 해결에 도움을 주기보다는 야만적인 위협과 혼란을 초래하는 낯선 사람들이다. 이와 같이 두 이슈를 중점적으로 다루는 원작 소설에서 핀터가 주목한 것은 80년대 영국 사회의 성정치적 이슈와 그 사회의 심연에 작동하고 있는 폭력성과 야만성 이슈의 상호연결성이다. 달리 말해, 핀터는 성정치성과 정치성의 상호작용이 그 소설을 구조화하고 있음을 주목하고, 이러한 상호작용에 근거하여 매체전환 작업을 시도했다는 것이다.

핀터가 <낯선 자들의 위안>의 각본을 쓴 시기는 그가 정치적 관심을 공식적으로 표명하며 더 이상 오이디푸스적 기억극을 쓰지 않겠다는 선언을 한 이후이다. 이러한 선언과 더불어 그는 "명백한" 정치극,『마지막 한 잔』*One for the Road*(1986)과 『산악언어』*Mountain Language*(1988)를 썼다. 이 두 작품에서 알 수 있듯이, 핀터의 본격적인 정치극은 그동안 자신이 왜 끊임없이 여성혐오주의를 극화해왔는지에 대한 의문 제기에서 출발한다고 말할 수 있다(Milne 200). 따라서 자신의 성정치성 자체에 대한 문제 제기를 극화하고 있는 핀터의 본격적인 정치극은 그의 정치성에 대한 관심이 성정치성과 긴밀한 연관성을 갖고 있다는 사실을 바로 입증하고 있다. 본격적인 정치극을 쓰기 시작한 뒤 각색한 <낯선 자들의 위안>에서 핀터가 낯선 남자 로버트로 하여금 반복적으로 역설하게 하는 이미 작성된 연설 같은 오이디푸스적 내러티브는 바로 핀터가 거부하겠다고 선언한 보수적 정치성을 대변한다. 보수적 영국 사회에서 당면한 성정치적 문제를 해결하기 위해 낯선 베니스에 온 메리와 콜린에게 접근한 낯선 남자가 바로 이러한 극우의 보수주의적 정치적 신념을 가진 로버트와 그의 희생자이자 조력자인 아내 캐롤라인이다.

　로버트가 콜린과 메리를 데려간 화려하고 세련된 예술적 분위기의 그의 저택은 틈과 탈주선을 발견하기 힘든 자기충족적인 완벽한 결정체로 보이는 스펙터클을 구축하고 있다. 이러한 스펙터클은 핀터가 구축하고 있는 연극성을 반영하며, 결정체 속의 두 방향의 시간 중에 일방적으로 과거의 무게에 의해 함정에 빠져 죽음으로의 도피 외에는 어떤 도피도 가능하지 않는 비관주의적 경향을 띠고 있는 것으로 보인다(Bogue, *Deleuze on Cinema* 128). 그러나 이 스펙터클 속으로 유인된 콜린과 메리가 발견한 것은 그 스펙터클의 이면에 내재한 야만과 폭력의 낯선 세계, 즉 핀터가 구축하고 있는 자연주의 영화를 반영하는 세계이다. 연극성을 지향하는 영화가 결정체 안에 갇힌 스펙터클을 해방시킬 수 없을 것이라고 들뢰즈가 시사하듯이,

자연주의 영화 역시 시간-이미지를 처음으로 등장시키고 있지만, 폭력과 타락을 내포하고 있는 부정적인 시간-이미지만을 포착할 수밖에 없기 때문에 여전히 탈주의 가능성을 제시하기 어렵기는 마찬가지이다(*Cinema 1* 127). 따라서 핀터의 문제는 연극성과 자연주의 영화의 한계를 동시에 벗어날 수 있는 탈주의 가능성을 발견하는 것이다.

영화 <낯선 자들의 위안>의 감독 폴 슈레이더Paul Schrader가 밝히고 있듯이, 핀터가 각본에서 원작의 낯선 도시를 베니스로 설정하고 있지만 앵글로색슨의 심리를 가장 잘 아는 그가 다루고 있는 내러티브는 아주 전형적인 영국 이야기이다(Gale, *Sharp Cut* 324 재인용). 낯선 곳에서 위안을 얻고자 베니스로 온 영국인 연인들의 경험을 통해 친숙한 영국 이야기를 다루고자 한 핀터의 의도는 원작을 일단 자연주의 영화의 메커니즘 속에 담고자 한 것으로 보인다. 메리와 콜린이 밤에 헤맨 미로 같은 베니스의 뒷골목, 낯선 남자의 인도로 간 그의 술집, 거기서 취해서 나와 헤매다 다시 잠이 든 길거리 등은 그들이 노출되어 있는 낯선 곳의 위협적인 힘을 내포하고 있음을 시사한다. 한편 이러한 낯선 뒷골목과는 달리 이들이 방문하는 베니스의 관광 명소들과 로버트의 저택은 그들에게 안락한 위안을 제공하기도 한다. 그러나 이러한 표면적인 정상성은 그 저변에 내재한 위협과 폭력의 힘을 오히려 강조하는 강렬한 대비 효과를 자아낸다. 이러한 대비 효과를 주목해볼 때, 핀터는 로지와의 첫 영화 <하인>의 각본처럼 이 각본 역시 당대 영국사회의 심연에 작동하고 있는 "충동들"과 "파편들"을 징후와 페티시들의 기호들로 충만한 "충동-이미지"impulse-image로 표출한 자연주의 영화를 지향한 작품으로 간주될 수 있다(*Cinema 1* 125).

들뢰즈가 현대 영화 이론을 전개함에 있어서 가장 강조하고 있는 것은 영화의 정치성이다. 그의 주장에 따르면, 고전 영화에서 시간-이미지와 사유-이미지들을 생산하는 현대 영화로 영화가 전환하는 과정에서 영화의 정치성이 부각된다는 것이다. 따라서 현대 영화의 시간-이미지는 "정치영화의 이미지"(Pisters 77)로, 이 이미지가 처음 등장하는 영화가 바로 자연주의 영화라는 것이다. 자연주의 영화의 충동-이미지는 여전히 고전 영화의 운동-이미지의 한 종류이지만, 우리가 지각할 수 있는 진부한 것들을 감지하는 감각-운동 기능으로서 운동의 축에서 벗어나 시간-이미지와 사유-이미지가 생산될 수 있는 간극 또는 중단으로의 전환을 가능하게 할 수 있다는 것이다. 그리고 바로 이러한 간극 또는 중단이 영화의 정치성의 구현을 가능하게 한다는 것이 들뢰즈의 주장이다. 충동-이미지들로 충만한 <낯선 자들의 위안>은 바로 이러한 간극을 초래하는 자연주의 영화로 분류될 수 있다. 그러나 영화의 정치성이란 고전 영화의 상식적 내러티브가 유도하는 지각 방식에 의한 인식을 중단 또는 예상하지 못한 인식으로의 전이를 드러내 보이는 간극에서 선택의 윤리가 제시되는 순간에 구현될 수 있는 것이다. 메리와 콜린이 베니스에서의 경험을 통해 드디어 직면하게 되는 순간이 바로 이러한 선택의 순간이다. 핀터가 원작 소설이 시도했지만 한계에 부딪친 것을 각색을 통해 성공할 수 있었던 것은 바로 그 선택의 윤리가 제시되는 순간을 영화적으로 포착할 수 있었기 때문이다. 이를 위해 핀터가 이용한 것이 바로 메리의 선택을 통한 성정치적 전복성인 것이다.

들뢰즈가 지적하듯이, 자연주의 영화에서 발견할 수 있는 첫 시간-이미지는 폭력의 부정적인 시간의 결과만을 포착하는 한계를 갖고 있다. 그러나 위대한 자연주의 영화에서는 "내부로부터" 그러한 한계를 넘어설 수 있는 가능성을 발견할 수 있다고 그는 주장한다(*Cinema 1* 133). <낯선 자들의 위안>은 그러한 가능성을 내부로부터 발견할 수 있는 위대한 자연주의 영화라기보다는 <하인>을 비롯하여 로지와 만든 영화들처럼 풍속희극의 스펙터클 구축에 더 주력함으로써 자연주의 영화의 한계를 능가해서 현대 영화로 진입한 영화로 볼 수 있다. 그러나 로지-핀터 영화에 대한 자연주의 영화 진입과 연극성 추구라는 기존의 상반된 이중적 평가 기준은 연극성의 추구가 자연주의 영화로의 진입에 부정적인 영향을 미친다는 것을 전제로 한 기준이다. 그것은 들뢰즈가 자연주의 영화로서의 성과를 기준으로 르누아르와 부뉴엘의 상호읽기를 시도할 때의 평가와36) 유사한 논리로 설명될 수 있다. 즉 핀터의 관심과 재능이 르누아르처럼 자연주의 영화보다는 연극적 스펙터클의 구축에 있기 때문에, 그가 함께 작업한 로지-핀터 영화가 성공적인 자연주의 영화가 되는 데 오히려 그의 강력한 영향력이 걸림돌이 되었다는 평가가 들뢰즈의 논지를 적용한 또는 전반적인 견해이다. 그러나 핀터가 추구한 것은 자연주의 영화와 연극적 스펙터클 둘 다 일 수 있고, 더 정확히 말해, 자연주의 영화와 연극적 스펙터클의 상호작용이 만들어내는 간극에서 새로운 영화의 생성, 즉 영화의 정치성을 구현하는 현대 영화인 것이다.

III

<낯선 자들의 위안>의 오프닝 시퀀스는 로버트의 할아버지와 아버지로부터 물려받은 수집품들을 전시한 그의 갤러리를 패닝 쇼트panning shot로

---

36) 부뉴엘의 경우는 자연주의 영화의 한계를 극복한 위대한 자연주의 영화의 범주로 진입했지만, 반면에 르누아르는 반복하여 시도했으나 결국 자연주의의 경계 안에 들어오지 못한 작가로 들뢰즈는 일단 평가한다(*Cinema 1* 133). 그러나 후일 그는 르누아르에 대한 자신의 저평가를 재고하여, 그의 관심사가 자연주의 영역으로의 진입이 아니라 스펙터클의 구축, 즉 "순수한 연극성"(*Cinema 2* 84)을 지향하는 데 있는 것으로 파악하였다.

보여주는 스펙터클로 시작한다. 이 스펙터클은 <중개인>의 브랜드햄홀, <사고>의 귀족 윌리엄 집안 저택, 그리고 『프루스트 영화각본』의 게르망트 가의 저택과 같은 세련된 상류사회의 스펙터클이다. 특히 이 오프닝은 르누아르의 <어느 하녀의 일기>*The Diary of a Chambermaid* (1946)가 구축하고 있는 엄격한 분위기의 랑레르가*the Lanlaires*의 성을 무대로 한 풍속희극의 세련된 표면적인 상류사회 세계의 스펙터클을 연상시킨다. 그 스펙터클은 르누아르가 주력하고 있는 "유산으로 물려받은 자족적인 귀족적 영역, 역사로부터 단절된 인공적인 영역"인 돈과 특권을 가진 상류사회의 세계로, 의식적인 저녁식사와 파티 등과 같은 연극성을 지향함으로써 구축되는 스펙터클이다(Bogue, *Deleuze on Cinema* 130).

　　그러나 다른 한편으로 자연주의 영화의 관점에서 볼 때, 그 스펙터클은 그것의 심연에 작동하고 있는 "포식자들의 세계"(137)인 "시원적 세계"의 매개체가 되는 "실제 환경"이 될 수도 있다(*Cinema 1* 124). 다시 말해, 로버트 저택은 <하인>의 토니의 빅토리아풍 저택처럼 그 안에서 수행되는 폭력적인 놀이, 특히 가학피학증적 섹스놀이를 통해 생성되는 벡터에 의해 소진되어 시원적 세계로 복귀될 수 있는 공간이기도 하다. 따라서 이 공간으로 유인되어 들어온 콜린과 메리는 포식자인 로버트의 먹이, 장난감, 희생물이 될 운명에 처한다. 사실 소설과 각본의 모든 내러티브는 콜린과 메리 중에 잠재적인 희생자가 메리일 것이라고 믿도록 유도하고 있지만, 반전으로 로버트의 욕망의 대상이 메리가 아니라 콜린인 것으로 밝혀진다. 마침내 후반부에 캐롤라인이 메리에게 콜린의 사진들로 도배를 한 침실 벽을 보여줄 때서야, 로버트와 캐롤라인의 욕망의 대상은 바로 콜린이었고, 첫 시퀀스에서 카메라가 스쳐지나간 그 공간이 그들의 관음증과 가학피학증을 자극하고 만족시키기 위해 구축된 스펙터클임이 밝혀진다.

로버트의 반복되는 스토리텔링을 통해 알 수 있듯이, 그의 공모자이기도 한 캐롤라인은 그의 어머니를 대신해서 가장 기본적인 인간적 충동인 "노예성"(*Cinema 1* 137)의 모성을 그에게 제공한다. 그녀 자신도 말하듯이, 그녀는 그가 하고 싶은 대로 다 할 수 있도록 허락하는 것이 사랑이라고 믿는다. 들뢰즈가 <하인>에서 노예성은 하인의 내면에 "작동하고 있는" 충동으로 볼 수 있지만, 주인에게도 "잠재하여 분출하는" 충동(137)으로 보듯이, 노예성은 캐롤라인뿐 아니라 로버트의 내면에서도 작동하고 있는 가학피학증적인 충동이다. 따라서 <하인>의 배럿과 토니가 동반 타락하듯이, 캐롤라인과 로버트의 살인에 이르는 타락은 이러한 노예성에 대한 충동의 징후이다. 이에 상응하는 페티시는 로버트의 집의 장식품들, 그림과 조각, 아버지의 유품들, 특히 부채꼴 모양으로 전시된 면도칼들, 그리고 줌렌즈가 달린 니콘 카메라, 현상된 필름들, 콜린의 사진들과 같은 "파편"들이다. 이러한 파편들은 스펙터클을 구성하는 요소들인 동시에 충동의 현전으로서의 페티시이기도 하다. 이러한 맥락에서 보면, <낯선 자들의 위안>은 자연주의 영화와 연극성을 동시에 추구하는 식별불가능한 분류의 영화라고 말할 수 있다.

자연주의 영화가 다루고 있는 자연주의적 타락은 자신 속에 내재하여 항상 "작동 중"에 있는 충동으로 그 자신을 폭력적 충동의 먹이로 만든다. 다시 말해, 자연주의적 타락은 그 자신을 타락과 죽음 속으로 몰고 가며, 이러한 충동에 종속된 사람의 유일한 출구는 자신을 사라지도록 유도하는 "생성"뿐이라고 들뢰즈는 말한다(*Cinema 1* 137). 그러나 로버트의 경우는 자신이 아니라 그가 함정에 빠뜨려 잡은 먹이인 콜린을 죽음으로 몰고 간다. 따라서 로버트의 살인은 자연주의적 타락이라기보다는 자신의 가학적인 성적 쾌락을 만족시키기 위한 것이며, 또한 가부장제에 대한 더 큰 위협을 상징하는 약한 남자로서 콜린을 제거해야 한다고 믿는 절대적 통제권의 행사로 볼 수 있다(Hall, "Daddy Dearest" 94). 간단히 말해, 로버트는 가부장제 이데올로기를 신봉하는 일종의 파시스트적인 남자인 것이다. 그러나 또 한편으로 그 역시 가부장제의 희생자이다. 사실 로버트의 콜린에 대한 성적 관심은 자신의 폭군적 아버지와의 모호한 관계와 관련이 있으며, 아마도 자신의 억압된 동성애적 성향에 대한 공포를 표현한다고 볼 수 있다(Hudgins, "Harold Pinter's *The Comfort*" 56–57). 따라서 그의 과도한 가부장적 남성성은 그의 성적 모호성을 감추기 위한 것으로 설명될 수도 있다(Billington 318).

그러나 로버트의 모호한 성욕은 동성애가 아니라 권력과 관련이 있는 것으로, 콜린을 살해함으로써 그를 대상화하려는, 즉 시체로 만들어서 완벽한 통제권을 행사하려는 욕망을 반영한 것이라고 홀은 주장한다(94). 홀의 설명은 동성애와 권력을 구별하고 있다. 그러나 핀터의 다른 영화각본들에서 사용되는 경쟁적 게임들이 결국 일종의 "남성의 동성애적 게임"으로 설명될 수 있듯이(*Cinema 1* 138), 그가 동성애와 권력의 밀접한 연관성을 부각시키고 있는 것은 분명하다. 사실 대부분의 비평가들은 로버트의 폭력을 동성애적인 성향의 결과로 해석함으로써 이 영화가 주목하고자 하는 가부장적 관계들의 복합성을 간과할 수 있다는 우려를 표명한다. 이러한 우려에도 불구하고, 핀터가 시도하고자 하는 것은 바로 남성의 동성애와 가부장적 권력 관계 사이의 상호연관성을 주목함으로써 충동-이미지와 스펙터클의 연극성의 상호작용을 통해 새로운 정치성의 영화를 생성하는 것임이 분명하다.

핀터가 <낯선 자들의 위안>에서 사용하고 있는 대부분의 기법들은 원작 소설의 시각적 요소들, 즉 원작에서 언급되는 카메라 작동, 사진 촬영, 스펙터클, 바라보는 것과 보이는 것에 관한 언급들을 영화적으로 변형한 기법들을 활용하고 있다. 예컨대, 영국인 커플에게 닥친 "불길한 징조의 위협을" 고조시키기 위해 그는 보이지 않는 엿보는 자의 카메라가 포착하는 스펙터클의 구축을 활용한다(Hudgins, "Harold Pinter's *The Comfort*" 54). 그리고 나아가 그는 이러한 스펙터클의 활용을 통해 스펙터클과 그것의 억압 사이의 관계를 확대시켜, 영화 제작의 전반적인 메커니즘에 대하여 문제를 제기하기에 이른다고 앤 C. 홀Ann C. Hall은 지적한다("Daddy Dearest" 87). 사실 핀터의 각본은 "우리로 하여금 우리 자신이 보고 있다는 것을 보도록 유도한다"(Burkman 43)고 말할 수 있을 정도로 영화의 메커니즘에 대한 의식을 강요하는 작품이다. 메리가 강압적으로 콜린의 살해 장면의 스펙터클을 보도록 그리고 보고 있는 자신을 의식하도록 유도되고 있듯이, 관객 역시 스펙터클과 자신의 보기를 의식하도록 유도된다. 그리고 이러한 강요된 보기를 통해 메리가 엔딩에서 그 스펙터클로부터 탈주의 가능성을 찾듯이, 관객 또한 핀터의 스펙터클의 구축과 그것으로부터의 탈주의 가능성을 발견할 수 있도록 유도되고 있다.

<낯선 자들의 위안>을 위한 각본은 지금까지 핀터가 쓴 각본들 중에 카메라가 가장 중요한 역할을 한 영화로 간주된다(Gale, *Sharp Cut* 324). 다시 말해, 이 작품으로 핀터는 카메라-의식이 본격적으로 구현되고 있는 영화를 만들게 된 것이다. 영화의 시작부터 관객은 엿보는 자의 도구로서 카메라의 움직임을 의식하게 되며, 의식적이든 아니든 엿보는 자의 위치에 있도록 유도된다. 오프닝 시퀀스에서부터 관객은 카메라의 자율적인 움직임을 경험한다. 카메라는 캐롤라인을 어두운 로버트의 저택에 남겨두고 강을 가로질러 콜린과 메리를 찾아간다. 카메라가 발코니에 서 있는 콜린을 지나 호텔방으로 들어가 영국 집으로 전화를 걸려고 애쓰는 메리를 잡는다. 그 사이 엿보는 자의 카메라의 뷰파인더가 콜린을 잡으며 그 때 움직이는 줌렌즈의 소리가 들린다. 원작은 망원경을 얼른 감추는 남자를 잠시 언급

할 뿐이지만, 핀터는 엿보는 자의 반복적인 카메라의 작동을 통해 콜린과 메리가 이미 그의 함정에 빠져 있음을 시사한다. 엿보는 자가 카메라를 사용하여 엿보는 것은 주체를 대상으로 변환시켜(Ross 151), 프레임 속에 가두기 위한 시도로 볼 수 있다. 이후에도 교회 내부에서, 거기서 나올 때, 운하 옆에서 그들은 카메라의 정지된 롱 쇼트 속에 잡힌다. 그 카메라의 반복되는 작동은 관객과 엿보는 자와의 공모를 증폭시키면서, 관객은 마치 그 카메라가 자신을 위해서 사진을 찍는 것처럼 생각하게 된다. 또한 콜린과 메리가 지나가는 여자들에게 사진을 찍어달라고 부탁할 때, 핀터는 그들의 카메라와 오프-스크린의 엿보는 카메라가 동시에 작동하게 하여 관객으로 하여금 허용된 보기와 허용되지 않는 보기를 대비해서 보도록 유도한다. 이러한 장치들을 통해 관객은 콜린과 메리보다 더 많은 것을 알고 있는 극적 아이러니를 감지하는 동시에 그들과 동일시함으로써 불안감을 느끼기도 한다. 그럼에도 불구하고 관객은 엿보는 자와의 공모 관계를 더 우선시하게 된다. 특히 아직 누구의 목소리인지 관객이 알 수 없는, 소설의 화자처럼 지속적으로 등장하는 보이스-오버가 "탈육체화된 목소리"로 관객의 욕망을 불러일으키며(Renton 51 재인용), 엿보는 자와의 공모를 더욱 강화시키는 작용을 한다. 그러나 관객이 엿보는 자의 카메라와 공모하도록 강요되고 있음을 의식하게 되면, 관객은 자신이 보도록 유도되고 있다는 사실도 인식하게 된다. 마침내 관객은 엿보는 자의 정체가 로버트라는 사실, 그리고 그의 카메라가 그의 희생자들을 대상화하는 수단으로 사용된다는 것을 발견하게 된다.

카메라를 통한 엿보기에 대한 핀터의 관심은 그의 주요 관심사인 지배와 권력에 대한 인간의 욕망의 극단적 추구와 같은 맥락에서 이해될 수 있다. 그가 <펌프킨 이터>(The Pumpkin Eater, 1964)부터 시작하여 그의 모든 영화각본에서 사회적 관습들의 탐구를 통해 다루고 있는 것이 바로 이러한 관심사이다. 특히 <낯선 자들의 위안>은 로버트의 관음증적 또는 강박적 욕구 만족을 위한 카메라를 통해 엿보기와 사진촬영으로 관객에게 영화의 카메라-의식과 영화 제작의 메커니즘을 의식할 수 있는 계기를 제공한다. 카메라를 통해 대상에 대하여 "집요한" 또는 "강박적인" 프레임화를 시도하려는(*Cinema 1* 74) 로버트는 카메라가 자신의 의식과 동일시하여 작동하기를 강요한다. 카메라의 시선을 배제하는 것을 전제로 한 고전 영화와는 달리, 이 영화의 카메라는 단순히 우리에게 로버트와 그의 카메라의 작동만을 제공하는 것이 아니고 로버트의 시각을 반영하고 변형할 수 있는 또 다른 시각의 존재를 부각시키고 있다. 다시 말해, 이 작품은 로버트의 주관적 시각과 "영화적 코기토"cinematographic Cogito라고 할 수 있는 카메라-의식 사이의 상호작용 속으로 우리를 끌어들여 두 시각의 주체들이 각각 분화되어 존재한다는 것을 보여준다(74). 그리고 그 사이의 간극에서 바로 우리의 기존 인식을 전환시킬 수 있는 "변화들을 목격"함으로써(*Cinema 2* 19) 정치적 각성에 이를 수 있는 가능성을 발견하게 된다.

IV

<낯선 자들의 위안>은 그 당시 핀터가 쓴 정치극처럼 로버트의 오이디푸스적 기억 자체보다는 그것의 기초가 되는 여성혐오주의적 성정치성을 다룸으로써 정치성의 문제를 제기하는 방식을 취하고 있다. 사실 이 작품은 메리와 콜린이 직면하고 있는 결혼과 모성의 문제를 중심으로, 그들의 생각과 태도의 차이뿐 아니라 두 남자, 콜린과 로버트, 그리고 두 여자, 메리와

캐롤라인이 각각 보여주는 차이의 대비를 통해 성정치성의 문제를 전면에서 다루고 있다. 두 커플의 대비를 가장 잘 드러내 보이는 장면인 콜린과 메리를 집으로 초대하여 로버트가 콜린을 갤러리로 데려가 아버지와 할아버지의 유품들을 보여주는 장면과 이후의 식사 장면은 관객으로 하여금 오이디푸스의 한계를 보게 하는 "과장된 오이디푸스"an exaggerated Oedipus의 스펙터클을 구축한다고 볼 수 있다(*Kafka* 9).

로버트의 조부와 아버지의 강력한 남성성과 이들을 기꺼이 이해하고 수용해야하는 여자들의 진지성을 강조하는 단호한 어조의 장광설은 핀터의 마지막 극작품 『축하파티』에서 젊은 웨이터의 할아버지에 대한 장광설을 예견하게 한다. 그 웨이터의 장광설이 포스트모던 시대에 잃어버린 조부시대의 모더니즘 문화에 대한 향수를 내포하고 있다면, 로버트의 아버지와 할아버지에 대한 그의 기억과 찬양은 가부장적 아버지에 대한 두려움과 존경심을 드러내 보인다. 로버트의 웅변에 콜린이 "그래서 이곳은 그 좋은 옛 시절을 위한 박물관이네요"라고 말하자, 로버트는 유연한 몸짓으로 콜린의 배를 주먹으로 때려 그를 쓰러뜨린다. 로버트가 어린 시절 아버지 서재에서 맞았던 것을 연상시키는 이 장면은 해석이 불가능할 정도로 모호한 부분으로 부조리극의 한 장면을 연상시킨다. 당사자인 콜린도 로버트의 일격에 오히려 자신이 예의에 어긋나는 행동을 했는지도 모른다는 생각을 하며 어리둥절해 할 뿐이며, 한동안 메리에게도 이 사건을 발설하지 않는다. 모호하지만 로버트의 공격은 순진하고 아름다운 청년에 대한 동성애적 끌림에 대한 자기 방어일 수도 있고, 또한 강한 아버지 세대를 좋았던 옛 시절로 간주해버리는 약한 아들에 대한 강한 아버지의 응징을 의미할 수도 있다.

갤러리 장면에 이어지는 저녁 식사 장면은 핀터가 원작에 가한 의도적인 변형을 분명하게 드러내 보이는 부분이다. 특히 식탁에서 나누는 대화는 대처주의의 전제주의적 성향을 시사하기 위해 첨가된 대사들이다. "자유로울 수 있는 자유"를 원한다고 말하는 메리에게 로버트는 영국의 전통을 극찬하며, 규율의 필요성과 사회 정화에 대하여 단호한 입장을 보이는 대처를 옹호한다. 잘하고 있는 영국정부로부터 이탈리아도 배워야 한다는 로버트의 주장에 침묵을 지키던 콜린이 영국인이지만 동의할 수 없다고 반박하자, 로버트는 콜린이 영국인이기 때문에 그를 존경하지, 만약에 "공산주의자 호모 자식"이라면 그럴 수 없다고 말하며(31), 터무니없게도 정치와 동성애를 연결시킨다. 특히 이 대사는 핀터가 <마지막 거물>에서 할리우드의 보수주의적 실세들이 위대한 미국의 찬양에 이어 공산주의자와 동성애자를 동일시하며 늘어놓는 장광설을 연상시킨다. 사실 핀터는 원작에서 부각되는 로버트의 동성애적 성향을 분명하게 드러내 보이지는 않지만, 그의 스토리텔링의 내용과 콜린에 대한 강박적인 관심 표명으로 그가 동성애와는 무관한 사람이 아니라는 것을 암시한다. 또한 메리로 하여금 우연히 로버트가 찍은 콜린의 사진을 보게 함으로써 콜린에 대한 로버트의 관심에 대하여 메리와 관객이 의혹을 갖도록 유도한다. 그러나 로버트에게 맞은 사실을 콜린이 발설하지 않는다는 것 그리고 메리가 악몽을 꾼다는 것으로 핀터는 그들이 그 의혹을 억누르고 서로에게 비밀로 하고 있음을 시사한다. 그러나 과장된 오이디푸스의 스펙터클을 구축하는 로버트의 집에서 콜린과 메리가 우연하게 경험한 것이 로버트의 욕망과 엿보기의 대상이 메리가 아니라 콜린이라는 의혹, 즉 콜린의 대상화에 대한 것임은 분명하다. 그리고 오이디푸스적 내러티브의 상식적인 좌표가 배정한 엿보는 자와 그 대상으로서의 남자와 여성의 역할이 전도된 것에 대한 이들의 비밀스러운 경험은 그들에게 서로의 관계를 새롭게 인식하게 하는 계기를 제공하게 된다.

<낯선 자들의 위안>의 오프닝 시퀀스는 "나의 아버지는 매우 큰 남자 였죠"로 스토리텔링을 시작하는 보이스-오버와 더불어 카메라의 패닝으로 관객으로 하여금 마치 "남성의 세계"로 점점 들어가는 느낌을 갖게 만든다 (Hall, "Daddy Dearest" 89). 그리고 보이스-오버의 주인공인 로버트의 스토리텔 링의 두 번째 반복이 일어나는 그의 술집 역시, 꼭 동성애자 전용은 아니라 고 홀이 말하지만, 그럴 수도 있음이 강력하게 시사되는 분위기를 연출한 다(Knowles, *Understanding* 176). 각색을 통해 핀터는 남편 로버트가 운영하지만 캐롤라인도 온 적이 없는 그의 술집을 동성애자들의 공간은 아닐지라도 "동성사회적"homosocial인 공간으로 만들어 놓은 것은 분명하다(Aragay 251). 동성사회적 공간인 로버트의 술집은 남자들만이 게임을 하고 술과 담배와 대화를 즐기고 있는 스펙터클을 구축한다. 따라서 그 술집 안에 핀터가 등 장시킨 몇몇 여자들의 존재는 상당한 논란을 일으킬 수 있다. 왜냐하면 그 들은 그 스펙터클이 배제시킨 존재인 동시에 그 안에서 오히려 관객의 특 권적인 입장을 취할 수 있기 때문이다. 이들의 존재가 야기할 수 있는 이러 한 문제를 해결하기 위해 홀은 핀터가 카메라를 이용하여 이들을 대상화시 키고 있다고 지적한다(89). 로버트가 메리와 콜린에게 그의 스토리를 이야 기하는 동안 카메라가 그들의 리액션 쇼트를 잡는 대신 패닝으로 술집의 전반적인 내부와 더불어 그 여자들도 스쳐지나감으로써 그들의 존재가 우 발적이고 찬장의 문고리처럼 장식일 뿐이라는 인상을 주고 있다는 것이다 (Hall, "Daddy Dearest" 92). 간단히 말해, 로버트의 목소리를 보이스-오버로 여전 히 담고 있는 카메라가 그녀들을 대상화함으로써 그녀들이 행사할 수 있는 권력을 분산시킬 수 있다는 것이다. 따라서 핀터의 이러한 카메라와 보이 스-오버의 사용은 로버트의 오이디푸스적 내러티브가 전제로 하고 있는 여 성의 대상화를 더욱 부각시키는 결과를 초래한다는 것이다.

일견 핀터가 낯선 로버트를 따라 콜린과 메리가 들어온 공간을 남성들만의 공간으로 만든 것은 자연주의 영화의 남성들만의 "시원적 세계"를 구축하기 위한 것으로 볼 수 있다. 그러나 핀터가 그곳에 여전히 "잉여"로 남겨 두었지만 시원적 세계로부터 배제된 여자들을 등장시킨 의도는 단순히 그들의 대상화를 부각시키기 위해서만은 아니다. 들뢰즈는 <하인>에 등장하는 여자들이 남성들의 시원적 세계의 게임에 가담하는 "시원적 여자들"이 아니라고 지적한다(Cinema 1 138). 그러나 <하인>의 수전과 베라처럼, 술집에 있는 여자들은 남자들의 게임에 가담하지는 않지만, 그 게임의 관람자, 즉 "견자"의 역할을 하고 있다. 사실, 들뢰즈는 현대 영화란 더 이상 "행위자"가 아니라 "견자"의 영화(Cinema 2 126)라고 주장한다. 다시 말해, 현대 영화에서는 견자가 게임을 하는 자보다 더 중요한 역할을 하는 존재로 간주된다. 따라서 핀터가 그 공간에 여자들을 등장시킨 의도는 그들에게 견자의 위치를 부여하기 위해서라고 볼 수 있다. 다시 말해, 그는 의도적으로 남성들의 게임이 구축하는 스펙터클 속에 혼란스럽고도 위협적인 시선으로 그것을 보고 있는 여성들을 두고 있다는 것이다. 사실 그 여자들을 거기에 둔 더 중요한 이유는 엔딩에서 로버트가 콜린을 대상화하는 잔인한 스펙터클에 "견자"로서 메리의 역할을 관객으로 하여금 예견하도록 유도하는 데 있다.

콜린과 메리가 바닷가에서 서로 비밀로 하고 있던 의혹들을 털어 놓은 뒤, 혼란스러운 메리가 혼자서 수영을 하러 바다로 향하는 장면은 케이트 쇼팽Kate Chopin의 『각성』The Awakening(1899)의 한 장면을 연상시킨다. 이 장면은 메리의 각성과 독립적인 삶에 대한 비전, 즉 가부장제가 부과한 젠더 역할로서가 아니라 과장된 오이디푸스의 스펙터클 속에서 탈주의 선을 찾을 수 있는 모성의 삶에 대한 그녀의 선택을 예견하게 만든다. 반면에 이 장면 이후 콜린은 메리에게 청혼을 하지만 유보를 당하고, 결국 로버트가 구축해 놓은 스펙터클 속에 갇히는 희생자가 되고 만다. 그러나 메리는 핀터가 쓴 각본들의 엔딩 중 가장 암담하고 위협적인 결말로 간주되는 엔딩인 로버트가 주도하는 콜린의 희생 의식의 스펙터클에서 견자가 된다. 영화의 시작 부분에서는 로버트에 의하여 메리가 콜린과 함께 유인되었지만, 엔딩 부분에서는 캐롤라인에 의하여 메리가 혼미한 환각 상태에 빠져 유인된다. 다시 말해, 가부장제의 희생자이자 조력자인 캐롤라인에 의하여 메리는 로버트가 주도하는 콜린의 희생 의식의 스펙터클로 유인된다.

캐롤라인이 혼미한 메리를 데리고 간 곳은 오프닝 시퀀스에서 카메라가 패닝으로 로버트의 우아하고 세련된 저택의 실내를 비추다가 잠시 열린 문을 통해 흐트러진 침대의 일부를 보여준 그 침실이다. 침실 벽에는 수십 장의 콜린 사진들이 붙어 있다. 사실 핀터의 각본은 지금까지 메리가 아니라 콜린의 신체적 매력에 대하여 훨씬 더 많이 언급하고 있었다. 특히 로버트의 집 방문 이후 격정적인 사랑을 나눈 뒤 레스토랑에서 식사를 할 때, 메리는 콜린의 신체 부위가 사람들의 관음증적 쾌락의 대상이 되고 있음을 의식하며, 콜린에게 대상화되는 기분이 어떤지를 묻기도 한다. 즉 로버트의 집과 술집만이 아니라, 그 레스토랑 역시 동성사회적인 공간임이 시사된다. 이와 같이, 로버트의 엿보기를 비롯하여 콜린의 신체를 대상화하는 시선들이 산재되어 있는 동성사회적 공간을 영화가 구축하고 있지만, 메리는 혼란스러울 뿐 그것을 볼 수 있는 견자가 되기는 쉽지 않다. 그러나 들뢰즈의 주장처럼, 그녀는 견딜 수 없을 정도로 혼란스러워져 기존의 상식적인 지각 습관에 의한 인식을 할 수 없게 되었을 때, 즉 감각-운동 도식과의 급진적인 단절을 경험할 때, 비로소 "견자"가 될 수 있는 것이다(Marrati 59).

캐롤라인에 의해 유인되는 메리를 따라 관객이 목격하게 되는 것은 콜린의 신체 부위를 페티시로 한 로버트와 캐롤라인의 관음증적 그리고 가학피학증적 욕망이 구축한 공포영화의 스펙터클이다. "우리는 거울의 이면에 있어요."라고 메리에게 캐롤라인이 말하듯이, 이제 메리는 로버트의 세련된 취향의 실내를 비추던 거울의 이면, 마치 자연주의 영화의 시원적 세계와 같은 공간을 보게 된 것이다. 그녀가 배제된 이 공간에서 캐롤라인에 의하여 그 공포의 스펙터클의 관객이 되도록 강요받는 것은 그녀가 전통적인 여성의 재현을 위반한 것에 대한 처벌이라고 홀은 설명한다("Daddy Dearest" 97). 물론 메리가 보도록 강요된 것은 거울의 이면, 즉 우아하고 세련된 표면적 세계의 스펙터클의 이면에 있는 야만과 공포의 세계인 것은 사실이다. 그러나 그것은 처벌이라기보다 감각-운동 도식을 깨뜨리게 하는 "견딜 수 없고 참을 수도 없는 것을" 직면할 수 있는 기회를 메리가 갖게 된 것이라고 볼 수 있다(Cinema 2 18). 즉 메리는 현대 영화의 견자의 입지에 처하게 된 것이고, 그리고 관객은 이러한 메리의 입지에서 엔딩을 보도록 유도되고 있다(126). 사실 <낯선 자들의 위안>이 관객의 관심을 끌 수 있었던 것은 오이디푸스적 내러티브에 입각한 스펙터클을 구축하면서 오히려 내러티브 영화의 한계와 메커니즘의 문제점을 드러내는 위반과 전도를 시도하고 있기 때문이다. 특히 로버트가 콜린을 최종적으로 대상화하는 스펙터클에 메리를 견자로 개입시키고 있는 엔딩은 여성 "견자"를 통해 그러한 위반과 전도를 극대화시키고 있다. 따라서 핀터가 원작을 변경해서 로버트가 콜린을 살해하는 장면의 잔인성을 더 부각시키고 그 스펙터클에 견자로 메리를 개입시킨 주된 의도는 성정치적 전복성을 이용하여 여성 견자의 현대 영화의 생성을 시도하기 위한 것이라고 말할 수 있다.

　　원작 소설의 엔딩은 로버트가 면도칼로 콜린의 손목을 긋고 캐롤라인과 도망을 간 뒤, 병원에서 메리가 죽은 콜린의 머리를 손가락으로 쓸면서 작별을 하고 떠나는 것으로 끝난다. 그러나 핀터는 로버트가 콜린의 손목

이 아니라 목을 내리치는 것으로 변경시킨다. 그리고 그 장면에 이어 메리가 경찰서 시체안치소에서 죽은 콜린의 머리 가르마가 잘못된 것을 보고 손가락으로 쓸어 고쳐주고, 거기서 나와 체포된 로버트와 캐롤라인을 발견하고, 심문받는 로버트를 보게 되는 장면들을 덧붙인다. 그리고 형사들에게 그의 스토리를 다시 반복하는 로버트를 비추는 쇼트로 영화는 끝난다. 원작의 엔딩을 이렇게 변경한 핀터의 의도는 우선 콜린의 살해 장면을 감각-운동 도식으로 이끌어낼 수 있는 "과장된 폭력"으로 잔인성을 강조하기 위한 것으로 볼 수 있다(*Cinema 2* 18). 그리고 오프닝 시퀀스에서의 보이스-오버의 스토리텔링을 다시 반복하는 로버트를 엔딩 쇼트로 처리함으로써 전체 영화를 로버트의 오이디푸스적 내러티브의 플래시백으로 볼 수 있는 여지를 남기고 있는 것으로 볼 수 있다. 그러나 만약 전체 영화를 로버트의 스토리텔링의 플래시백으로 본다면, 기본적으로 이 영화는 "정확히 현재에서 과거로 가는 그리고 다시 우리를 현재로 되돌리는 폐쇄회로"(*Cinema 2* 48)로 정의되는 플래시백의 한계를 넘어서지 못하는 고전 영화의 단계에 머물 수밖에 없다. 그러나 핀터가 원작의 엔딩을 메리의 보기를 부각시키는 엔딩으로 변형한 주된 의도는 이 영화를 로버트의 스토리텔링이 시사하는 오이디푸스적 사유의 폐쇄회로를 벗어나 "견자의 현대 영화"로 만들기 위한 것임이 분명하다(126).

V

슈레이더 감독은 비록 핀터의 각본이 창작이 아니라 각색이지만, <낯선 자들의 위안>의 각본은 그가 극에서 다룬 동일한 주제와 리듬을 다루고 있고, 특히 남자와 여자 사이의 권력 관계, 즉 성정치성은 매우 "핀터적"임을 인정한다(Gale, *Sharp Cut* 333 재인용). 사실 핀터가 원래 쓴 각본의 엔딩은 로버트의 스토리텔링으로 끝나지 않는다. 그가 원래 계획했던 엔딩에는 메리가 영국 템스 강변 어머니 집으로 돌아온 장면들로 구성된 시퀀스가 첨가되었다. 대부분의 비평가들이 핀터가 이러한 엔딩을 첨가하려고 시도한 것에 대하여 부정적인 견해를 표하고, 지금의 엔딩이 더 적절하다고 평가한다. 그 이유는 아마도 영화의 초점이 로버트에게서 메리로 옮겨 오는 것에 대한 우려 때문일 것이다. 다시 말해, 정치성의 문제보다 성정치성의 문제가 부각되는 것에 대한 거부감 때문이다. 그러나 이러한 우려에는 핀터의 정치성을 여전히 보수주의적인 성향으로 읽고자 비평가들의 오이디푸스적 욕망이 내재되어 있다.

영화의 시작인 로버트의 오이디푸스적 내러티브로 끝나는 <낯선 자들의 위안>의 현재 엔딩은 마치 결정체 속에 로버트가 구축한 남성들의 동성애적 게임의 시원적 세계와 과장된 오이디푸스적 스펙터클을 가두는 결말이 될 여지가 분명히 있다. 다시 말해, 지금의 엔딩은 <낯선 자들의 위안>을 보수주의적 정치성을 구현하는 영화로 만드는 오이디푸스적 귀향을 시사하는 엔딩으로 볼 수 있다는 것이다. 아마도 핀터는 이러한 우려를 의식하여 여성 견자로서 메리의 존재와 성정치적 전복성을 부각시키는 엔딩을 계획했던 것 같다. 핀터 자신도 비록 그 부분이 예산 문제로 촬영되지는 않았지만, 그 장면들은 메리가 미래를 향한 용기와 힘을 보여주기 위해 필요했던 부분이라는 의견을 피력하였다(Gale, *Sharp Cut* 333 재인용). 다시 말해, 핀터는 결정체 안에 갇힌 연극적 스펙터클과 자연주의 영화를 동시에 해방시킬 수 있는 미래를 향한 용기와 힘, 즉 탈주의 가능성을 시사하기 위해 견자로서 메리의 존재를 부각시키는 엔딩을 계획했던 것이다. 그러나 <낯선

자들의 위안>의 현재 엔딩에서 주목할 점은 스토리텔링을 하는 로버트를 담고 있는 엔딩 쇼트 역시 바로 견자 메리의 시점에서 포착된 것임을 카메라의 움직임이 분명하게 시사하고 있다는 것이다.

핀터가 <낯선 자들의 위안>을 연극적 스펙터클과 자연주의 영화의 한계를 극복한 성공적인 영화로 만들 수 있었던 것은 성정치성과 정치성의 상호작용이 만들어내는 동력을 정치적 전복성으로 작동시킬 수 있었기 때문이다. 그리고 그 전복성을 작동시킬 수 있는 주요한 동인으로 핀터는 가부장제의 스테레오타입의 모성과는 다른 전복적인 성정치성을 구현할 수 있는 모성을 제시하고 있다. 사실 그가 제시한 해답은 의외이다. 왜냐하면 핀터가 정치극을 성정치성의 문제에서 출발하여 썼다고 밝히고 있지만, 극작품에 드러나는 그의 성정치성에 대한 입장은 여전히 모호했기 때문이다. 따라서 여기서 소설 원작의 엔딩을 변형하면서까지 모성을 통해 성정치적 전복성을 구현할 수 있음을 강조한다는 사실은 다른 매체들과의 상호매체성의 경험이 핀터의 성정치성에 대한 입장에 변화를 가져왔음을 입증해준다고 볼 수 있다. 따라서 소설을 영화로 매체 전환을 하면서 핀터는 원작 소설에서뿐 아니라 자신의 연극에서 다루고자 한 관심사를 새로운 차원에서 다룰 수 있는 단계에 진입하게 되었다고 볼 수 있다. 이러한 맥락에서 볼 때, 핀터는 상호매체성을 통해 원작 소설의 예술적 수준을 승격시킬 수 있는 각색으로 <낯선 자들의 위안>을 성공적인 영화로 만들 수 있는 영향력 있는 각본작가로서의 입지를 확보하게 되었다고 주장할 수 있다.

블랙홀과 스크린의 정치적 협상: 〈심판〉

〈심판〉(*The Trial*, 1962)

〈심판〉(*The Trial*, 1993)

I

핀터가 자신이 갇혀 있던 오이디푸스적 공간인 "방"이 외부 공간과 연결되어 있다는 사실을, 즉 자신의 정치적 관심에 대한 각성을 가장 첨예하게 느끼게 된 것은 바로 프란츠 카프카Franz Kafka의 『심판』*The Trial*(1937)을 각색하는 작업을 통해서였다(Knowles, "Harold Pinter, Citizen" 25). 다시 말해, 핀터는 카프카 소설의 각색 과정에서 그 자신 요제프 KJosef K처럼 자신의 능력을 넘어서는 견딜 수 없는 외부의 무엇인가와 대처하지 않을 수 없다는 사실을 확인하게 된 것이다. 따라서 4년간의 작업을 통해 완성한 데이비드 존스 David Jones 감독과의 협동작업인 <심판>The Trial(1993)을 위한 핀터의 각본은 그의 영화와 정치성에 대한 관심이 서로 공통된 것이며 긴밀한 관계를 맺고 있다는 것을 가장 잘 보여주는 작품이다(Armstrong 117). 또한 이 각본은 90년대 핀터의 정치성을 보수주의적인 성향으로 보고자 하는 비평가들에 의해 자주 언급되는 작품이기도 하다. 카프카와 핀터의 글쓰기는 아버지와 아들 사이의 오이디푸스적 갈등을 공통 주제로 하고 있으며, 카프카가 『심판』의 글쓰기를 통해 오이디푸스적 갈등을 극복했듯이, 핀터도 그 작품을 영화로 각색하는 작업을 통해 그러한 갈등을 극복할 수 있었다는 것이다 (Armstrong 36). 이후 핀터는 연극으로 돌아와 부권에 대한 일련의 불경스러운 도전의 "마지막 불경"이라고 할 수 있는 『달빛』Moonlight(1993)을 씀으로써 마침내 "최종적인 귀향," 즉 오이디푸스로의 귀환을 마쳤다고 해석하여 그의 정치성을 보수주의적인 것으로 파악하려는 비평 경향이 강했다(36).

그러나 소수문학 작가로서 카프카의 정치성을 다루는 들뢰즈와 가타리는 카프카의 『심판』 글쓰기를 정반대로 설명한다. 그들에 의하면, 카프카는 오이디푸스적 공간인 방에만 갇혀있는 작가, 고독의 작가, 죄의식의 작가가 아니라 새로운 표현 양식을 통해 스스로 해방시킬 수 있는 흐름을 발견할 수 있는 정치적 작가이며, 바로 그러한 맥락에서 그의 정치성을 설명한다(Kafka 41). 핀터가 <심판>의 영화작업을 통해서 발견한 정치성 역시 들뢰즈와 가타리가 읽어낸 소수문학 작가로서 카프카의 정치성이며, 이 작업을 통해 그는 연극에서 봉착한 "오이디푸스적 난국"(15)을 벗어날 수 있는 탈주선의 발견과 새로운 정치극의 생성에 이를 수 있게 된 것이다.

핀터가 카프카의 원작을 각색함에 있어서 원작에 대한 충실성을 강조했다는 사실은 그의 각본을 '아버지에 대한 존경'으로서의 카프카에 대한 오마주hommage로 간주하도록 유도한다. 대체적으로, 카프카와 핀터의 관계는 오이디푸스적 관계로 이해된다. 핀터는 자신에게 영향을 준 작가로 베케트와 카프카를 언급하는데, 대부분의 비평가들은 이 두 작가를 핀터의 아버지-작가로 간주한다. 그러나 이들과 핀터의 관계는 오이디푸스적 관계라기보다는, '글쓰기 더블'writing doubles [37])의 관계로 보는 것이 더 정확하다.[38]) 두 작가 중 베케트가 극작가[39])이고, 반면에 카프카는 소설가이고, 베케트가 프랑스어로 작품을 쓰고 영어로 번역하고, 반면에 카프카는 영어 사용자가 아니라는 두 가지 분명한 이유로, 핀터가 카프카보다 베케트에게 더 많은 유산을 받은 것으로 간주된다(Armstrong 38). 그리고 카프카와 핀터의 관계는 서로 다른 매체와 언어의 사용 때문에 표현의 형식보다는 내용면에서, 특히 카프카가 선호하는 아버지와 아들사이의 갈등 주제 측면에서 고려되어야 한다는 것이다. 그러나 두 작가의 관계는 내용 못지않게 형식적 측면, 특히 매체와 언어의 전환에 따른 형식의 변화라는 관점에서 다루어질 필요가 있다.

카프카와 핀터의 관계를 내용, 즉 오이디스적 갈등이라는 공통 주제의 관점에서 설명하려는 비평가들은 핀터의 정치성을 오이디푸스적이고 보수

---

37) '커플''(couple) 개념이 남/녀 또는 강자/약자라는 억압적인 이분법의 폭력적인 서열 관계를 내포하고 있기 때문에 서열 관계가 아니라 동등한 상호관계를 맺을 수 있는 글쓰기의 각 주체로 '더블'(double)이라는 용어를 사용한다. 졸저 『현대 비평이론과 연극』 69-79 참조.

38) 실제로 핀터는 항상 극작품을 완성할 때마다 베케트를 그의 글쓰기 더블로, 즉 제1의 독자로 삼아 그에게 초고를 보내어 그의 반응을 글쓰기에 반영하였다. 그가 오랜 시간 기획했던 카프카의 『심판』을 각색한 각본의 원고도 죽어가는 베케트에게 즐거운 읽을거리로 보냈다(Gussow 144).

39) 다른 어떤 극작가들이 그에게 영향을 주었는가에 관한 질문을 받았을 때, 핀터는 베케트를 언급하지는 않았지만 뜻밖에도 카프카를 극작가의 명단에 포함시켰고, 베케트는 훌륭한 산문작가로 존경한다고 말했다(Gussow 90).

적인 것으로 해석한다. 레이먼드 암스트롱Raymond Armstrong은 핀터의 <심판> 각색작업이 극작가로서 그의 딜레마를 벗어나는 데 도움을 주었고, 그 결과 핀터는 그동안 써온 부권의 신성모독에 대한 작품들의 마지막 작품으로 『달빛』을 쓰게 되었다고 설명한다. 따라서 <심판>에서 죽음으로 이르는 K의 여정은 그가 마침내 오이디푸스적 적대감을 버리고 마지막 귀향을 마친 것을 대변한다는 것이다(Armstrong 36). 다시 말해, 카프카와 핀터 모두 글쓰기 과정을 통해 아버지를 향한 아들의 반항이 근본적으로 부조리하고 자기패배적임을 깨닫게 된다는 것이다(171). 이러한 관점에서 볼 때, <심판> 작업을 통해 확인된 핀터의 영화와 정치성에 대한 공통된 열정은 재오이디푸스화로 해석될 수도 있다(118). 그러나 핀터의 정치성은 일상 세계의 현실성의 영향을 받지 않는 이상적인 세계나 오이디푸스 구조에 초점을 둔 욕망의 억압을 의미하는 오이디푸스화를 지향하는 보수적 정치성으로 간주될 수 없다. 그의 정치성은 일상의 현실 세계 속에 내재한 욕망의 정치성이며, 따라서 그는 카프카의 정수인 너무나 두렵고 강한 힘을 다름 아닌 바로 카프카의 일상성의 세계에서 발견한다(Gussow 89).

핀터가 카프카의 소설에서 읽어낸 정치성은 미시정치성이다(Aragay 248). 요제프 K가 겪는 시련trial이자 받게 된 재판trial은 어느 누구에게나 일어날 수 있는 관료주의적 권력의 부당한 인권 침해로 인한 것이며, 여기에 내포된 정치성은 미시정치적 개념으로 파악될 수 있다. <심판>의 오프닝 시퀀스는 첫 이미지가 등장하기 이전에 각본에는 없지만 영화가 촬영된 후 첨가된 "누군가 요제프 K에 대하여 거짓말을 했음이 분명하다. 왜냐하면 아무런 잘못한 일도 없는데 어느 맑은 아침에 그는 체포되었기 때문이다"라는 보이스-오버로 일상성과 그 이면에 존재하는 알 수 없는 위협과 공포를 시사하면서 시작한다. 사실 일상성 이면에 존재하는 어디에서나 누구에게나 일어날 수 있는 위협에 대한 깨달음과 공포는 핀터의 거의 모든 작품들 속에 존재하는 상수이다. 그의 『생일파티』에서 스탠리가 받는 심판을 공포스러운 것으로 만드는 것은 바로 이러한 일상적인 것 속에 음험하게 내재하고 있는 위협과 위기에 대한 공포인 것이다. 이러한 일상세계에서 누구나 겪을 수 있는 시련을 다루는 카프카와 핀터는 거시정치적인 고정된 시각에서 사회를 비판하는 정치적 작가가 아니라, "모든 것에 의문을 제기하는 욕망의 정치성"인 "미시정치성"을 추구하는 정치적 작가이다(*Kafka* 42). 그리고 이들은 모두 기존의 것이 아닌 새로운 표현양식, 즉 새로운 매체로의 전환을 통해 오이디푸스적 난국에서 스스로 해방시킬 수 있는 흐름을 발견했다는 의미에서 정치적 작가인 것이다(41).

존스-핀터의 <심판>은 들뢰즈가 그의 현대 영화 이론 정립을 위해 가장 성공적인 작가로 다룬 오손 웰스Orson Welles의 <심판>(1962)의 리메이크 영화이기도 하다. 들뢰즈는 웰스의 요제프 K를 "견자"로, 그리고 웰스의 영화 이미지를 감각-운동 도식이 깨진 "임의적 공간" 속의 결정체-이미지를 구현하고 또 나아가 결정체의 한계를 극복할 수 있는 강력한 직접적 시간-이미지로 평가한다. 사실 웰스의 표현주의 영화 <심판>이 카프카 세계의 진수를 보여주지 못했다고 핀터는 비판했지만, 리메이크를 함에 있어서 들뢰즈가 높이 평가한 웰스의 <심판>을 그는 의식하지 않을 수 없었을 것이다. 이 두 작품을 비교함에 있어서, 대체적으로 제1차 세계대전 전 프라하라는 구체적인 시기와 장소를 배경으로 한 핀터의 리메이크 영화는 웰스의 표현주의 영화가 결여한 원작의 "정통성과 폐소공포증"(Karl 534)을 회복했다는 인정을 받는다. 그러나 핀터의 영화는 여전히 웰스의 영화를 능가하지 못할 뿐 아니라 충분히 "카프카적"Kafkaesque이지도 못한 영화(Gale, *Sharp Cut* 346)로 평가된다.

그러나 들뢰즈의 현대 영화 이론의 관점에서 핀터와 웰스의 <심판>을 비교해보면, 흥미롭게도 들뢰즈의 현대 영화 이론의 토대가 되는 웰스의 영화보다 오히려 핀터의 영화가 그 이론 실천의 사례로 더 적합하다는 사실을 발견할 수 있다. 특히 감각-운동 도식의 운동의 축에서 정치적 사유-이미지가 생성될 수 있는 간극 또는 중단으로의 선회할 때, 비로소 영화가 정치적이 될 수 있다는 들뢰즈의 논지를 적용할 경우(Coleman 150), 핀터의 영화가 더 영화 정치성을 성공적으로 구현하고 있다는 주장의 근거를 확보할 수 있다. 따라서 "핀터적인 것"the Pinteresque 과 "카프카적인 것"the Kafkaesque이 성공적으로 융합된(Grimes 144) 핀터의 <심판> 각본은 결정체-이미지의 시간-이미지의 한계를 넘어 더 적극적인 직접적 시간-이미지로 이행할 수 있는 현대 정치영화에 이른 것으로 평가될 수 있다.

II

피츠제럴드의 『마지막 거물』처럼 정도가 심한 것은 아니지만, 카프카의 『심판』도 엔딩 부분이 미완성인 소설이다. 카프카 전문 학자인 프레더릭 R. 칼Frederick R. Karl은 핀터가 질서 정연한 연대기적인 조셉 브로드Joseph Brod의 번역본에 기초했기 때문에, 너무 "사실주의적인" 각본을 썼다고 지적한다(77). 존스 감독은 핀터의 각본에 끌린 이유가 그것의 심리적인 내용 때문이라고 말하지만(Gale, *Sharp Cut* 348), 핀터의 당시 관심사는 심리적인 것보다 정치적 문제였으며, 그가 카프카를 각색하고자 한 것은 당시 영국의 상황 속에서 카프카가 다룬 정치적 주제를 다시 다룰 필요를 느꼈기 때문이라고 볼 수 있다. 따라서 핀터의 각색은 웰스와는 달리 그의 정치적 위협희극에서처럼 일상성 속에서 카프카의 비전의 악몽을 포착하고 있다(Kane "Peopling the Wound" 145). 발작적이고, 원작의 반 이상을 수정한 대사, 반복되는 우화적인 반향, 버섯구름, 비명, 음향과 조명 효과를 동반한 카메라의 신속한 운동으로 끊임없는 탈방향화를 시도하고 있는 웰스의 <심판>과는 달리, 핀터는 그런 악몽 같은 표현주의적 방법을 사용하지 않았다. 루이 마르크스Louis Marks와의 인터뷰에서 밝혔듯이, 핀터에게 악몽은 실제 속에 있기 때문에 그는 실제 일상 속에서 카프카의 악몽을 포착하려고 했다(Marks, "Producing *The Trial*" 119). 1930년대 유대계 이민자 후손으로 태어난 핀터는 항상 위협과 더불어 살아왔으며, 그러한 위협의식은 일종의 제2의 본성이 되었다고 한다(Murch 4). 따라서 40년대말 런던의 이스트엔드에 팽배한 "부랑아 스타일의 인종주의적 반유대주의"를 직접 경험하고 산 핀터의 작품이 디아스포라 사회 속에서 유대인의 정치적 현실을 반영하지 않을 수 없음을 존스-핀터의 <심판>은 보여준다. 핀터 자신도 인정했듯이, 카프카는 작가로서 그의 초기 극작에 상당한 영향을 주었으며, 특히 십대에『심판』을 처음 읽은 뒤로 늘 그 소설을 각색한 영화각본을 쓰고 싶었다고 한다(Gillen, "Harold Pinter on *The Trial*" 61). 따라서 <심판>을 위한 그의 영화각본은 카프카의 영향을 받은 그의 초기 위협희극의 연극성을 전용하여 카프카의 정치성과 더불어 자신의 정치성을 구현하는 일종의 자유간접화법적인 방식의 영화를 만들고 싶은 그의 욕망의 글쓰기라고 볼 수 있다.

핀터는 카프카를 각색함에 있어서 영국적인 상황과 원작에서 읽어낼 수 있는 "차이와 분리의 주제"를 다시 생각해볼 필요를 강력히 느꼈다고 대담에서 밝혔다(Marks, "Producing Pinter" 18). 그는 60년대까지는 "일종의 정치적 작가"로서 정치적 은유라고 할 수 있는 위협희극의 극작품들을 썼으나, 그 이후 20여 년 동안, 비록 가장 활발했던 극작 시기로 평가되지만, 정치적 작가로서는 "몽유" 상태에 빠진 시기였다고 스스로 평가한다(Knowles, "Harold Pinter, Citizen" 25). 오랜 기간 그는 초기에 그가 지녔던 "유희와 익살"을 상실할 것 같은 두려움을 느꼈으며, 초기 사회적 권위의 힘들과 불안스럽게 직면하고 있는 개인들을 그린 위협희극에서부터 계속 정치성은 그의 일관된 관심사였음을 강조한다(Gussow 82). 사실 그의 정치성이 빠져 있었던 몽유 상태란 이분법적인 냉전시대 미학의 정치성, 즉 예술과 정치, 부조리극과 정치극을 분리하는 미학의 정치성에 대한 거부이자 억압의 상태를 의미하는 것이다. 이러한 몽유상태와 이분법적 미학의 정치성을 깨운 것이 바로 그의 일련의 스크린-플레이를 통해 얻게 된 "탄력과 도약의 변화"(Gussow 146)인 것이다. 따라서 90년대 초 "차이와 분리의 주제"를 재고하면서 쓴 <심판>의 영화각본은 핀터의 초기 위협희극에서 간접적으로 다루었던 위협받는 정체성, 함정의 이미지들, 관료주의적 권력의 남용, 도덕적 명령에 대한 영국적 담론, 유대인을 전형화하는 편견 등을 직접적으로 다루고 있다고 볼 수 있다. 예컨대 요제프 K의 생기에 찬 정당한 분노의 폭발로부터 침묵에 이르기까지의 <심판>의 대사는 초기 위협희극에서 구축한 '핀터적인' 장광설과 침묵을 새롭게 구현하고 있는 대사이다. 그리고 요제프 K라는 주인공은 "끝까지 지독하게 싸운다는 것이 가장 중요하다"는 핀터의 생각을 반영하는 그의 초기 주인공과 같은 부류의 인물이다(Gordon 50). 따라서 그의 위협희극의 연극성을 전용하여 카프카의 소설을 영화로 매체전환한 <심판>의 각본은 그의 적극적 정치적 관심과 카프카의 정치성과의 자유간접화법 방식에 의한 "소수로서의 삶의 참을 수 없는" 난국에 처한 소수의 저항을 보여주는 정치영화를 지향하는 작품임이 틀림없다(*Cinema 2* 218).

핀터가 자신의 정치적 관심을 공언하는 헌Nicholas Hern과의 대담에서 주장하듯이, 그의 정치극의 목적은 관객들로 하여금 그들이 알지 못하고 있는 것과 알고 싶지 않은 것을 보게 만드는 것이다(18). 그는 그레이트 햄프던 Great Hampden[40]에 있는 크리켓 구장 아래에 설치되어 있는 첨단기술의 미국 핵시설 건설에 대한 신문 기사를 공간적 거리(낭만적인 크리켓 구장과 혐오스런 핵시설물)와 시간적 거리(목가적인 전원 시대와 첨단 과학시대)가 먼 영역들이 우리의 일상 세계 안에서 얼마나 서로 근접하고 있는지를[41] 보여주는 충격적인 사례로 언급한다. 그의 정치극의 목적은 바로 관객들이 모르고 그리고 알고 싶어 하지 않는 이러한 충격적인 사실을 보게 만드는 것이다. 핀터는 만약 그 신문 기사 내용을 연극으로 만든다면, 관객은 두 영역 사이의 인접성을 받아드리지 못하고 자신의 현실과 직접적으로 연결되지 않은 스크린에 투사된 영화 이미지로만 간주하려는 경향이 있을 것이라고 피력한다. 핀터의 이러한 견해는 보호 화면으로서의 스크린의 역할을 의미히는데, 사실 핀터는 영화에서 오히려 스크린이 갖는 현실로부터의 보호 역할을 이용하여 관객이 외면하고자 하는 현실을 보게 만들 수 있는 새로운 방식을 시도한다. 즉 핀터는 영화 매체를 통해 마치 다른 현실의 영화 이미지로 보고자 하는 관객의 욕망(Žižek, *Looking Awry* 15)을 부추기는 동시에 이를 좌절시킴으로써

---

40) 1984년 8월 22일 『가디언』(*The Gurdian*)지에 실린 그레이트 햄프던의 크리켓 구장 바로 밑에 미국에 의한 유럽핵시설센터로 지하 3층 벙커 건설에 관한 기사를 언급하면서, 핀터는 지상의 크리켓 구장과 지하핵시설의 끔찍한 장면 사이의 불협화음, 즉 불연속성과 인접성을 설명하고 있다. 다시 말해, 공간적으로 거리가 있는 낭만적인 크리켓 구장과 혐오스런 핵시설물, 시간적으로는 분리되어 있는 목가적인 전원 시대와 첨단 과학 시대의 영역들이 우리의 일상적인 세계 안에서 어떻게 서로 연결되어 있는지를 충격적으로 보여준다 ("A Play and Its Politics" 21-22).
41) 웰스의 <심판>의 성공은 그 먼 영역들을 인접한 것으로 만드는 무한한 시간(일상 세계가 아닌)의 밑바닥에서 이러한 인접성을 보여주는 웰스의 능력에 있다고 들뢰즈는 지적한다(*Cinema 2* 114). 그러나 핀터의 <심판>은 그 인접성을 일상 세계에서 보여준다.

그들이 보고 싶지 않은 현실을 보도록, 즉 바깥의 목소리를 듣도록 유도하는 방식을 사용한다. 이것이 바로 들뢰즈가 말하는 현대 영화의 새로운 내레이션 방식인 자유간접화법과 같은 방식인 것이다. 사실 핀터가 자신의 극과 영화의 관객으로 하여금 보도록 유도한 것은 화면의 프레임 바깥에 있기로 된 외화면*hors-champ*42)의 존재와 같은 것이다. 물론 관객은 외부적 실제로 인접해 있는 그것의 물질적 존재를 보도록 유인될 때 상당히 불편한 감정을 느끼게 되는 것은 사실이다(Žižek, *Looking Awry* 15). 들뢰즈에 의하면, 사실 외화면은 보이거나 이해되는 것은 아니지만, 그럼에도 불구하고 완벽하게 존재하고 있다(*Cinema 1* 16). 그리고 또한 외화면은 그것의 밖, 다른 곳에 존재하는 것, 즉 동질적인 공간과 시간 바깥의 더욱 급진적인 "다른 곳"elsewhere을 '주장하거나' '존속시키는' 매우 혼란스러운 존재가 있음을 입증하기도 한다(17). 핀터의 전략은 바로 이러한 영화의 이중적 기능, 즉 일종의 보호 화면의 역할과 겉보기에 관련이 없는 것 같은 실제 사이의 간접화법적인 내재적 연결이라는 두 가지 기능을 사용하고 있는 것이다. 따라서 핀터의 <심판>을 위한 각색은 두 실제 사이의 안전거리를 유지하는 동시에 그 인접성을 볼 수 있게 하는 자유간접화법 방식으로 관객으로 하여금 외화면을 직시하여 거기서 탈주선을 찾도록 유도할 수 있는 현대 정치영화를 위한 작업인 것이다.

---

42) 들뢰즈는 (탈)프레이밍의 두 가지 양식에 대해 설명한다. 일반각(normal angle)의 프레이밍과, 정당화된 동질의 '내화면'(the in-field)과 불연속적인 이질적 공간, 즉 '외화면'(the out-of-field)을 담아내는 비일반각(abnormal angle)의 '탈프레이밍'으로 각각 설명된다. 사실 모든 프레이밍은 외화면을 결정하며, 따라서 두 가지 종류의 프레임이 있는 것이 아니다. 그보다는 외화면의 다른 두 양상들이며, 각각 프레이밍의 양식인 것이다(*Cinema 1* 15-16).

III

핀터가 <심판>의 각본 작업을 할 때, 물론 전작 웰스의 <심판>을 이미 잘 알고 있었으며, 그의 각본은 리메이크 영화를 위한 것임은 분명하다. 대체적으로 리메이크는 시대적·사회적 변화를 수용한 반복을 통해 차이를 구현하고자 하는 반복강박 또는 욕망의 산물로 간주된다. 그러나 핀터는 그의 각본이 웰스의 영화를 전혀 참조하지 않고 원작에 대한 그의 새로운 해석을 반영한 것임을 주장한다. 사실 핀터는 이미 오래전에 자신의 극작품에서 "궁극의 작가"the ultimate auteur로 불리는 작가주의의 의식이 강한 웰스를 인용하여 그의 자의식에 냉소적인 비판을 가한 적이 있다(Rosenbaum 6). 그의 『옛 시절』Old Times(1970)에 등장하는 딜리Deeley의 "내가 영화를 쓰고 감독했어. 내 이름은 오손 웰스다"라는 대사는 바로 웰스의 두 영화 <심판>과 <위대한 엠버슨가>The Magnificent Ambersons의 마지막 대사로 나오는 보이스-오버를 차용한 대사이다. 그러나 핀터는 리메이크 영화 <심판> 각본 작업에서 원작자 카프카뿐 아니라 먼저 각색을 한 웰스와도 "협상"negotiation을 하지 않을 수 없었을 것이다(Deleuze and Parnet 17).

비록 핀터가 웰스에 대하여 부정적인 입장을 취하고 그의 영향을 부인하지만, 사실 핀터와 웰스 둘다 희극성을 카프카의 진수로 읽어내고 있다. 들뢰즈 역시 카프카를 희극적 효과를 최대화한 "즐거운 작가"로 읽어낸다(Kafka 11). 특히 들뢰즈는 카프카가 아버지와 아들의 오이디푸스적 관계를 고전 비극과는 달리 희극의 제재로 다루고 있으며, "과장된 오이디푸스"로 오히려 희극성을 강조하고 있다고 주장한다(10). 웰스와 핀터 또한 카프카의 오이디푸스에서 희극성을 읽어내고 있다. 그러나 영화의 형식은 각각 표현주의와 사실주의로 서로 다른 것을 그들은 선택하였으며, 그 결과 그들이 강조하고자 한 오이디푸스의 희극성은 각각 다르게 구현되었다. 웰스는 자신의 영화가 상당히 희극적이라고 생각하지만, 발작적인 대사와 혼돈스러운 악몽과 같은 이미지의 영화로 본 핀터를 비롯하여 피터 보그다노비치Peter Bogdanovich와 같은 비평가들은 웰스의 영화가 보기가 무척 힘든 영화로 평한다(Gale, *Sharp Cut* 344 재인용). 웰스가 의도한 바와는 달리, 그의 <심판>이 사이코드라마와 같은 어두운 영화로 보이는 중요한 이유는 오이디푸스를 들뢰즈가 말한 카프카의 "악마적인 프로젝트", 즉 앙띠-오이디푸스적 프로젝트를 위한 "과장된 오이디푸스"(*Kafka* 10)의 차원으로 다루지 못했기 때문이라고 말할 수 있다.

사실 웰스는 원작의 본질을 오스트리아 헝가리 제국에 다가온 현대적 공포 이야기, 즉 현대 유럽의 이야기로 보고, 이러한 공포 이야기를 다루는 자의식과 주관성이 강한 표현주의 영화로 만들고자 했던 것이다. 웰스는 또한 요제프 K 역을 맡은 배우 앤서니 퍼킨스Anthony Perkins에게 설명했듯이, 요제프 K를 "모든 것에 대하여 죄의식을 느끼는" 인물, 즉 오이디푸스적 죄의식에 시달리는 주인공으로 등장시키고자 했다(Gale, *Sharp Cut* 344 재인용). 반면에 핀터는 요제프 K를 1910년 유럽의 논리, 진보, 그리고 일반적인 낙관주의에 대한 신념을 대변하는 청년으로 구체화하여 사실주의 영화의 주인공으로 등장시켰다(345). 『생일파티』의 심문 장면에서 스탠리에게 상상 가능한 모든 죄가 부과되고 있듯이, 핀터의 요제프 K는 죄의식을 느끼기보다는 그에게 모든 죄가 부과되는 부조리성을 의식하고 있다. 따라서 오이디푸스적 죄의식에 시달리는 웰스의 요제프 K보다는 핀터의 요제프 K가 과장된 오이디푸스의 희극적 효과를 초래할 수 있는 주인공으로 더 적격일 수 있다. 핀터는 당시 죽음을 앞둔 베케트에게 그의 기분 전환을 위해 완성된 <심판>의 각본을 보냈다는 조크를 할 정도로(Gussow 144), 그의 작품에 내재한 부조리적인 희극성을 확신했다. 사실 핀터가 <심판>을 웰스의 영화와는 달리 사실주의적 영화로 만들고자 한 것은 카프카가 자신의 "악마적인 프로젝트"를 위해 이용한 "과장된 오이디푸스"와 같은 전략에 의한 것이라고 볼 수 있다. 다시 말해, 카프카의 전략처럼 핀터 또한 사실주의적 방법으로 고전적 오이디푸스 시나리오를 고수하고 과장함으로써 "완전히 다른 종류의 전투가 전개되고 있는 분자적 소요를 오이디푸스에 부과하는 [그의] 악마적인 프로젝트"를 수행하고자한 것이다(Kafka 10). 간단히 말해, 카프카 소설을 영화 매체로 전환하는 과정에서 핀터가 수행한 것은 과장된 오이디푸스와 사실주의적 형식의 강조라는 역설적 전략으로 앙티-오이디푸스를 추구할 수 있는 정치성을 구현한 것이다. 그리고 그 정치성은 바로 들뢰즈와 가타리가 읽어낸 카프카의 정치성과 같은 것이다.

IV

들뢰즈는 제2차 세계대전을 기점[43])으로 현대 영화를 더 이상 행위자가 아니라 "견자"의 영화로, 또한 운동-이미지를 넘어선 시간-이미지의 영화로 정의하고 있다(Cinema 2 126). 들뢰즈에 의하면, 웰스의 요제프 K는 견자이고, 웰스의 영상 이미지는 감각-운동 상태의 공간 속 운동-이미지를 초월하여 "임의적 공간"에서 확립되는 순수 시각과 청각의 새로운 시간-이미

---

43) 들뢰즈는 고전 영화와 현대 영화 사이의 단절과 이행을 운동-이미지의 고전 영화 자체의 한계와 제2차 세계대전이라는 역사적 한계 상황과 그에 따르는 사회적이고 문화적인 변화들을 언급하고 있다.

지이다. 이러한 들뢰즈의 웰스 읽기를 참조하면, 핀터의 요제프 K는 행위자와 견자 둘 다로 볼 수 있다. 그리고 핀터의 사실주의적 무대는 특정한 시간과 장소로 묘사되는 전통적인 사실주의적 무대도 아니고, 웰스의 무대처럼 표현주의적 이미지들과 효과들로 가득 찬 그림자 나라도 아니다 (Gussow 89). 핀터가 무대로 택한 곳은 전통적 리얼리즘의 강력한 감각-운동 상황과 네오리얼리즘의 시각적 그리고 청각적 상황의 '사이'로 볼 수 있다 (*Cinema 2* 5). 따라서 이러한 맥락에서 보면, 핀터의 <심판>은 고전 영화와 현대 영화의 사이에, 운동-이미지와 시간-이미지 사이의 간극에 위치한 영화로 볼 수 있다. 사실 핀터의 <심판>이 자리매김된 이러한 위치는 현대 영화로의 이행에 실패한 채 심연에 빠져 있는 상태를 의미할 수도 있다. 그러나 핀터가 추구하는 정치영화는 그러한 상태에 빠져서 벗어날 수 있는 생과 미래의 역능을 내포한 영화이다.

<심판>의 오프닝 시퀀스는 보이스-오버에 이어 전혀 위협적이지 않은 칼 데이비스Carl Davis의 음악을 배경으로 프라하의 아침거리와 사람들을 포착한 긴 일련의 쇼트들에 이어 마침내 요제프 K의 방에 이르는 긴 달리 쇼트dolly shot로 구성된다. 여기서 카메라는 요제프 K가 옆방에서 나는 속삭이는 소리에 잠에서 깨어나 갑자기 자신이 낯선 자들의 응시의 대상이 되었고 '체포-되기'becoming-arrested의 상태에 있음을 발견하는 장면에 이른다. 이 시퀀스의 쇼트들은 건너편 건물에서 창문을 통해 요제프 K의 방을 드려다 보며 그의 체포를 지켜보는 이웃사람들의 존재처럼 배경에 있는 견자들을 가시화하고 있다. 그 날 아침까지 요제프 K는 하숙집과 은행에서 사회적 시스템의 감각-운동 도식에 따라 행동하는데 우위적 입지를 점유한 적극적인 행위자였다. 그러나 갑자기 체포-되기를 당함으로써 요제프 K는 마치 「변신」"The Metamorphosis"(1915)에서 동물-되기becoming-animal에 처한 그레고

르Gregor처럼 행동과 반응의 법칙에 따라 대처할 수 없는 상황에 처하게 된 것이다. 그러나 이러한 체포된 상황에서 더 이상 적극적인 행위자가 될 수 없게 된 그는 오히려 훨씬 더 잘 보고 들을 수 있는 견자, 나아가 개인적으로 감당할 수 있는 것의 한계를 넘어선 외화면을 볼 수 있는 견자-되기로 진입하게 된다. 따라서 <심판>의 영화평을 쓴 잔 코놀리Jeanne Connolly가 지적한 것처럼, 이 영화의 틀은 여전히 핀터의 연극에서처럼 방에 한정되어 있지만(85), 핀터는 요제프 K와 관객으로 하여금 그 방을 벗어난 외화면을 볼 수 있는 견자의 입지로 유도할 수가 있다.

카프카의 원작에서 체포를 당하는 요제프 K의 죄가 무엇인지가 끝까지 밝혀지지 않는다. 바로 이 점이 핀터의 관심을 끌었는데, 그것은 핀터의 정치적 관심이 주로 인권 문제와 정부의 권력 악용, 특히 어느 누구에게도 해명하지 않는 관료주의적 정부 조직에 의한 "임의적 인간"any-man-whoever, 즉 만인Everyman의 인권 침해에 대한 것이기 때문이다. 사실 어떤 분명한 죄명도 부과되지 않아 규정이 불가능하기 때문에, 요제프 K가 대처할 수 있는 일이란 그의 무죄를 주장하는 것뿐이다. 그러나 무죄를 주장하는 요제프 K는 부르스트너Fräulein Bürstner 양이 그에게 되묻는 "무엇으로부터 무죄인가요?"라는 질문으로 다시 돌아올 수밖에 없다. 아무 것도 모르고 있는 것처럼 보이는 은행 지배인과 이탈리아 손님을 비롯하여 그의 주변 사람들은 어떤 식으로든 그의 체포와 소송에 관여된 것 같지만 그에게 일어나고 있는 상황에 개입하지 않고 그냥 지나친다. 아마도 그들은 무엇이 일어나고 있는지 모르고 있거나, 그 음모에 가담하고 있거나, 또는 그들이 그냥 지나치지 않으면 그들에게 일어날 것이 두렵기 때문에 그렇게 대처하는지도 모른다.

핀터의 요제프 K는 일상 세계 속에서 일련의 힘든, 엄중한, 그리고 객관적인 사건들을 겪으면서 그 사건에 내재한 욕망의 벡터를 따라가는 가운데, 주변 타인들에게 시선의 먹잇감이 되어 추적을 당하게 된다(Armstrong 119). 다시 말해, 그를 지켜보는 이웃들의 시선이 점차 증가하면서, 요제프 K는 기득권층인 다수의 시선이 아니라 소수의 시선을 위한 스펙터클이 되면서, 소수-되기 과정을 겪게 되는 것이다. 이러한 익명의 이웃들뿐만 아니라, 세탁부여자, 변호사 훌트Dr. Huld의 하녀 레니Leni, 그리고 화가 티토렐리Titorelli의 여자 아이들 등의 시선들 역시 요제프 K를 일련의 소수-되기의 과정으로 몰고 가는 여성 관객성을 구현하고 있다. 이러한 소수-되기는 요제프 K, 그리고 나아가 관객을 소수로서의 견자 되기로 유도한다.

들뢰즈가 인정한 견자로서 웰스의 요제프 K는 핀터의 요제프 K와는 달리 그 자신을 추적하는 타자들, 특히 소수의 시선들의 먹잇감이 되는 대신, 즉 소수를 위한 스펙터클이 되는 대신에 특정한 시선, 즉 센터로서의 카메라의 눈인 웰스의 시선의 먹잇감이 되고 만다고 볼 수 있다(Cinema 2 116). 들뢰즈도 웰스가 고정된 시점을 고수하고 있는 것을 문제로 지적한다.[44] 들뢰즈에 의하면, 웰스는 우리에게 그 고정점을 영화의 시작부터 가끔씩 선물로 주거나 또는 미리 예상할 수 있도록 해주는 배려를 해주고 있다는 것이다(116). 예컨대, 웰스의 <심판>은 영화의 시작과 함께 고정점으로 웰스 자신이 직접 서술하는 「법의 문」"The Door of the Law"의 이야기가 보이스-오프voice-off로 소개된다. 그 고정점이 또한 웰스의 영화에 있어서 중요한 역할을 하는 스토리텔러의 보이스-오프이자, 바로 웰스 자신의 목소리로 소개된다는 것은 웰스가 이 영화의 고정점, 센터, 그리고 카메라의 눈과 의

---

44) 웰스의 문제점을 그의 가장 독립적이고 창의적인 제자였던 레네(Resnais)가 센터 또는 고정점의 소멸과 '과거의 시트들' 사이의 결정할 수 없는 대안들의 구성으로 해결할 수 있었다고 들뢰즈는 설명한다(Cinema 2 117).

식을 통제하고 있음을 강력하게 시사한다. 사실 들뢰즈가 자신의 이론을 실천하면서 해체시키고자 한 것이 바로 이 센터이다. 따라서 아이러닉하게 도 들뢰즈는 그의 현대 영화 이론 구축에 핵심적인 역할을 한 웰스에게 그의 이론을 실천하는 가운데, 그의 이론이 성립하기 위해서는 숨겨져 있어야 할 그것의 외상적 핵traumatic kernel을 드러내 보이는 난국에 처하게 되었다고 볼 수 있다. 그런데 이러한 난국에 대처하기 위해 들뢰즈가 시도한 것이 바로 웰스의 센터를 긍정적인 요소로 변형시키는 것이다.

들뢰즈는 웰스가 센터의 개념을 이중으로 변형시키고 있다고 주장하며, 그 이중적 개념을 감각-운동이 되기를 멈추고 시각적인 된 센터와 발광체luminous가 된 센터로 각각 설명한다(*Cinema 2* 144). 들뢰즈에 의하면, 이 두 개의 양상들이 웰스의 영상의 건축을 형성한다는 것이다(144). 즉 웰스는 짧은 몽타주로 등장인물을 오로지 되기로 존재하는 순간의 일련의 투영물로 구축하고, 시퀀스 쇼트로 신체가 형체를 드러내고 다시 그것으로 돌아가는 일련의 그림자들을 부각시킴으로써 부피와 부조감을 강조한다는 것이다. 이러한 들뢰즈의 설명은 웰스의 영상의 건축이 등장인물을 하나의 시각적 센터로부터 나온 투영물로 만들어, 결국 웰스라는 천재적인 창조가의 두뇌에서 만들어진 그림자 인물로 축소시킨다는 것을 시사한다. 다시 말해, 웰스의 영상의 건축은 하얀 스크린 전체로 퍼져나가는 마치 블랙홀45)의 흡

---

45) 들뢰즈는 자신의 글쓰기 더블로서의 가타리와의 공동 저작들을 그들 둘 "사이"의 작업의 결과물이라고 말한다. 그들의 공동 작품의 배치 자체가 정치이며, 사실 그들의 공동 작업은 정치적 협상이라는 것이다. 예컨대, 가타리는 포착하면 결코 내보내지 않는 블랙홀, 즉 오이디푸스적 난국에 관해서 작업하고 있었고, 반면에 들뢰즈 자신은 스크린을 의미하는 하얀 벽(white wall)에 관해 작업하는 중이었다. 따라서 그들의 관심사는, 어떻게 블랙홀에서 빠져 나올 수 있는가라는 가타리의 관심사, 그리고 어떻게 벽 아래로 활공하여 내려와 탈주선을 만들 수 있는 가는 들뢰즈 자신의 관심사로 각각 다르다. 이러한 카타리와의 공동 작업에 관한 들뢰즈의 설명은 블랙홀의 강렬한 수렴성에 대한 우려

인력과도 같이 센터의 강한 흡수력에 의해 파괴될지도 모른다는 것이다. 웰스는 <심판>에서 시각적 센터로 스크린 밖에서는 감독과 내레이터로 그리고 스크린 안에서는 배우(변호사 역)로 동시에 존재한다. 이러한 스크린 밖과 안의 위치를 점유한 웰스의 눈동자는 그 자체가 결정체로 그 안에 모든 등장인물들을 투영적 이미지들로 만들어 가두고 블랙홀 속으로 그것들을 흡수할 수 있다. 웰스는 또한 카프카 원작에서 가장 지위가 낮은 문지기를 법의 문을 무자비하게 닫아버리는 신으로 변경하고, 원작의 신부 대신에 웰스 자신이 맡은 내레이터와 변호사가 「법의 문」을 이야기하는 것으로 변경을 한다. 이러한 변경으로 웰스는 부재하는 신이 아니라 자신이 창조한 세계에 음란하고 무자비한 신을 연기하는 창조자로 존속할 수가 있는 것이다.

웰스의 이러한 영상의 건축에서 요제프 K는 견자이지만, 하나의 고정된 시점으로 보기를 강요받으며 블랙홀로 흡수되는 등장인물들 중 한 사람이 된다. 이러한 맥락에서 보면, 웰스의 요제프 K는 기본적으로 희생자[46]로 간주될 수 있으며, 관객 역시 시각적 센터가 제공하는 고정점에 그들의 시점을 맞추도록 강요받는다고 볼 수 있다. 반면에, 핀터의 요제프 K는 스스로 자신의 탈주선을 찾는 견자와 그의 관객 역시 견자-되기 과정으로 유도되고 있다. 그러나 이러한 되기 과정에 있는 요제프 K에게 인식될 수 있

를 내포하고 있다. 즉 들뢰즈의 설명은 모든 것을 수렴하는 커다란 블랙홀이 스크린을 가로질러 휩쓸어버릴 위험성을 강력하게 시사한다(Deleuze and Parnet 15-18).

46) 웰스는 인터뷰에서 그는 요제프 K를 협력자이면서 희생자로, 즉 그 역시 한 관료로 유죄로 간주한다고 말한바 있다. 그러나 웰스의 영화는 카프카의 소설 끝 부분에 처형자들을 향해 K가 당당하게 저항하는 장면을 삽입하여 변경했음에도 불구하고 실험적인 영화 기법과 거대한 무대로 K를 희생자로 부각시키는 결과를 초래한다(Gillen, "From Novel to Film" 138).

는 정체성을 주지 못하고, 관객에게 지나친 개입을 강요함으로써 핀터의 <심판>은 실패한 영화가 되었다는 지적을 받기도 한다(Marks, "Producing *The Trial*" 119). 그러나 카프카의 『심판』에서 요제프 K가 누구인지 묻는 것은 무의미하다고 들뢰즈가 설명하듯이(*Kafka* 84), 핀터의 관심 역시 그의 정체성과 주체성이 아니라, 그의 견자로서. 특히 소수로서의 견자의 탈주선 찾기이며 관객 또한 적극적으로 그러한 찾기에 개입하도록 유도하는 것이다. 들뢰즈는 카프카가 이야기에서 소설로 전환을 하면서, 그의 주요 주제인 정치성 역시 "보다 높은 차원의 관심"(*Kafka* 15)의 주제로 도약할 수 있게 되었다고 지적한다. 핀터의 <심판> 또한 핀터가 매체 전환을 통해 그러한 도약을 할 수 있음을 보여주는 작품이다.

V

대부분의 비평가들은 웰스와 핀터의 <심판>을 비교함에 있어서 웰스의 영화가 핀터의 영화보다 훨씬 더 흡인력이 있으며, 핀터의 영화는 스크린보다 무대에 더 적합한 속성을 가지고 있다고 평가한다. 물론 핀터가 영화에 연극성을 전용하고 있는 것은 사실이지만, 그것은 결코 부정적이 아니라 긍정적인 효과를 창출했다. 들뢰즈는 현대 영화의 시간-이미지를 설명함에 있어서 오직 영화가 연극에만 줄 수 있는 "영화적 연극성", 앙드레 바쟁André Bazin의 용어로는 "연극성의 잉여" 개념을 사용하고 있다(*Cinema 2* 84). 다시 말해, 들뢰즈는 영화가 결정체 속에 갇힌 연극을 해방시켜줄 수 있다는 것이다. 그러나 핀터는 바로 이러한 연극성을 그의 영화에서 사용함으로써, 오히려 결정체에 갇힌 영화를 해방시켜줄 수 있음을 보여줌으로써 두 매체의 진정한 상호매체성을 구현한다. 들뢰즈는 현대 영화의 결정체-이미지의 이중적 운동을 설명하면서, 사실 현대 영화의 시간-이미지는 잠재태와 현실태의 식별불가능한 지점으로서의 결정체-이미지에서 그 다음 단계인 적극적인 시간-이미지로 이행하고 있으며, 이 단계로 나아가기 위해서는 다른 역량이 필요하다는 것을 시사한다. 물론 들뢰즈는 웰스를 그러한 역량을 갖춘 시간-이미지의 대가로 평가한다(Cinema 2 275). 들뢰즈에 의하면, 직접적인 시간-이미지는 세 종류로, 즉 베르그송에 기반한 각각 과거와 현재를 중심으로 하는 첫째와 둘째의 직접적 시간-이미지, 그리고 세번째 직접적 시간-이미지로 구분된다. 세 번째 "직접적 시간-이미지는 공존성 또는 동시성의 질서 속에서 출현하는 것이 아니라 잠재화 혹은 역량의 계열로서의 생성 속에서 출현한다"고 그는 설명한다(Cinema 2 275). 그리고 앞의 두 시간-이미지들은 시간의 질서와 연관되지만, 반면 세 번째 이미지는 자신이 도입한 간격 그 자체의 심연을 마주하면서 구분된 순간들을 창조적인 생성 안에서 결합하는 시간의 계열로 구분된다는 것이다(Cinema 2 155). 그러나 엄밀하게 말해, 웰스의 <심판>은 세 번째 직접적 시간-이미지로의 이행을 가능하게 하는 역량을 시사하기보다는 오히려 결정체-이미지로의 닫힌 구조로의 귀환을 초래할 수 있는 위험을 더 많이 내포하고 있다고 볼 수 있다.

들뢰즈에 의하면, 웰스의 <심판>의 성공은 시야심도depth of field의 창조와 효과적인 사용에 기인한다. 시야심도는 들뢰즈가 르누아르의 사례를 들어서 설명하듯이, 영화 속에 다양한 층들의 시간을 포함하는 이미지들의 세계를 제시하는 방법이다(Cinema 2 84). 르누아르와는 달리 웰스는 배경에 광원을 두고 전경에 그림자 무리들을 두는 현격한 대조효과와 광각wide angles을 이용하여 화면의 시야심도를 증폭시키는 방식을 개발하였다. 그러나 시야심도는 흠을 통해 뭔가가 탈주할 수 있는 회로 속에 배경을 항상 배치하지만(Cinema 2 85), 웰스의 시야심도는 오히려 모든 잠재적인 것들을 흡인해버리는 블랙홀로 탈주의 가능성을 소진시킬 수 있는 위험을 다분히 내표하고 있다. 사실 요제프 K가 검은 버섯구름처럼 폭발하여 사라지고, "내 이름은 오손 웰스"라는 화자의 보이스-오프와 영화 첫 장면의 <법의 검은 문>의 시각적 이미지로 구성된 웰스의 엔딩은 이러한 위험을 더욱 부각시킨다고 볼 수 있다. 즉 요제프 K와 탈주의 모든 가능성은 마치 음란한 신과 같은 권위주의적 작가주의를 주장하는 웰스의 광원 속으로 다시 빨려 들어가고 있는 것처럼 보인다는 것이다. 따라서 시간-이미지 역시 세 번째 직접적 시간-이미지로 이행하는 대신에 다시 결정체-이미지 속에 갇히게 될 수 있다.

반면에 핀터는 시야심도의 광원대신에 자연의 일광을 효과적으로 사용하여 오히려 탈주의 가능성을 효과적으로 시사할 수 있다. 핀터와 웰스의 영화의 유사점과 차이를 가장 잘 보여주는 장면은 요제프 K가 재판을 받으러 가는 장면과 세탁부 여자와 법정 장면이다. 핀터의 <심판>에서 카메라는 광각과 시퀀스 쇼트를 이용하여 첫 심문을 위해 밝은 날 햇빛 속에서 더러운 노동자들의 아파트 구역에 위치한 법원을 찾아가는 요제프 K를 따라온다. 그리고 그와 함께 「법의 문」 우화와는 달리 웅장한 법원 입구를 지키는 권위적인 문지기의 제지를 받는 대신 세탁부 여자에 의하여 떠밀어져 법정 안으로 따라 들어온다. 법정으로 떠밀려 들어온 요제프 K가 판사석을 향해 하는 열정적인 연설을 방해하기 위해 세탁부여자가 법대생과 벌이는 공개적인 성교 행위는 법정을 외설과 법이 공존하는 공간으로 갑자기 변화시킨다. 이 장면에서 핀터는 앙각으로 잡은 웰스의 배경의 밝은 광원 대신에 높은 창문을 통해 들어와 법정의 마룻바닥까지 닿는 긴 광선을 이용하여 삼각형 구도의 판사석의 위계질서의 차별을 없애버린다. 이러한 외부로부터의 빛의 사용으로 핀터는 외부로 하여금 내부를 삼키도록 하여 장벽을 무너뜨려 내부와 외부 사이의 불일치를 해소할 수 있음을 시사한다. 핀터는 또한 법률 사무소들이 빼곡하게 들어있는 건물의 미로 같은 복도에서 요제프 K가 밖으로 나올 때도 외부로부터 들어오는 빛의 효과를 사용한다. <낯선 자들의 위안>의 베니스 뒷골목들을 연상하게 하는 복도들의 미로에 갇혀 요제프 K는 헤매다 법원 서기의 인도로 출구로 와서 갑자기 일광이 번쩍이는 가운데 외부로 미끄러져 나온다. 그 순간 번쩍이는 외부의 빛은 "가장 중요한 일들은 항상 다른 곳에서, 법정의 복도에서, 회의의 막후에서 일어나며 거기서 사람들은 정의의 실제 문제인 권력과 욕망의 실제적이고 내재적인 문제들을 직면한다"(*Kafka* 50)라는 사실을 역설적으로 강조하는 빛이기도 하다. 따라서 핀터의 <심판>은 외부의 자연적인 일광이 초월적인 법과 정당화를 해체할 수 있음을 시사하며, 웰스의 시각적 센터의 발광적인 빛보다 핀터의 일광이 카프카가 의도한 관료주의적 위계질서와 초월적 법들의 차별을 와해시키는 데 더 효과적일 수 있음을 보여준다.

VI

핀터의 <심판>의 엔딩은 폭발하여 블랙홀로 빨려 들어가는 웰스의 요제프 K의 죽음과는 달리, 들뢰즈의 관심사인 흰 벽white wall과 같은 흰 돌 위에 몸을 펼치고 누워 있는 요제프 K의 죽음으로 끝난다. 이러한 엔딩에서 볼 수 있듯이, 핀터는 웰스와는 달리 블랙홀보다는 흰 벽, 즉 스크린에 관심을 가지고 있다는 것을 알 수 있다. 다시 말해, 핀터의 엔딩은 웰스의 문제가 블랙홀의 심연으로부터의 탈주라면, 그의 문제는 어떻게 스크린을 활공하여 탈주할 수 있을까라는 것임을 시사한다. 물론 그들 모두의 공통된 관심사는 탈주라는 문제이다. 들뢰즈가 블랙홀과 흰 벽의 관계로 자신과 가타리의 공동 작업을 설명하듯이, 사실 핀터가 인정하지 않아도 그의 <심판>은 웰스와의 공동 작업, 또는 자유접화법적 작업의 성과인 것이다.47) 따라서 웰스의 <심판>과 30년간의 시차를 두고 자유화법적 작업의 성과로 리메이크된 핀터의 <심판>은 웰스의 블랙홀과 그의 흰 벽이 만들어내는 독특한 카프카의 얼굴을 만들어 낸 것이다.

핀터의 <심판> 엔딩은 핀터가 전용한 연극성이 가장 잘 드러난 부분이다. 엔딩에서 요제프 K가 자신의 처형을 하나의 스펙터클로 만들고 있는데, 그 스펙터클이 핀터가 구축해온 일련의 스펙터클들 중 가장 연극적인 스펙터클이다. 요제프 K의 마지막 대사 "개 같이"는 카프카의 원작에서 직접 각본으로 옮겨온 많은 부분들 중 하나이다. W. H. 오든W. H. Auden의 시 「미술관」"Musée des Beaux Arts"(1939)에 나오는 "개 같은 삶을 살아가는 개들" 처럼 요제프 K는 어두운 채석장에서 남들의 관심을 끌지 못하는, 즉 스펙터클하지 않은 죽음을 맞이한다. 그러나 그의 죽음은 "극단"에서 일하는 "늙은 엉터리 배우들" 같은 처형자들에 의해 채석장 돌을 제단 삼아 처형을 당하는 의식의 스펙터클을 만든다. 이 스펙터클의 유일한 관객은 어느

---

47) 가타리가 블랙홀에 관심을 가지고, 우리를 포착하여 나갈 수 없게 하는 블랙홀로부터 어떻게 탈주할 것인가 그리고 그 심연에서 어떻게 신호를 방출할 수 있는가를 다루고 있다면, 들뢰즈 자신은 흰 벽에 관심을 갖고, 어떻게 그 벽을 활공하여 탈주선을 만들 것인가를 고심하고 있다는 것이다. 그 둘은 함께 그 생각들을 모으지 않지만, 각자 나름 대로 서로를 향하고, 결국 서로에게 있는 것이 아닌 어떤 것을 생산한다는 것이다. 즉 흰 벽 위의 블랙홀은 얼굴, 즉 흰 뺨에 블랙홀로 구멍이 뚫린 둥근 얼굴을 만들어 내는 결과를 가져왔다고 들뢰즈는 그들의 공동작업을 설명한다(Deleuze and Parnet 17-18).

집 꼭대기 창문을 열고 등장하여 조명을 받으며 흰 소매의 팔을 축복하듯이 들고 서있는 정체를 알 수 없는 인물이다. 엔딩 시퀀스에서 죽음을 당하는 요제프 K를 건너편 건물 창을 통해 내려다보다는 이 익명의 인물의 시선은 오프닝 시퀀스에서 그의 체포를 지켜보는 이웃사람들의 시선을 연상시킨다. 또한 요제프 K가 그의 가슴에 칼이 꽂히기 전에 그 인물을 향하여 탄원을 하듯 팔을 올리는 장면에서 그 인물은 앞서 등장한 「법 앞에서」 "Before the Law"를 이야기해준 교화 신부를 연상시키기도 한다. 사실 이 장면은 부당한 법 체제와 실존적 투쟁의 주제들이 종교적인 의미와 연결되어 핀터의 보수적 정치성을 입증하는 것으로 해석될 수 있다. 그러나 이 엔딩이 연출하는 연극적 스펙터클은 익명의 견자와 함께 결정체 안에 갇힐 수 있는 영화를 해방시키는 연극성의 전복성을 구현함으로써 핀터의 전복적 정치성을 부각시키고 있다.

핀터의 엔딩 시퀀스에서 요제프 K는 희생물로서, 즉 소수로서 자신의 역할을 수행함으로써 오히려 그를 가두고 있는 결정체로부터 탈주의 선을 찾을 수 있음을 보여준다. "나는 격분하는 백치처럼 이 세상을 떠나지는 않을 거야"라고 그가 외치듯이, 그는 자신의 희생의식을 통하여 희생자가 아니라 오히려 탈주하는 승자의 역할을 수행한 것이다(Cinema 2 86). 집행자 역할을 맡은 연극배우들이 요제프 K를 흰 대리석 제단 위에 올려놓고 그의 가슴 위로 서로 칼을 주고받고 하는 반복적 행동은 하나의 회로를 이루며 결정체로서 스펙터클의 구축을 완성한다. 여기서 개입하는 제3의 정체모를 인물은 블랙홀의 센터를 차지하고 있는 웰스도 아니고, 물론 핀터도 아니며, 오히려 창문을 통해 그의 체포-되기를 엿 본 익명의 이웃들과 그의 심판과 그 과정을 지켜본 일련의 견자들을 연상시킨다. 그리고 무엇보다도 중요한 것은 결정체에 갇힐 수 있는 요제프 K의 처형 의식의 연극적 스펙터클이 바로 익명의 흰 소매의 사람과 요제프 K 사이의 시선 교환과 그의 죽음을 통한 흰 벽 위로의 활강이 생성하게 될 전복적 역량에 의하여 열릴 수 있다는 것이다. 이 스펙터클을 구축한 삼류 연극배우 같은 집행자들, 개같이 죽는 요제프 K, 그리고 익명의 관객은 다수 체제에서는 보이지 않는 소수들로 취급되지만, 그래서 오히려 더 잘 볼 수 있는 견자들이 될 수 있다. 다시 말해, 연극적 스펙터클과 그것의 열림의 가능성을 시사하는 이러한 핀터의 엔딩 시퀀스는 다수의 닫힌 시스템에서 탈주의 선을 발견할 수 있는 소수 견자들의 탄생을 예고하고 있다. 따라서 핀터의 <심판>은 들뢰즈가 강조한 소수의 견자들에게서 예견할 수 있는 "아직 등장하지 않은 민중들", 앞으로 현대 정치영화가 발명해야 할 "행방불명의 민중들"의 등장을(*Cinema 2* 216) 예고하는 그의 영화 정치성을 가장 강력하게 구현하고 있는 작품으로 평가될 수 있다.

핀터의 엔드게임: 〈추적〉

〈발자국〉(*Sleuth*, 1972)

〈추적〉(*Sleuth*, 2007)

I

극작품뿐 아니라 다양한 매체들을 위하여 수많은 작품들을 남긴 핀터가 쓴 〈추적〉*Sleuth*(2007)을 위한 각본은 그의 마지막 스크린플레이이자 그의 최종적 글쓰기이다. 따라서 핀터는 스크린-플레이를 그의 엔드게임으로 선택한 셈이다. 그는 자신이 쓴 몇몇 극작품들을 제외하고는 모두 소설을 원작으로 한 일련의 스크린-플레이와 그의 모든 플레이의 막판 플레이로 유일하게 다른 극작가의 극작품을 영화로 만드는 스크린플레이 작업을48) 선택한 것이다. 핀터의 마지막 영화각본의 원작은 토니상Tony Award 을 받은 앤서니 셰퍼Anthony Shaffer의 『추적』Sleuth(1970)으로, 이미 1972년 조셉 맨키비츠Joseph Mankiewicz에 의해 로렌스 올리비에Laurence Olivier와 마이클 케인Michael Caine이 주연인 영화로 제작되었다. 그러므로 핀터의 각본은 맨키비츠의 영화와 35년의 시차를 두고 주드 로Jude Law와 마이클 케인을 주연으로 한 케네스 브래너Kenneth Branagh 감독이 만든 리메이크 영화를 위해 쓴 것이다. 따라서 핀터는 창작극도 아닌 각색, 그것도 리메이크 영화를 위한 스크린플레이를 그의 스크린-플레이뿐 아니라 모든 플레이의 엔드게임으로 그리고 그의 플레이를 다시 '시작할' 지점으로 선택한 것이다. 사실 영화화되지 않은 그의 『프루스트 영화각본』과 『재에서 재로』와 같은 그의 극작품이 끝에 이르러 다시 시작하는 순환성을 시사하듯이, 핀터의 전반적인 글쓰기의 엔딩 역시 이러한 순환성을 시사한다. 그러나 이 순환성은 닫힌 구조의 회로를 형성하는 반복이 아니라 끝에 이르러 베케트의 햄Hamm처럼 이제 어떠한 행위도 할 수 없게 된 '소진된 자'the exhausted로서 '견자'만이 볼 수 있는 유일한 출구를 여는 새로운 시작의 순환성을 의미한다.

핀터는 2005년 노벨문학상 수상에 앞서 더 이상 극작품을 쓰지 않겠다는 선언을 했다. 극작가로서 이러한 핀터의 선언은 "거짓의 거대한 태피스트리"(Billington, *Harold Pinter* 433) 속에서 진실을 찾기 위한 거울놀이의

---

48) 핀터가 쓴 27개 영화각본들은 자신의 극작품들을 각색한 『관리인』(*The Caretaker*, 1963), 『생일파티』(*The Birthday Party*, 1968), 『귀향』(*The Homecoming*, 1973), 『배신』(*Betrayal*, 1983) 등 4개의 작품들, 그리고 셰익스피어의 연극을 각색한 것으로 영화화도 출판도 되지 않은 각본 『리어왕의 비극』(*The Tragedy of King Lear*, 2000)과 앤서니 셰퍼의 극작품을 각색한 그의 마지막 작품 『추적』(2007)을 제외하고는 모두 원작으로 소설을 각색한 작품들이다.

중단, 즉 거울 밖에 있는 진실을 보기 위한 "거울 깨뜨리기"의 선언이며 (442), 정치적으로 헌신하는 한 시민으로서의 삶에 충실하기 위해, 저자, 즉 주인으로서의 자격을 포기하겠다는 선언을 의미한다. 따라서 이러한 극작 중단 선언 이후 핀터가 그의 마지막 스크린-플레이의 엔드게임에서 거울 밖, 결정체-이미지의 스펙터클 밖으로의 출구에 대한 '믿음'(*Cinema 2* 169) 을 보여줄 수 있다면, 그것은 그가 결코 주인이 될 수 없는 고용된 하인과 같은 열등한 입지에 있는 리메이크 영화의 각본작가이기 때문이다. <추적>에서 핀터는 웰스나 히치콕처럼 스크린에 직접 등장하기도 한다. 그러나 '나는 감독이다'라는 식으로 당당하게 자신이 만든 영화에 등장하는 거장 감독들과는 달리 핀터는 스크린 속의 스크린screen within the screen에 익명의 고문당하는 남자1 역(브래너 감독은 고문을 하는 남자2 역)으로 등장하여 각색 작가로서 자신의 열등한 위치를 부각시킨다. 다시 말해, 그는 엔드게임 을 통해 열등한 입지에 처한 소수의 정치적 전복성으로 다시 시작할 수 있는 그리고 열림의 가능성을 창조할 수 있는 역량을 시사하고자 한 것이다.

리메이크는 기본적으로 원작과의 유사성의 반복보다는 차이의 반복을 지향하는 욕망에 의한 모든 개작 활동을 일컫는 용어로 연극을 영화로뿐 아니라 다양한 매체들 사이의 매체 전환을 시도한 각색, 그리고 시대적・사회적 변화를 수용한 원작 또는 기존 각색과의 차이의 반복을 시도한 새로운 각색까지도 포함시킬 수 있다. 따라서 1972년과 2007년의 <추적>은 연극과 영화의 상호매체성과 더불어 모두 원작과 기존 각색의 한계를 벗어나고자 하는 탈코드화 또는 탈영토화를 통한 새로운 생성을 추구하는, 즉 차이의 반복을 지향하는 욕망의 산물들이다. 최근 또 다시 리메이크된[49] <추적>은 끊임없이 사이, 즉 차이를 만들어 내는 반복 욕망과 상호매체성의 동인으로 일련의 리메이크들의 환유적 고리를 구성하고 있다. 사실 원작 셰퍼의 연극 『추적』은 탐정소설이라는 매체의 세계를 극화한 작품으로, 소설을 원작으로 하지는 않았지만, 소설 매체를 각색한 연극으로 볼 수 있다. 그리고 영화의 시작과 끝을 연극무대로 구성한 맨키비츠의 영화는 소설 매체를 각색한 연극을 다시 각색한 영화임을 부각시키고 있다. 이와 같이 탐정소설의 위기, 즉 그 매체의 지배적 통제의 불안정성을 드러내 보이기 위해 그것을 연극으로 전환하여 다루는 셰퍼의 원작 연극은 상호매체성에 의한 일련의 리메이크들의 생성을 유도한다. 핀터의 <추적> 역시 소설, 연극, 영화 매체 간의 상호작용, 즉 상호매체성을 통해 각 매체의 위기와 그 극복의 가능성을 추구하는 셰퍼의 원작 연극과 맨키비츠의 영화에 대한 각색이자 리메이크인 것이다.

맨키비츠는 후일 엔딩 장면에서 카메라를 통해 관객으로 하여금 막 본 것이 "내[그]의 게임"으로 원작 극중 등장인물인 탐정소설가 귀족 앤드루 와이크Andrew Wyke가 쓴 소설들 중 하나임을 분명하게 선언했다고 밝혔다(Ciment, "An Interview" 128). 그리고 원작에서 소홀히 다루어진 부재한 여자 마그리트Marguerite를 부각시키고 당시 할리우드 영화 시스템이 허락하지 않는 동성애도 다루고 싶어 했던 그의 의도를 설명했다. 그러나 그의 각색은 충분히 그의 의도를 반영하지 못하고 있다는 것은 사실이다. 맨키비츠가 영화의 시작과 끝을 통해 부각시킨 그가 지향하고자 한 연극성은 앤드루가 창조한 탐정소설의 세계가 기초한 전통적인 풍속희극이 구축하는 상류

---

49) 최근 스티븐 무어(Steven Moore) 감독이 파키스탄과 영국의 합작 영화로 퇴락기에 처한 파키스탄의 영화산업, 롤리우드(Lollywood)를 배경으로 하여 원작 『추적』을 파키스탄과 이슬람 문화권에 맞게 각색한 영화 <타만나>(*Tamanna*, 2014)로 다시 리메이크한 영화가 주목을 받고 있다. 롤리우드의 퇴락한 마지막 거물과 젊은 배우 사이의 주도권 경쟁을 다루는 영화로 각색한 <타만나>는 영화 산업 시스템 자체를 영화화한 리메이크이다.

사회의 스펙터클, 즉 결정체 속에 갇힌 연극적 스펙터클을 구축한다. 다시 말해, 맨키비츠는 연극을 영화로 각색함에 있어서 상호매체성보다는 들뢰즈의 "영화적 연극성" 또는 바쟁의 "잉여의 연극성"(*Cinema 2* 84)의 개념으로 설명되는 결정체에 갇힌 연극적 스펙터클을 구축하는 데 머물고 있다는 것이다. 그러나 리메이크 <추적>의 핀터는 원작 연극이 지배계급과 남성성의 위기라는 주제를 풍속희극이 아니라 그것을 변형 또는 전복시킨 그의 초기 위협희극과 같은 극형식으로 다루고 있음을 주목한다. 그리고 그는 그러한 연극을 영화로 전환하는 스크린플레이의 방식은 그의 위협희극적 연극성이 두드러진 <하인>을 비롯한 초기 로지와의 영화작업의 게임이 적절하다는 것을 다시 발견하게 된다. 이에 핀터는 그의 마지막 스크린-플레이를 위해 다시 초기 위협희극의 게임으로 돌아가 가장 '핀터적' 플레이로 막판의 끝내기 게임을 시도한 것이다.

앞서 언급했지만, 1972년 <추적>의 엔딩에서 감독 맨키비츠는 카메라를 통해 "당신들이 막 본 것은 나의 게임이며, 앤드루 와이크의 작품들 중 하나였다"(Ciment, "An Interview" 128)라는 선언을 했지만 유감스럽게도 관객들이 알아채지 못했다고 말했다. 그러나 2007년 <추적>의 엔딩은 각색 각본작가로서 핀터가 '여러분이 본 것은 나의 게임이며, 해럴드 핀터의 작품들 중 하나였다'라는 선언을 우리에게 확실하게 하고 있다고 말할 수 있다. 또한 핀터가 원작에 가한 가장 큰 변경이라고 할 수 있는 매기Maggie의 개입과 그녀의 귀환으로 영화를 끝낸다는 사실 역시 <추적>이 '핀터적' 엔드게임임을 강력히 시사한다. 따라서 이 엔드게임에서 핀터는 마침내 '사라진 중재자'로 부재를 강요당한 매기를 확실하게 불러와 '억압된 자의 귀환'의 전복성을 구체적으로 구현함으로써 "은밀한 페미니스트"[50]였음을 최종적으로 선언하고 있다고 볼 수 있다.

II

1970년대 초 대중적 인기를 끌었던 셰퍼의 『추적』은 1930년대 황금기를 맞이했던 애거사 크리스티Agatha Christie 류의 영국 장원을 무대로 한 탐정소설을 연극으로 전환하여 만든 작품이다. 셰퍼가 탐정소설을 시대적·사회적 변화를 수용하여 연극 매체로 전환하여 부각시킨 것은 바로 탐정소설의 작가들과 독자들의 세계인 귀족사회와 이 사회를 위협하는 새로운 계급 사이의 충돌이다. 달리 말해, 셰퍼는 위협적인 새로운 계급과 충돌하고 있는 탐정소설을 생산하고 소비하는 상류사회와 그 사회의 위기를 보여주기 위해 탐정소설의 세계를 극화한 것이다. 탐정소설을 생산하고 소비하는 상류사회의 풍속도를 보여주는 극형식은 전통적인 풍속희극이다. 풍속희극의 등장인물들은 상류사회의 전통과 철학에 기본적으로 충실한 방식의 삶과 풍속에 따른 인위적 마스크를 쓰고 그것을 유지하기 위하여 애쓰지만, 동시에 그 이면에 숨겨진 것을 드러내 보이는 역할을 한다. 『추적』의 두 등장인물들 중, 앤드루 와이크는 바로 이러한 풍속희극의 대표적 등장인물이다. 반면에 마일로 틴들Milo Tindle은 풍속희극의 등장인물의 마스크를 벗기는 역할을 하는 위협적인 계급을 대변하는 침입자이다. 전통적인 풍속희극은 상류사회를 풍자하더라도, 그 사회의 기반에 대한 위협을 시도하는 침입자를 부각시키지 않는다. 그러나 셰퍼의 연극은 앤드루의 세계를 침입하는 마일로의 존재를 통해 상류사회의 기반 자체에 대한 위협과 위기를 시사하고 있다. 예컨대, 셰퍼의 마일로는 앤드루가 "시골 장원 저택 세

---

50) Billington, Michael. "Obituary: Harold Pinter." *The Guardian*. December 27, 2008, <http://www.guardian.co.uk/culture/2008/dec/27/harold-pinter-obituary-playwright-politics>

계, 죽은 세계", "냉정과 계급혐오, 소통이 기대되지 않는 2차원적 인물들의 세계, 그리고 이방인들은 자동적으로 조롱의 대상이 되며, 아마추어들만이 이기는 세계"(90)라는 풍속희극적 스펙터클 속에 갇혀 있음을 과감하게 지적하는 위협적인 침입자의 역할을 감행한다. 따라서 1970년대 셰퍼의 『추적』은 전통적인 풍속희극에 위협을 가한 핀터의 위협희극과 같은 범주에 속하는 극작품으로 간주될 수 있다. 사실 초연 당시 셰퍼의 『추적』은 "애거사 크리스티와 해럴드 핀터의 중간 지점에 있는 작품"이라는 평가로 극찬을 받기도 했다(Koehler 6). 위협희극으로 번역되는 용어 'comedy of menace'는 유대식 영어 발음으로 'menace'가 'manners'처럼 들리는 것에서 착안한 'comedy of manners'에 대한 냉소적인 말장난으로 만들어진 것이다. 이러한 용어의 어원이 시사하듯이, 핀터의 위협희극은 전통 풍속희극을 위협한 극형식이다. '풍속'manners이란 사회적 충돌을 줄이고, 서로에 대한 배려로 사람들을 편하게 해주기 위한 것이지만, 상류사회에서는 오히려 그 반대의 역할을 한다. 그것은 열등한 계급은 성취할 수 없는 것으로 무시하고 조롱함으로써 자신의 신분을 과시하려는 상류계급의 구별 짓기를 위한 것으로 계급체제와 연관된 것이다. 따라서 위협희극이란 이러한 풍속희극이 기초한 계급체제에 대한 위협을 시도한 극형식이며, 앤드루의 구별 짓기에 맞서는 마일로의 존재를 부각시킨 셰퍼의 『추적』은 위협희극으로 간주될 수 있다.

위협희극으로서 셰퍼의 『추적』은 다른 미스터리극들과는 달리 그 장르가 기반을 둔 세계를 전복하는 게임을 전개한다. 따라서 두 남성 등장인물들 사이의 "남성성과 남성의 권력 투쟁"은 상류사회로의 성공적인 진입 또는 그 사회의 기반 강화를 위한 게임이 아니라 일종의 "굴욕 게임"(Pietrzak-Franger 169)이다. 다시 말해, 원작에서 서로 다른 두 계급을 대변하는 앤드루와 마일로의 게임은 핀터가 자신의 위협희극에서 벌인 게임이다. 그리고 조셉 로지와의 영화에서 전개한 지배와 복종의 게임과 같은 굴욕 게임이다. 핀터의 본격적인 영화작업은 굴욕 게임을 전개하는 위협희극적인 연극성을 영화에 접목시킨 로지와의 영화 <하인>*The Servant*(1963)으로 시작되었다고 볼 수 있다. 사실 그의 마지막 스크린플레이는 바로 그의 첫 성공작 <하인>의 21세기 버전이라고 할 정도로 <하인>과의 밀접한 연관성을 보인다. 따라서 원작의 시대적 배경 1970년대를 21세기 영국사회로 변경한 핀터의 <추적>은 탐정소설이 기반한 상류사회의 풍속희극적인 세계를 위협하는 원작의 위협희극을 21세기 포스트모던 상류사회의 풍속도를 보여주는 불량풍속희극의 세계를 위협하는 위협희극의 연극성을 지향하는 영화로 각색한 작품으로 볼 수 있다. 불량풍속희극은 핀터의 마지막 극작품인 후기 정치극 『축하파티』를 분류하는 극형식이기도 하다(Gordon 68). 그러나 『축하파티』를 비롯하여 핀터의 후기 정치극은 불량풍속희극적인 세계에 대한 냉소적 풍자에 그치는 것이 아니라 그 이상을 추구한다. 포스트모던 시대를 살아가는 우리의 궁극적 파국에 대하여 슬라보예 지젝 Slavoj Žižek이 역설하듯이,[51] 핀터의 『축하파티』가 관객에게 보여주고자 한 것은 우리가 직면한 또는 직면해야 할 궁극적 파국이란 레스토랑으로 상징되는 "관리되는 세계"가 여전히 아무런 파국 없이 정상적인 운영을 계속하

---

51) 지젝은 후기자본주의 사회를 살아가는 우리가 직면한 파국의 현실을 아도르노(Theodor Adorno)와 호르크하이머(Max Horkheimer)가 파악한 "계몽주의의 최후의 파국적 결과"로서의 "관리되는 세계"의 도래로 설명한다. 우리 사회는 전쟁이나 테러에서부터 생태적 돌발사태의 재난에 이르기 까지 수많은 파국들에 의해 끊임없이 위협을 받고 있다. 언제 일어날지도 모르는 이러한 재난들은 우리가 최선을 다해서 대처해야할 파국들임에는 틀림없지만, 그러나 지젝은 우리가 직면해야할 "궁극적인 파국은 "관리되는 세계"가 아무런 "존재론적 파국"도 없이 "정상적인" 운영을 하고 있다"는 사실 자체라고 역설한다(『해럴드 핀터의 정치성과 성정치성』 261).

고 있다는 역설적인 사실 자체라는 것이다. 그리고 이러한 직면을 통해 핀터는 관객으로 하여금 이제 "관리되는 세계"의 "거짓말의 거대한 태피스트리"를 벗어나, 그 이면에 있는 진실을 찾아야 한다는 결단에 이르는 정치적 비전을 갖도록 유도하고자 한다. <추적> 역시 핀터는 앤드루와 마일로의 굴욕 게임이 일어나는 최첨단 기술 장치로 통제 관리되는 앤드루의 저택이 구축하는 불량풍속희극적 스펙터클인 결정체의 닫힌 회로로부터 탈주를 결단할 때임을 관객에게 보여주는 21세기 정치영화로 만들고 있다.

III

라캉은 정신분석의 패러다임을 위해 「도난당한 편지」를 한편의 정신분석의 드라마로 읽는다. 그리고 포가 창조한 귀족 탐정 뒤팽Auguste Dupin[52]을 특권적인 위치의 정신분석가로 등장시킨다. 사실 라캉이 탐정소설에서 읽어낸 정신분석 드라마와 패러다임은 바로 풍속희곡의 패러다임이다. 여기서 우리는 메리듀 경St. John Lord Merridew 탐정을 창조한 귀족 탐정소설가 앤드루의 주장처럼 상류사회의 전유물인 탐정소설에서 읽어낸 라캉의 정신분석과 전통 연극의 패러다임이 기본적으로 계급체제에 기반을 두고 있음을 알 수 있다. 이러한 계급체제 기반에 위협을 행사하는 마일로는 앤드루의 계급적 우위를 강조하는 탐정소설 정의, "고귀한 사람들의 통상적인

---

52) 세계 3대 탐정으로 포가 창조한 뒤팽, 아서 코넌 도일(Arthur Conan Doyle)이 창조한 셜록 홈즈(Sherlock Holmes), 애거사 크리스티(Agatha Christie)가 창조한 에르퀼 푸아로(Hercule Poirot)가 열거된다. 크리스티가 창조한 제인 마플(Jane Marple)은 거기서 제외된다.

오락"(14)에 대항하여, "속물적이고, 시대에 뒤떨어진, 삶을 혐오하는, 비열한 사람들의 통상적인 오락"(90)이라는 정의를 내린다. 앤드루와 마일로의 탐정소설 매체에 대한 이러한 대립적인 정의는 셰퍼의 원작과 맨키비츠의 영화가 이 두 계급의 충돌이 가시화되는 70년대 영국사회를 다루고 있음을 시사한다. 앤드루는 마일로가 속한 계급이 텔레비전에서 즐겨보는 경찰과 용의자가 서로 격의 없는 친구chummy처럼 대하는 범죄소설의 각색물은 "탐정 실화"detective fact로 고결한 사람들이 즐기는 지적인 게임인 "탐정 픽션"detective fiction과는 다르다며(15), 각 장르가 기초하는 세계를 계급사회로 구분하는 구별짓기를 한다. 그러나 원작과 맨키비츠 영화는 귀족 앤드루의 탐정소설 매체에 대한 지배적 통제력 행사가 아이러닉하게도 경찰이 담당하게 될 살인사건의 피의자 신세, 즉 범죄소설의 범죄자로 전락하게 됨을 보여준다.

맨키비츠의 영화 <추적>은 마일로에게 던지는 앤드루의 탐정소설에 대한 질문으로 시작하고, 반면에 2007년 영화 <추적>에서 앤드루는 마일로에게 각색adaptation에 대한 질문을 던지고 있다. 이 두 질문은 1970년대와 2000년대의 매체의 관계, 특히 시차에 따른 상호매체성에 대한 견해의 차이를 반영하기도 한다. 그리고 이러한 차이는 70년대 원작과 영화가 부각시킨 계급체제에 기반을 둔 매체의 구별짓기와 계급적 충돌이 이제 그 시의성을 상실했음을 보여준다. 두 작품의 앤드루가 탐정소설 작가이자 귀족인 반면에, 21세기 앤드루는 1970년대 앤드루가 자신의 탐정소설과는 격이 떨어진다고 폄하한 범죄소설 작가로 등장한다. 1970년대 앤드루가 상류계급의 전유물인 탐정소설에 대한 논의로 마일로에 대한 우위를 선점하려고 한다면, 자신의 원작 소설들이 다양한 대중 매체들로 각색되어 자신에게 명성과 부를 가져다 준 것을 매우 자랑스럽게 여기는 21 세기 앤드루는 각색에 대한 언급으로 같은 시도를 한다. 각색이 무엇인지 아느냐는 앤드루의 질문에 "나도 영어는 안다"라는 마일로의 대답은 계급보다는 다문화주의 시대의 인종차별주의에 대한 도전을 시사한다. 이와 같이, 70년대 앤드루와 마일로의 대립이 계급과 잉글랜드성에 기초한 차별에 초점을 두고 있다면, 21세기 앤드루와 마일로는 다문화적 인종차별주의와 글로벌 자본주의의 자본 축적에 따른 양극적 지위를 부각시킨다. 따라서 핀터의 각색은 순수한 잉글랜드성을 자랑하는 귀족 앤드루와 영국사회에 정착하는데 실패한 이탈리아 출신 노동자 계급 이민자의 아들 마일로의 대립을 더이상 다루지 않는다. 21세기 영국사회를 배경으로 2007년 영화 <추적>은 이제 순수한 혈통이 아니라 네덜란드계 혈통과 섞인 앤드루와 영국인 어머니와 이탈리아 이민자 아버지의 아들일뿐 아니라 아일랜드 코네마라 출신, 우간다에서 온 노예 후손의 스페인계로, 거무스럼한 피부의 어머니를 둔 다문화주의적 배경의 소수자 마일로의 대립으로 변경하여 21세기 다문화적 영국사회의 문제를 다룬다. 따라서 앤드루와 마일로의 신분 차이는 잉글랜드라는 지역적, 문화적인 특수 가치들의 기준보다는 성공의 글로벌적 기준인 부와 유명세에 의한 차별의 강조로 교체되었다. 예컨대, 70년대 앤드루의 저택(15세기에 세워져서 1891년에 개조된 아틀햄프톤 저택Athlhampton House이 영화 로케이션으로 사용)과 전통적 유산의 부를 환기시키는 그의 수집품들은 잉글랜드성을 대변한다. 그러나 21세기 앤드루의 저택은 조지아식의 전면과 목가적인 주변 분위기의 잉글랜드성을 제외하고는 기능적이며 미니멀리즘적 건축의 저택으로 차가운 조명과 첨단기술 장비를 갖춘 포스트모던적인 글로벌성을 대변한다. 그리고 그 저택의 주인 앤드루 역시 감각적인 쾌락과 사치스러운 특권으로 자신의 불안과 공격성을 완화시키는 진지성이 결여된 전형적인 포스트모던 인간이다.

1970년대 앤드루가 전통적 유산을 대변하는 그의 저택에서 지적인 두뇌 게임과 자신의 탐정소설의 세계에 빠져 있다면, 21세기 앤드루는 포스트모던 저택에서 다양한 언어와 매체로 변환되어 그에게 부와 유명세를 가져다 준 각색물들을 수집하고 즐기는 데 대부분의 시간을 보낸다. 대저택에 첨단기술 장비를 갖출 수 있는 부와 대중매체에 지배력을 행사할 수 있는 유명세를 가진 베스트셀러 범죄소설가 앤드루와 무명의 가난한 배우 마일로로 변경된 2007년 영화는 더 이상 계급적 충돌을 가시화하지는 않지만, 이들의 충돌은 맨키비츠 영화의 마일로의 마지막 대사처럼, "죽음의 살벌한 게임"deadly bloody game으로 전경화되고 있다. 다양한 번역과 각색을 통해 글로벌적인 부와 명성을 얻은 범죄소설 작가 앤드루는, CCTV를 통한 그의 감시로 영화가 시작되듯이, 매체에 대한 지배적 통제를 행사하며 그것을 즐기고 있다. 핀터가 다양한 매체로의 각색과 유통에 의하여 거대산업으로 발전한 대중 매체 시스템에서 명성과 부를 가진 앤드루와 같은 베스트셀러 작가와 무명 배우의 살벌한 게임을 통해 보여주고자 한 것은 앤드루의 매체에 대한 지배적 권한 행사와 이에 대한 마일로의 위협적인 저항이다. 그리고 핀터는 "위협의 대가"인 앤드루와 같은 베스트셀러 작가가 아니라 그의 명성과 부의 형성에 봉사하는 고용된 각색 각본작가로서의 입지에서 죽음의 살벌할 게임을 펼치고 있다.

IV

2007년 <추적>은 원작과 1972년 영화가 준 많은 재미뿐 아니라 브래너 감독의 작가주의적 특성도 살리지 못한 영화라는 평가를 받는다. 브래너는 연극, 특히 셰익스피어 작품들을 따뜻한 인간성을 강조하고 접근하기가 쉬운 열린 공간의 영화로 만들어내는 감독으로 유명하다. 사실 앤드루의 포스트모던적 저택인 억압적인 닫힌 공간 속에 행동을 가두고 있는 것으로 보이는 2007년 <추적>은 브래너보다는 각본작가인 핀터적 특성을 더 부각시킨 작품임이 분명하다. 영화의 작가_auteur_인 감독과 각본작가의 관계는 주인과 하인의 그것에 비유될 수 있으며, 2007년 리메이크 <추적>의 각본작가는 감독뿐 아니라 이전의 영화의 감독, 그리고 그 영화의 원작 작가에 이르기까지 일련의 주인들과의 상호관계 속에서 충실한 또는 불충실한 하인으로서의 열등한 위치에 처한다. 따라서 2007년 영화 <추적>이 핀터적인 특성이 부각된 영화이기 때문에 실패했다는 기존 평가는 주인과 하인의 관계가 역전되었기 때문이라는 전제가 내재되어 있음을 알 수 있다. 그러나 이러한 평가를 받는 <추적>은 오히려 주인이 아닌 각본작가라는 열등한 하인의 입지에서, 즉 소수의 입지에서 진정한 상호매체성을 활용할 수 있으며, 각 매체의 한계와 문제점 극복과 새로운 가능성을 발견하고 추구할 수 있음을 보여주는 영화라는 평가를 받을 여지도 다분한 것이다.

핀터가 원작에 가한 전격적인 '각색'에 대한 이의 제기에 대비하여 그 답변을 숨겨 두기 위해 영화의 첫 부분에 각색에 대한 앤드루의 질문을 삽입했다는 주장이 있다(Fahy 92). 즉 핀터는 처음부터 각색과 상호매체성에 대한 자신의 비중 있는 개입을 의도적으로 시도하고 있다는 것이다. <하인>이 성공적인 영화가 될 수 있었던 것은 하인 배럿이 오히려 자신의 열등한 위치를 이용하여 주인 토니를 일종의 하인-되기로 유도함으로써 주인임을 포기하도록 만들었듯이, 핀터 또한 로지로 하여금 주인임(Deleuze and Parnet 17)을 포기하도록 유도하였기 때문이라고 할 수 있다. 그 결과 <하인>은 감독과 각본작가 사이의 매혹적이고도 치열한 상호간의 '훔치기' 게임을 통해 만들어진 공동작업으로(Palmer and Riley 43), 위협희극적인 특성이 두드러진 자연주의 영화가 될 수 있었다. 앤드루와 마일로가 벌이는 살벌한 보석 훔치기 게임을 전개하는 <추적>은 바로 이러한 상호간의 훔치기 게임 자체를 영화화한 것이다.

2007년 <추적>은 맨키비츠가 원작을 변형시킨 영화의 엔딩에서 마일로가 전해달라고 부탁한 죽음으로 끝난 살벌한 앤드루와 마일로의 게임을 유서 깊은 장원 저택 대신, 넓은 대지에 유명 건축가의 설계와 유지비가 "비싼 여자"라고 앤드루가 부른 매기의 실내 장식과 첨단기술 장비들을 갖춘 저택에서 펼치고 있다. 따라서 2007년 <추적>은 진지한 척하는 속물적인 귀족사회의 풍속도를 풍자하는 풍속희극에 위협을 가한 70년대 위협희극과 그것을 각색한 영화를 21세기 진지성이 결여된 것을 적나라하게 드러내 보이는 포스트모던 상류사회의 불량풍속희극적인 스펙터클로부터 탈주를 추구하는 21세기 정치영화로 리메이크한 영화로 간주될 수 있다. 슈퍼리치super-rich 상류계층의 갤러리 같은 앤드루의 저택은 단순히 무대가 아니라 핀터의 『축하』의 무대인 고급 레스토랑과 같이 또 하나의 등장인물처럼 영화에서 중요한 역할을 한다. 마치 위협희극의 대가로서 명성을 얻은 핀터 자신을 풍자하듯이, 자신의 작품들의 각색물들을 수집해 놓은 방의 벽은 확대한 앤드루의 얼굴 사진과 ≪선데이 타임스≫The Sunday Times가 그를 칭한 "위협의 대가"the master of menace라는 글귀와 그의 작품 제목 리스트를 담은 특대 흑백 포스터가 붙어있다. 그리고 그 옆에는 그의 부와 유명세를 돋보이게 하는 그의 소장품과 동격으로 취급되는 '트로피 와이프', 매기의 실물 사이즈 사진으로 장식되어 있다. 따라서 이러한 스타일과 격조를 갖춘 베스트셀러 작가 앤드루와 그의 아내 매기가 사는 공간은 포스트모던 문화의 속물적인 물질주의를 정착시키기 위한 일종의 "신전"과 같은 역할을 하며, 자본의 위력으로 귀족 계급의 특권을 산 "엄격한 위계질서의 체제를 갖춘" 스펙터클을 구축하고 있다(Gordon 67-68). 그러나 이 세련되고 고품격의 공간은 70년대 영국사회의 계급갈등보다도 더 살벌하고 치열한 야만적인 투쟁의 게임이 일어나는 공간이 된다. 예컨대, 맨기비츠 영화에서보다 더 폭력적인 마일로의 복수로 거울과 유리 수족관 깨뜨리기 장면, 앤드루의 총을 맞고 마일로가 둘이 타기에는 좁은 엘리베이터(핀터의 아이디어로 첨가된 장치) 속으로 떨어져 추락하는 장면 등은 그 공간에 숨어 있던 폭력과 야만성의 강렬한 표출을 보여준다. 아마도 이러한 게임의 치열한 호전성이 앤드루와 마일로의 동성애적 긴장 관계를 더욱 발전시키는 것을 막을 수도 있었을 것이다(Walsh 176).

2007년 <추적>에 대한 부정적인 비평이 언급하는 브래너 영화의 특성인 열린 공간과는 달리 영화의 행위를 가두고 있는 핀터의 닫힌 공간에 대한 지적은 치열한 게임이 드러내 보이는 앤드루의 저택 속에 잠재된 전복성을 간과하고 있다. 핀터는 영화작업에 주력한 1970년대를 지나 1980년대에 이르러 그의 방이 외부 공간과 연결되어 있다는 사실, 그리고 외부의 무엇인가와 대처하지 않을 수 없다는 사실을 발견하게 되었다고 고백한다. 다시 말해, 그는 그의 초기 위협희극의 공간인 그의 방에 잠재되어 있던 정치성을 영화작업을 통해 다시 발견하게 되었다는 것이다. 2007년 <추적>의 공간 역시 핀터의 닫힌 공간이자 외부 공간과의 연결을 향한, 즉 열린 공간을 향하는 탈주의 선을 찾을 수 있는 공간인 것이다. CCTV를 통한 감시와 첨단 작동 장치에 의하여 통제되는 앤드루의 공간은 완벽하게 통제가 가능한 닫힌 공간이 아니라 그가 잠든 밤에 마일로의 침입을 받아 범죄 현장으로 변하고, 다음 날 블랙 형사Inspector Black로 변장하고 방문한 마일로에 의하여 그는 그 공간에 대한 통제권을 뺏긴다. 마일로가 그 공간에 대한 통제권을 상징하는 리모트 컨트롤을 빼앗고, 수족관을 깨뜨리고, 앤드루에게 강제로 보석을 착용시켜 거울에 투영된 자신의 왜곡된 모습을 보도록 강요하는 장면은 앤드루의 공간에 대한 지배권에 대한 도전이자 그의 불안한 남성성을 폭로하는 장면이다. 따라서 맨키비츠 영화에서 두 남자 사이의 주도권 싸움이 탐정소설 매체의 내러티브와 연관이 된다면, 핀터와 브래너 영화에서는 CCTV와 각색물 등의 현대적 시각 매체에 대한 지배권 싸움으로 가시화되며, 매체에 대한 남성적 지배의 불안정성을 드러내보이는 결과를 초래한다.

V

소설, 연극, 영화의 상호매체성을 통해 확립한 핀터적인 카메라의 눈은 앤드루와 마일로가 경쟁을 벌이는 공간뿐 아니라 그 공간이 배제하고 있는 존재의 시선을 발견할 수 있다. 2007년 <추적>은 라캉의 정신분석 드라마와 풍속희극의 무대와 그 무대가 억압하고 있으나 사라지지 않고 남아 있는 위협적인 시선의 소유자로서 매기의 존재를 부각시키며, 이를 위해 핀터는 그녀의 귀환으로 영화의 엔딩까지 변경한다. 달리 말해, 핀터는 전통 연극의 패러다임이 되는 라캉의 정신분석의 패러다임을 '도난'하여 새로운 패러다임을 만들 수 있는 동인을 매기의 귀환에서 발견하고 있다는 것이다. 사실 원작과 두 영화 모두에서 마그리트/매기는 두 남자들의 자아도취와 허영을 비추는 거울로 기능하며, 그녀의 부재로 무대와 스크린은 남자들에게 가부장적 판타지를 실행하면서 자신의 남성성을 증명하기 위한 공간으로 제공된다(Pietrzak-Franger 181). 다시 말해, 앤드루의 저택은 마그리트/매기를 대상으로 한 성애적 삼각관계 속에서 그녀가 부재한 가운데 두 남자들의 권위 확립과 유지를 위한 게임의 공간으로 이용되고 있다는 것이다. 따라서 그 저택은 앤드루와 마일로의 살벌한 게임이 일어나는 공간인 동시에, 동성애적 관계의 긴장을 내포하고 있는 공간이 된다.

줄스 글렌Jules Glenn과 R. B. 팔머R. B. Palmer 등 많은 비평가들은 셰퍼의 원작 『추적』과 맨키비츠 영화에 함축된 동성애적 의미를 지적하고 있다(Pietrzak-Franger 179 재인용). 두 작품에서 앤드루는 자신의 게임의 법칙을 잘 간파하고 있는 마일로에게 마그리트 따위는 잊어버리고 같이 게임을 즐기며 살자는 동성애적인 제안을 한다. 이러한 제안에 마일로는 "서로 의기투합한 두 게임 플레이어들 사이의 사생활이 합법적인가요?"라고 반문하며 거절한다. 따라서 앤드루가 마일로를 실탄을 넣은 총으로 쏜 것은 바로 그의 동성애적 제안이 거절된 것에 대한 굴욕감 때문임이 분명하게 드러난다. 그러나 맨키비츠가 아이보리 게토와 같은 할리우드 시스템의 검열로 그 주제를 제대로 다룰 수 없었던 것을 유감스러워 했듯이(Sarris 33), 그의 영화는 원작보다도 동성애적 의미를 부각시키기 못하고 있는 것은 사실이다. 대체적으로 원작과 맨키비츠 영화는 동성애 주제를 전경화시켜 다루지 않고, 동성애적 의미를 함축하는 데 머물고 있다고 볼 수 있다. 반면에 핀터와 브래너의 <추적>은 동성애적 관계 자체의 모호성을 탐구할 정도로 그 주제를 본격적으로 다루고 있다. 앤드루가 블랙 형사에게 고백하듯이, 처음부터 마일로에게 매력을 느끼고 있으며, 이들의 대부분의 대사는 성적인 이중적 의미들을 담고 있다. 또한 원작과 맨키비츠 영화에서 앤드루에 대한 마일로의 복수의 절정으로 설정된 앤드루의 정부 테아Tëa 위장 살해 사건 대신 핀터는 마일로가 앤드루를 유혹하여 그를 동성애적 욕망에 굴복당하도록 만들어 조롱하는 것으로 대체한다. 이러한 대체를 통해 핀터는 그들의 동성애 관계의 모호성을 본격적으로 다루고 있다. 마일로의 전략은 앤드루를 그의 부부 침대로 유혹하여 데려가 동성애적 욕망을 표출하도록 유도한 뒤, 돌변하여 그를 밀쳐내는 굴욕을 주고 떠남으로써 앤드루에게 최종적인 복수의 일격을 가하는 것이다. 그러나 아내의 정부이자 젊고 매력적인 남자 마일로에게 유혹당하고 거부당한 앤드루는 그의 퇴장을 허용하지 않는다. 이와 같이 원작과 맨키비츠 영화에서처럼 이 영화 역시 동성애적 제안의 거부로 인한 굴욕감에서 앤드루가 마일로를 죽이는 반전으로 엔딩을 맺는다. 따라서 원작과 두 영화 모두 굴욕을 당한 앤드루가 마일로를 죽이는 엔딩으로 앤드루의 동성애공포증homophobia을 표출하고 있다고 볼 수 있다.

1972년과 2007년 <추적>에서 남성성의 재현을 비교한 모니카 피에트르작-프랭거Monika Pietrzak-Franger는 두 영화가 시차에 따른 사회문화적 변화를 반영한 다른 남성성의 유형들을 제공하고 있지만, 모두 주도적인 남성성의 본질은 이성애적인 것임을 전제로 하고 있다고 지적한다(180). 다시 말해, 두 영화 모두 동성애공포증이 남성성의 정의의 중심적 원리가 되고, 그래서 엔딩에서 굴욕을 당한 앤드루가 마일로를 죽인다는 것이다. 마이클 킴멜Michael Kimmel은 동성애공포증을 게이 남성에 대한 남성 자신의 두려움이라기보다 다른 남자가 그의 가면을 벗기고, 그를 여성화하고 진정한 남자가 아니라는 것을 드러내 보이는 것에 대한 두려움으로 설명한다(103). 앤드루가 보여주는 동성애공포증은 바로 이러한 두려움인 것이다. 두 영화모두 남성성을 여전히 동성애와 여성성과 대립되는 개념으로 정의하고 있으며, 동성애적 욕망을 남성 권력 투쟁에 대한 가능한 해결보다는 여성화처럼 남성적 굴욕의 한 방식으로 제시하고 있다. 그러나 핀터가 각색한 <추적>의 엔딩은 여기에 머무르지 않는다. 부재한 매기가 앤드루와 마일로의 살벌한 동성애적 게임의 공간으로 귀환함으로써 드디어 핀터가 변형시킨 새로운 엔딩이 완성된다.

원작과 두 영화에서 마그리트/매기는 라캉의 정신분석의 패러다임에서 왕비의 역할, 즉 남성들, 앤드루와 마일로의 오이디푸스적 관계를 맺어주고 '사라지는 중재자'의 역할을 하는 부재한 여성의 위치에 자리매김 된다. 원작에서는 사라지는 중재자의 역할을 배당받은 부재한 마그리트/매기가 여전히 배제되고 있다면, 맨키비츠는 부재한 마그리트를 대체할 수 있는 그녀의 초상화, 코트, 그리고 여성 인형들과 같은 페티시들로 그녀의 존재를 부각시키려는 시도를 한다. 그러나 맨키비츠 영화의 마그리트는 카메라에 자주 포착되는 초상화 속의 마그리트처럼 여전히 젠더의 틀에 갇힌 여성으로, 욕망의 대상인 '오브제 쁘띠 아'로 머물며, 앤드루가 제안한 보석 훔치기 게임의 보석과 동등한 입지를 벗어나지 못하고 있다. 사실 맨키비츠는 나름대로 마그리트를 통해 "보수적이고 가부장적인 문화에서 자신의 정체성을 찾으려는 여성의 투쟁의 복합적인 본질"을 드러내 보이려는 시도를 하고 있는 것은 분명하다(Lower 75). 그러나 여전히 마그리트는 남자들 사이의 교환의 대상으로서, 즉 남자들이 그녀를 원하고 필요로 하는 한에서만 권력을 행사하는 존재로 취급된다. 따라서 셰퍼와 맨키비츠는 "은근히 여성혐오주의적인" 태도를 보인다는 지적을 받을만한 여지가 있다(Palmer 169). 반면에 핀터와 브래너의 매기는 셰퍼와 맨키비츠의 마그리트와는 달리 사라지는 중재자에서 '억압된 자의 귀환'을 시사할 뿐 아니라, 오히려 남성들의 게임을 지켜보며 조정을 하는 중요한 역할을 하고 있다.

2007년 <추적>에서 매기는 맨키비츠의 마그리트처럼 미장센을 지배하지는 않는다. 그 집을 장식한 매기의 존재를 대체한 그녀의 실물 크기 사진과 코트는 항상 두 남자들 사이의 초점을 벗어나 포착되고 있다. 그럼에도 불구하고, 매기는 두 남자들이 벌이는 치열한 게임의 대상이 아니라 그 게임을 진행시키는 동력이 되고 있다. 사실 1972년 영화 마일로가 두 연인의 입장과 이익을 대변하는 역할을 하고 있다면, 2007년 영화 마일로의 역할은 기본적으로 매기의 메신저 역할이다. 그녀에게서 걸려오는 전화 그리고 마지막 엔딩 부분에서 그녀의 차의 접근과 도착으로 알리는 그녀의 귀환은 남자들의 복수의 게임에 그녀가 상당한 영향력을 행사하고 있음을 시사한다. 사실 영화 전반에 걸쳐 앤드루가 작동하는 CCTV를 밖에서 모두 지켜보고 있는 것 같은 매기의 시선이 두 남자들의 치열한 복수 게임 과정에 끊임없이 시사되고 있다. 다시 말해, 그녀는 그 게임을 전개하는 숨은 동력을 제공하며, 게임을 하고 있는 두 남자들도 그녀의 그러한 영향력 있는 개입을 인식하고 있다는 것이다. 예컨대, 앤드루가 마일로에게 매기 따위는 잊어버리라고 말하는 바로 그 순간에 걸려온 매기로부터의 전화가 그들을 다시 대립하게 만든다. 또한 앤드루가 마일로에게 자기처럼 매기의 지배로부터 자유로워지라고 할 때도 역시 매기로부터 걸려온 전화를 받음으로써 그의 말과는 달리 앤드루는 매기로부터 자유롭지 못하다는 사실을 드러낸다.

이와 같이 핀터가 다시 복귀시킨 매기는 원작과 맨키비츠의 영화의 마그리트보다 더 강력하게 남자들에게 권력을 행사하고 있음은 분명한 사실이다. 남자들에게 강력한 영향력을 행사하는 매기에 대하여 대부분의 비평가들은 "원형적인 핀터 여자"로 남자들을 그녀의 안락한 자궁 속으로 퇴행을 갈망하는 유치한 존재로 만드는 자로 간주한다(Adler 377). 이러한 견해는 대중 매체가 선동하고 있는 '남성성의 위기' 담론의 전략을 반영한 주장이다. 다시 말해, 매기를 앤드루와 마일로를 퇴행시키는 원형적인 여자로 규정하는 것은 여전히 중심 무대를 차지한 남성이 가부장적 특권을 주장하기 위해 매체를 통해 퍼뜨리는 전략적인 담론을 반영한 해석이라는 것이다. 그러나 <추적>에서 매기의 존재는 21세기 매체가 선동하고 있는 '남성성의 위기'와 이러한 위기를 가져온 위협적인 여성성을 대변하기 위한 것이 아니다. 핀터가 그의 마지막 스크린-플레이의 엔딩을, 원작에 없는 부재한 여자, 매기의 귀환으로 변경하여 '억압된 자의 귀환'으로 끝낸 이유는 매체에 대한 계급적 또는 자본적, 그리고 남성적 주도권을 전복시킬 수 있는 위협적인 시선을 부각시키기 위한 것이다.

VI

사실 2007년 <추적>은 시작부터 매기가 두 남자들의 죽음의 살벌한 게임이 벌어지는 공간을 지배하고 있을지도 모른다는 암시를 제공한다. 앤드루의 저택이 CCTV 카메라의 파놉티콘적인 감시의 도움으로 그의 통제 속에 있다는 인상을 주지만, 매기가 실내장식을 했다는 앤드루의 정보는 그 공간에 대한 그의 지배권 행사를 그녀가 감시하고 있는 것은 아닌가라는 의문을 갖도록 만든다. 다시 말해, 이 정보는 주네Jean Jenet의 『발코니』 The Balcony(1956)의 마담 어마Madame Irma처럼 매기가 그 공간을 꾸밈으로써 앤드루의 남성적 지배권을 지지하는 역할을 하면서 동시에 그 공간의 스펙터클을 통제하는 역할을 하고 있다는 암시를 준 것이다. 사실 아무도 보고 있지 않는 CCTV의 영상을 잡은 몇몇 프레임들, 특히 CCTV에만, 즉 스크린 속의 스크린에만 잡히는 두 남자들이 함께 있는 프레임들로 외화면에 있는 카메라 뒤 그녀의 존재가 때때로 암시되기도 한다. 따라서 매기가 적절한 때를 포착하여 전화를 거는 개입이 우연한 것이 아니라 그녀가 그들의 게임을 내내 지켜보고 있었기 때문에 가능한 것임을 추측할 수도 있다. 그러나 우리는 게임의 여왕으로서의 그녀의 위협적인 존재를 마침내 엔딩에 이르러서야 확실하게 발견하게 된다.

2007년 <추적>의 앤드루와 마일로의 살벌한 굴욕 게임은 원작과 맨키비츠 영화와 마찬가지로 마일로의 죽음으로 끝난다. 그의 죽음은 그가 앤드루의 가장 사적인 공간인 부부 침대에서 그의 동성애적 욕망을 불러일으키고 굴욕감을 준 불경죄, 즉 자본과 기술의 힘을 과시하고, 대중 예술 매체로 장식된 앤드루의 포스트모던적 신전의 가장 은밀한 공간을 더럽힌 불경죄에 대한 처벌로 볼 수 있다. 따라서 마일로의 죽음은 앤드루의 남성적 정체성 회복과 주도권 위협에 대한 부당한 정당방위로 간주될 수 있다. 이러한 대단원의 막이 내리려는 순간 신전의 현관문 벨이 울린다. 이와 같이 <추적>의 엔딩은 이제 죽음이라는 엔트로피에 도달한 두 남자 사이의 굴욕 게임의 스펙터클이 구축한 결정체의 닫힌 구조를 열어줄 구원의 가능성을 가진 매기의 도착을 예고하는 반전으로 끝나게 되는 것이다. 이러한 반전의 벨 소리는 <하인>의 엔딩을 장식하는 베라의 웃음소리처럼 그 소진된 폐쇄 공간을 열 수 있는 열림을 가능하게 할 성정치적 전복성을 강력하게 시사하는 시간-이미지의 음향 기호의 반향인 것이다. 그리고 이와 같이 핀터가 부재를 강요당한 매기의 귀환으로 그의 마지막 스크린플레이의 엔딩을 장식했다는 사실은 그의 스크린플레이뿐 아니라 모든 플레이가 정치성과 성정치성의 밀접한 연관성을 기초로 한 그의 정치적 작가-되기와 은밀한 페미니스트-되기의 과정이었음을 분명하게 말해준다고 볼 수 있다.

참고문헌 |

정문영. 『현대 비평이론과 연극』. 서울: 도서출판 동인, 2005.

＿＿＿. 『해럴드 핀터의 정치성과 성정치성』. 서울: 서울대학교출판문화원, 2010.

Adler, Thomas P. "Notes towards the Archetypal Pinter Woman." *Theatre Journal* 33 (1981): 377-85.

Aragay, Mireia. "Pinter, Politics and Postmodernism (2)." *Cambridge Companion to Harold Pinter.* Ed. Peter Raby. Cambridge: Cambridge UP, 2001. 246-59.

Armstrong, Raymond. *Kafka and Pinter Shadow-Boxing: The Struggle between Father and Son.* New York: St. Martin's, 1999.

Barnum, Carol M. "An Interview with John Fowles". *Modern Fiction Studies* 31:1 (Spring 1985): 187-203.

Bazin, André. *What Is Cinema?* 2 Vols. Ed. and Trans. Hugh Gray. Berkeley: U of California P, 1967, 1971.

Bednerik, Marya. "The Ecology of *The Go-Between.*" *The Films of Harold Pinter.* Ed. Steven H. Gale. Albany: State U of New York P, 2001. 39-54.

Bergson, Henri-Louis. *Creative Evolution.* Trans. A. Mitchell. Boston: UP of America, 1983.

Billington, Michael. "Obituary: Harold Pinter." *The Guardian.* December 27, 2008. <http://www.guardian.co.uk/culture/2008/dec/27/harold-pinter-obituary-playwright-politics>

＿＿＿. *Harold Pinter.* London: Faber and Faber, 2007.

Bogue, Ronald. *Deleuze on Cinema.* New York and London: Routeledge, 2003.

_____. *Deleuze's Way: Essays in Transverse Ethics and Aesthetics*. Burlington: Ashgate Pusblishing Co., 2007.

Brater, Enoch. "Time and Memory in Pinter's *Proust Screenplay*." *Comparative Drama* 13.2 (1979): 121-26.

Bruccoli, Matthew J. *The Last of the Novelists: F. Scott Fitzgerald and the Last Tycoon*. Carbondale and Edwardsville: Southern Illinois UP, 1972.

Bryden, Mary. "The Proust Screenplay on BBC Radio." Gillen and Gale, *The Pinter Review: Annual Essays* 1995-1996, 186-88.

_____. "The Embarrassment of Meaning: Burroughs, Beckett, Proust (and Deleuze)." *Beckett's Proust/Deleuze's Proust*. Ed. Mary Bryden and Margaret Topping. New York: Palgrave Macmillan, 2009. 13-25.

Burkman, Katherine H. "Harold Pinter's Death in Venice: *The Comfort of Strangers*." *The Pinter Review: Annual Essays 1992-1993*. Ed. Francis Gillen and Steven H. Gale. Tampa: U of Tampa P, 1993. 38-45.

_____ and Mijeong Kim. "The Tragedy of Illusion: Harold Pinter and *The Last Tycoon*." *The Films of Harold Pinter*. Ed. Steven Gale. State U of New York P, 2001. 55-68.

Butler, Judith. *Gender Trouble: Feminism and the Subversion of Identity*. New York and London: Routledge, 1990.

Callahan, John F. "The Unfinished Business of *The Last Tycoon*." *Literature/ Film Quarterly* 6 (summer 1978): 204-13.

Case, Sue-Ellen. *Feminism and Theatre*. New York: Methuen, 1988.

Caute, David. *Joseph Losey: A Revenge on Life*. London: Faber, 1994.

Chatman, Seymour. *Coming to Terms: The Rhetoric of Narrative in Fiction and Film*. Ithaca: Cornell UP, 1990.

Ciment, Michel. *Conversations with Losey*. London: Methuen, 1985.

_____. "An Interview with Joseph L. Mankiewicz." *Joseph L. Mankiewicz: Interviews*. Ed. Brian Dauth. Jackson: UP of Mississippi, 2008. 125-43.

Cixous, Hélène and Catherine Clément. *The Newly Born Woman.* Trans. Betty Wing. Minneapolis: U of Minnesota P, 1986.

Colman, Felicity. *Deleuze and Cinema: The Film Concepts.* Oxford and New York: Berg, 2011.

Combs, Richard. "In Search of *The French Lieutenant's Woman.*" *Sight and Sound* 50 (1980-1981): 34-39.

_____. "*The Last Tycoon.*" *Sight and Sound* 46(2) (Spring 1977): 124.

Conley, Verna Andermatt. "Becoming-Woman Now." *Deleuze and Feminist Theory.* Ed. Ian Buchanan and Claire Colebrook. Edinburgh: Edinburgh UP, 2000. 18-37.

Connolly, Jeanne. "*The Trial.*" *The Pinter Review: Annual Essays 1994.* Ed. Francis Gillen and Steven H. Gale. Tampa: U of Tampa P, 1994. 84-88.

Conrad, Derek. "Joseph Mankiewicz: Putting on the Style." *Joseph L. Mankiewicz: Interviews.* Ed. Brian Dauth. Jackson: UP of Mississippi, 2008. 20-26.

Conradi, Peter J. "*The French Lieutenant's Woman*: Novel, Screenplay, Film." *Critical Quarterly* 24(1) (1982): 41-57.

Davidson, David. "Pinter in No Man's Land: *The Proust Screenplay.*" *Comparative Literature* 34(2) (Spring 1982): 157-70.

Deleuze, Gilles. *Cinema 1: The Movement-Image.* Trans. Hugh Tomlinson and Barbara Habberjam. London: The Athlone Press, 1986.

_____. *Cinema 2: The Time-Image.* Trans. Hugh Tomlinson and Robert Galeta. London: The Athlone Press, 1989.

_____. *Difference and Repetition.* Trans. Paul Patton. New York: Columbia UP, 1993.

_____. *Negotiations · 1972-1990.* Tr. Martin Joughin. New York: Columbia UP, 1995.

_____. *Proust and Signs.* Trans. Richard Howard. Minneapolis: U of Minnesota P, 1972.

_____. "The Brain Is the Screen: An Interview with Gilles Deleuze." *Beckett's Proust/Deleuze's Proust*. Ed. Mary Bryden and Margaret Topping. London and New York: Palgrave Macmillan, 2009. 365-73.

_____ and Claire Parnet. *Dialogues*. Trans. Hugh Tomlinson and Barbara Habberjam. New York: Columbia UP, 1977.

_____ and Félix Guattari. *A Thousand Plateaus: Capitalism and Schizophrenia*. Trans. Brian Massumi. Minneapolis: U of Minnesota P, 1987.

_____ and Félix Guattari. *Anti-Oedipus: Capitalism and Schizophrenia*. Tr. Robert Hurley, Mark Seem, and Helen R. Lane. London: The Athlone Press, 1983.

_____ and Félix Guattari. *Kafka: Toward a Minor Literature*. Trans. D. Polan. Minneapolis: U of Minnesota P, 1986.

Derrida, Jacques. "Structure, Sign, and Play in the Discourse of the Human Sciences." *Writing and Difference*. Chicago: U of Chicago P, 1978. 278-94.

Dixon, Wheeler Winston. "The Eternal Summer of Joseph Losey and Harold Pinter's *Accident*." *The Films of Harold Pinter*. Ed. Steven H. Gale. New York: State U of New York P, 2001. 27-38.

Dodson, Mary Lynn. "*The French Lieutenant's Woman*: Pinter and Reisz's Adaptation of Fowles's Adaptation." *Literature/Film Quarterly* 26(4) (1998): 296-303.

Drohan, Christopher M., "The Search for Strange Worlds: Deleuzian Semiotics and Proust". *Beckett's Proust/Deleuze's Proust*. Ed. Mary Bryden and Margaret Topping. London and New York: Palgrave Macmillan, 2009. 26-38.

Epstein, Grace. "Nothing to fight for: repression of the romance plot in Harold Pinter's screenplay of *The Handmaid's Tale*." *The Pinter Review: Annual Essays 1992-1993*. Ed. Francis Gillen and Steven H. Gale. Tampa: U of Tampa P, 1993. 54-60.

Esslin, Martin. *Pinter, the Playwright*. London: Methuen Drama, 1992.

_____. *The Peopled Wound: The Work of Harold Pinter*. London: Doubleday, 1976.

Fahy, Patrick. "*Sleuth.*" *Sight and Sound* 17(12) (2007): 92, 94.

Fehsenfeld, Martha. "'That first last look. . .'" *Pinter at Sixty.* Ed. Katherine H. Burkman and John Kundert-Gibbs. Bloomington and Minneapolis: Indiana UP, 1993. 125-28.

Fitzgerald, Scott F. *The Crack-Up.* Ed. Edmund Wilson. New York: New Directions, 1945.

Flaxman, Gregory. "Introduction". *The Brain Is The Screen: Deleuze and the Philosophy of Cinema.* Ed. Gregory Flaxman. Minneapolis and London: U of Minnesota P, 1986. 1-57.

Flieger, Jerry Aline. "Becoming-Woman: Deleuze, Schreber and Molecular Identifications." *Deleuze and Feminist Theory.* Ed. Ian Buchanan and Claire Colebrook. Edinburgh: Edinburgh UP, 2000. 38-63.

Fowles, John. *The French Lieutenant's Woman.* Boston & Toronto: Little, Brown and Co., 1969.

Gale, Steven H. "Harold Pinter's screenwriting: The Creative/collaborative process." *The Pinter Review* 1999-2000: 85-91.

_____. *Sharp Cut: Harold Pinter's Screenplays and the Artistic Process.* Lexington: The UP of Kentucky, 2003.

_____. Ed. *The Films of Harold Pinter.* Albany: State U of New York P, 2001.

Gardner, Colin. *Joseph Losey.* Manchester and New York: Manchester UP, 2004.

Gaston, Georg. "*The French Lieutenant's Woman.*" *Film Quarterly* 35/2 (1981-2): 51-56.

Gillen, Francis. "Harold Pinter on *The Trial.*" *The Pinter Review: Annual Essays 1992-1993.* Ed. Francis Gillen and Steven H. Gale. Tampa: U of Tampa P, 1993. 61-62.

_____. "From Novel to Film: Harold Pinter's Adaptation of *The Trial.*" *Pinter at Sixty.* Ed. Katherine H. Burkman and John L. Kundert-Gibbs. Bloomington: Indiana UP, 1993. 137-48.

Goodchild, Philip. *Deleuze & Guattari: An Introduction to the Politics of Desire*. Sage Publications: London, 1996.

Gordon, Lois G. "*The Go-Between*: Hartley by Pinter." *Kansas Quarterly* 4 (1972): 81-92.

Gordon, Robert. "Celebration in Performance: the Drama of Environment." *The Pinter Review: Collected Essays 1999 and 2000*. Ed. Francis Gillen and Steven H. Gale. Tampa: U of Tampa P, 2000. 66-72.

Graham, Mark. "*The Proust Screenplay*: Temps perdu for Harold Pinter?" Literature Quarterly 10(1) (1982): 38-53.

Grimes, Charles. *Harold Pinter's Politics: A Silence Beyond Echo*. Madison · Teaneck: Faileigh Dickinson UP, 2005.

Grosz, Elizabeth. "Deleuze's Bergson: Duration, the Virtual and a Politics of the Future." *Deleuze and Feminist Theory*. Ed. Ian Buchanan and Claire Colebrook. Edinburgh: Edinburgh UP, 2000, 214-34.

Guattari, Félix. *Psychoanalysis and Transversality: Texts and Interviews 1955-1971*. Cambridge: The MIT Press, 2015.

Gussow, Mel. *Conversations with Pinter*. New York: Limelight Editions, 1994.

Hall, Ann C. "Book Review: *Harold Pinter's Politics: A Silence Beyond Echo*." *The Pinter Review: Nobel Prize/Europe Theatre Prize Volume: 2005-2008* Ed. Francis Gillen and Steven H. Gale. Tampa: U of Tampa P, 2009. 236-37.

_____. "Daddy Dearest: Harold Pinter's *The Comfort of Strangers*." *The Films of Harold Pinter*. Ed. Steven Gale. Albany: State U of New York P, 2001. 87-98.

Hern, Nicholas. A Play and Its Politics. *One For the Road*. Harold Pinter. London: Methuen, 1985. 7-23.

Houston, Beverle, and Kinder, Marsha. "The Losey-Pinter Collaboration." *Film Quarterly* 32/1 (1978): 17-30.

Hudgins, Christopher C. "Harold Pinter's *The Comfort of Strangers*: Fathers and Sons and Other Victims."*The Pinter Review: Annual Essays 1995-1996*, Ed. Francis Gillen and Steven H. Gale. Tampa: U of Tampa P, 1996. 101-42.

_____. "Three Unpublished Harold Pinter Filmscripts: *The Handmaid's Tale, The Remains of the Day, Lolita*". *The Pinter Review: Annual Essays 2005-2008.* Ed. Francis Gillen and Steven H. Gale. Tampa: U of Tampa P, 2008. 132-39.

_____. "Harold Pinter's *The Go-Between*: the Courage to be." *Cycnos* 14(1) (1997): 125-44.

Jones, Edward T. "Harold Pinter: A Conversation." *Literatrue/Film Quarterly* 21(1) (1993): 2-9.

Kajan, Elia. *Elia Kajan: Interviews.* Ed. William Baer. Jackson: UP of Mississippi, 2000.

Kane, Leslie. "Peopling the Wound: Harold Pinter's Screenplay for Kafka's *The Trial*." *Cycnos* 14(1) (1997): 145-59.

Karl, Frederick R. "Comments on Harold Pinter's Adaptation of Franz Kafka's *The Trial*." *The Pinter Review: Annual Essays 1994*. Ed. Francis Gillen and Steven H. Gale. Tampa: U of Tampa P, 1994. 76-83.

Kawin, Bruce. *Mindscreen: Bergman, Godard, and First Person Film*. Princeton: Princeton UP, 1978.

Kennedy, Barbara M. *Deleuze and Cinema: The Aethetics of Sensation.* Edinburgh: Edinburgh UP, 2000.

Kimmel, Michael. "Masculinity as Homophobia: Fear, Shame, and Silence in the Construction of Gender Identity." *Theorizing Masculinities*. Ed. Harry Brod and Michael Kaufman. London and New Delhi: Sage Publications. 1994. 119-41.

Klein, Joanne. *Making Pictures: The Pinter Screenplays*. Columbus: Ohio State UP, 1985.

Knapp, Shoshana. "The Transformation of a Pinter Screenplay: Freedom and Calculators in *The French Lieutenant's Woman.*" *Modern Drama* 28(1) (March 1985): 55-70.

Knowles, Ronald. "Harold Pinter 2000-2001." *The Pinter Review: The Collected Essays 2001 and 2002.* Ed. Francis Gillen and Steven H. Gale. Tampa: U of Tampa P, 2002. 204-12.

_____. "Harold Pinter, Citizen." *The Pinter Review: The Collected Essays 1989.* Ed. Francis Gillen and Steven H. Gale. Tampa: U of Tampa P, 1989. 24-33.

_____. *Understanding Harold Pinter.* Columbia: U of South Carolina P, 1995.

Koehler, Robert. "*Sleuth.*" *Daily Variety Gotham.* 31 Aug. 2007: 2, 6.

Lacan, Jacques. *The Four Fundamental Concepts of Psycho-Analysis.* Ed. Jacques-Alain Miller. Tr. Alan Sheridan. New York & London: Norton, 1981.

Linda, Renton. "Vision and Desire in Harold Pinter's unpublished poem "August Becomes."" *The Pinter Review: The Collected Essays 1999-2000.* Ed. Francis Gillen and Steven H. Gale. Tampa: U of Tampa P, 2000. 59-65.

Lower, Cheryl Bray. "The Mankiewicz Woman." *Joseph L. Mankiewicz: Critical Essays with an Annotated Bibliography and a Filmography.* Ed. C. B. Lower and R. B. Palmer. Jefferson: McFarland, 2001. 73-124.

Marks, Louis. "Producing *The Trial*: A Personal Memoir."*The Films of Harold Pinter.* Ed. Steven H. Gale. Albany: State U of New York P, 2001. 109-21.

_____. "Producing Pinter." *Pinter at Sixty.* Ed Katherine H. Burkman and John L. Kundert-Gibbs. Bloomington and Indianapolis: Indiana UP, 1991. 18-23.

Marrati, Paola. *Gilles Deleuze: Cinema and Philosophy.* Trans. Alisa Hartz. Baltimore: The Johns Hopkins UP, 2008.

McKee, Alison L. "She Had Eyes a Man Could Drown in: Narrative, Desire and the Female Gaze in *The French Lieutenant's Woman.*" *Literature/Film Quarterly* 20(2) (1992): 146-55.

Michaels, I. Lloyd. "Auteurism, Creativity, and Entropy in *The Last Tycoon.*" *Literature/Film Quarterly* 10 (1982): 110-18.

Milne, Drew. "Pinter's Sexual Politics." *The Cambridge Companion to Harold Pinter.* Ed. Peter Raby. Cambridge: Cambridge UP, 2001. 195-211.

Mulvey, Laura. *Visual and Other Pleasures.* Bloomington: Indiana UP, 1989.

Murch, Fiona. "Interview with Harold Pinter." *Channel Four News Report.* London: BBC4 (May, 1992).

Olshen, Barry. *John Fowles.* New York: Frederick Unger Publishing Co., 1978.

Palmer, James, and Michael Riley. *The Films of Joseph Losey.* Cambridge: Cambridge UP, 1993.

Palmer, R. B. "Literary Adaptations." *Joseph L. Mankiewicz: Critical Essays with an Annotated Bibliography and a Filmography.* Ed. C. B. Lower and R. B. Palmer. Jefferson: McFarland, 2001. 141-72.

_____. Ed. *Twentieth-Century American Fiction on Screen.* Cambridge: Cambridge UP, 2007.

Peacock, D. Keith, *Harold Pinter and the New British Theatre.* Westport: Greenwood Press, 1997.

Pietrzak-Franger, Monika. "*Sleuth* on Screen: Adapting Masculinities." *Modern British Drama On Screen.* Ed. R. Barton Palmer and William Robert Bray. New York: Cambridge UP, 2013. 169-91.

Pisters, Patricia. *The Matrix of Visual Culture: Working with Deleuze in Film Theory.* Stanford: Stanford UP, 2003.

Rapf, Joanna E. "*The Last Tycoon*: A Nickel for the Movies." *Literature/Film Quarterly* XVI (1988): 76-81.

Rayner, Alice. "Harold Pinter: Narrative and Presence." *Theatre Journal* 40(4)

(1988): 482-97.

Regal, Martin S. *Harold Pinter: A Questioning of Timing*. London: Macmillan Press, 1995.

Renton, Linda. *Pinter and the Object of Desire: An Approach through the Screenplays*. Oxford: Legenda, 2002.

Rodowick, D. N. Ed. *Afterimages of Gilles Deleuze's Film Philosophy*. Minneapolis and London: U of Minnesota P, 2002.

_____. *Gilles Deleuze's Time Machine*. Durham and London: Duke UP, 1997.

Roof, Judith. "The Betrayal of Facts: Pinter and Duras beyond Adaptation." *Pinter at Sixty*. Ed. Katherine H. Burkman and John L. Kundert-Gibbs. Bloomington and Minneapolis: Indiana UP, 1993. 79-89.

Rosenbaum, Jonathan, *Discovering Orson Welles*. Berkeley and Los Angeles, California: U of California P, 2007.

Ross, Andrew. "The Everyday Life of Lou Andreas-Salome: Marking Video History." *Feminism and Psychoanalysis*. Ed. Richard Feldstein and Judith Roof. Ithaca: Cornell UP, 1989. 142-63.

Sakellaridou, Elizabeth. *Pinter's Female Portraits: A Study of Female Characters in the Plays of Harold Pinter*. London: Macmillan, 1988.

Sarris, Andrew. "Mankiewicz of the Movies." *Joseph L. Mankiewicz: Interviews*. Ed. Brian Dauth. Jackson: UP of Mississippi, 2008. 27-37.

Shattuck, Roger. *Marcel Proust*. Princeton: Princeton UP, 1974.

Shaviro, Steven. *The Cinematic Body*. Minneapolis and London: U of Minnesota P, 1993.

Shaw, Spencer. *Film Consciousness: From Phenomenolgy to Deleuze*. Jefferson and London: McFarland & Co., 2008.

Shukin, Nicole. "Deleuze and Feminisms: Involuntary Regulators and Affective Inhibitors." *Deleuze and Feminist Theory*. Ed. Ian Buchanan and Claire Colebrook. Edinburgh: Edinburgh UP, 2000. 144-55.

Silverman, Kaja. *The Acoustic Mirror: The Female Voice in Psychoanalysis and Cinema.* Bloomington and Indianapolis: Indiana UP, 1988.

_____. *The Subject of Semiotics.* New York: Oxford UP, 1983.

Sinclair, Andrew. *Spiegel: The Man Behind the Pictures.* Boston: Little Brown, 1987.

Sinyard, Neil. "Pinter's Go-Between." *Critical Quarterly* 22(3) (1980): 21-33.

Sklar, Robert. "Filming an Unfinished Novel: *The Last Tycoon.*" *Twentieth-Century American Fiction on Screen.* Ed. R. Barton Palmer. Cambridge: Cambridge UP, 2007. 8-25.

Taylor, John Russell. "*The Go-Between.*" *Sight and Sound* 39(3) (1970): 202-3.

_____. "*The Servant* and *The Caretaker.*" *Sight and Sound* 33(1) (1963): 38-39.

_____. "*Accident.*" *Sight and Sound* 35(4) (Autumn 1966): 179-84.

Tucker, Stephanie. "Cold Comfort: Harold Pinter's *The Comfort of Strangers.*": *The Collected Essays 1992-1993.* Ed. Francis Gillen and Steven H. Gale. Tampa: U of Tampa P, 1993. 46-53.

_____. "Cinematic Proust Manifested by Pinter." *Theatre Annual* 41 (1986): 37-47.

Villien, Bruno. "Proust à l'écran?". *Cinématographe* 42 (Dec. 1978): 25-29.

Walsh, Fintan. *Male Trouble: Masculinity and the Performance of Crisis.* London: Palgrave Macmillan, 2010.

Žižek, Slavoj. *Enjoy Your Symptom!: Jacques Lacan in Hollywood and out.* New York & London: Routledge, 1992.

_____. *For They Know Not What They Do: Enjoyment as a Political Factor.* New York: Verso, 1991.

_____. *Looking Awry: An Introduction to Jacques Lacan through Popular Culture.* Cambridge: The MIT Press, 1992.

* 다른 작품들

| 소설

Fitzgerald, F. Scott. *The Last Tycoon*. New York: Scribner Classic, 1986.

Fowles, John. *The French Lieutenant's Woman*, Boston: Little, Brown, 1969.

Hartley, L. P. *The Go-Between*. New York: Avon, 1971.

Kafka, Franz. *The Trial*. New York: Alfred A. Knopf, 1937.

Maugham, Robin. *The Servant*, London: Falcon, 1948.

McEwan, Ian. *The Comfort of Strangers*. New York: Anchor Book, 2002.

Mosley, Nicholas. *Accident*. Elmwood Park: Dalkey Archive Press, 1965.

Proust Marcel. *In Search of Lost Time* Vols 6. Trans. Andrea Mayor and Terence Kilmartin. New York: The Modern Library, 2003.

| 연극

Shaffer, Anthony. *Sleuth: A Play*. London and New York: Marion Boyars. 1977.

| 영화각본

Pinter, Harold. *Five Screenplays: The Servant, The Pumpkin Eater, The Quiller Memorandum, Accident, The Go-Between*. New York: Grove Press, 1973.

_____. *The Proust Screenplay*. New York: Grove Press, 1977.

_____. *The French Lieutenant's Woman: A Screenplay*. Boston & Toronto: Little Brown & Co., 1981.

_____. *The Comfort of Strangers and Other Screenplays: Reunion, Turtle Diary, Victory*. London and Boston: Faber and Faber, 1990.

_____. *The Trial*. London, Boston: Faber and Faber, 1991.

_____. *Collected Screenplays 1: The Servant, The Pumpkin Eater, The Quiller Memorandum, Accident, The Last Tycoon, Langrishe, Go Down*. London: Faber and Faber, 2000.

_____. *Collected Screenplays 2: The Go-Between, The Proust Screenplay, Victory, Turtle Diary, Reunion.* London: Faber and Faber, 2000.

_____. *Collected Screenplays 3: The French Lieutenant's Woman, The Heart of the Day, The Comfort of Strangers, The Trial, The Dreaming Child.* London: Faber and Faber, 2000.

| 영화

The Servant. Dir. Joseph Losey. Perf. Dirk Bogarde and Sarah Miles. Elstree Studio Films, 1963.

The Go-Between. Dir. Joseph Losey. Perf. Julie Christie and Alan Bates. Columbia Pictures, 1971.

The Accident. Dir. Joseph Losey. Perf. Dirk Bogarde and Stanley Baker. London Independent Producers, 1966.

The Last Tycoon. Dir. Elia Kazan. Perf. Robert De Niro and Tony Curtis. Paramount Pictures, 1976.

The French Lieutenant's Woman. Dir. Karel Reisz. Perf. Meryl Streep and Jeremy Irons. United Artists, 1981.

The Comfort of Strangers. Dir. Paul Schrader. Perf. Natasha Richardson and Christopher Walken. Skouras Pictures, 1990.

The Trial. Dir. Orson Welles. Perf. Anthony Perkins and Jeanne Moreau. Astor Pictures, 1962.

The Trial. Dir. David Jones. Perf. Kyle MacLachlan and Anthony Hopkins. Angelika Films, 1993.

Sleuth. Dir. Joseph L. Mankiewicz. Perf. Laurence Olivier and Michael Caine. Palomar Pictures, 1972.

Sleuth. Dir. Kenneth Branagh. Perf. Michael Caine and Jude Law. Castle Rock Entertainment, 2007.

이 책에서 다룬 영화와 원작들

영화(연도)	원작 소설(*연극)(연도)	원작자	감독	각본작가
〈하인〉(*The Servant*, 1963)	『하인』(*The Servant*, 1948)	로빈 모옴 (Robin Maugham)	조셉 로지 (Joseph Losey)	해럴드 핀터 (Harold Pinter)
〈사고〉(*Accident*, 1966)	『사고』(*Accident*, 1965)	니콜라스 모즐리 (Nicholas Mosley)	조셉 로지	해럴드 핀터
〈중개인〉 (*The Go-Between*, 1971)	『중개인』 (*The Go-Between*, 1953)	L. P. 하틀리 (L. P. Hartley)	조셉 로지	해럴드 핀터
『프루스트 영화각본』 (*The Proust Screenplay*, 1972) (*영화화되지 않음)	『잃어버린 시간을 찾아서』 (*A la Recherche du Temps Perdu*, 1913–1927)	마르셀 프루스트 (Marcel Proust)	조셉 로지	해럴드 핀터
〈마지막 거물〉 (*The Last Tycoon*, 1976)	『마지막 거물』 (*The Last Tycoon*, 1941)	F. 스콧 피츠제럴드 (F. Scott Fitzgerald)	엘리아 카잔 (Elia Kazan)	해럴드 핀터
〈프랑스 중위의 여자〉 (*The French Lieutenant's Woman*, 1981)	『프랑스 중위의 여자』 (*The French Lieutenant's Woman*, 1969)	존 파울즈 (John Fowles)	카렐 라이츠 (Karel Reisz)	해럴드 핀터
〈낯선 자들의 위안〉 (*The Comfort of Strangers*, 1990)	『낯선 자들의 위안』 (*The Comfort of Strangers*, 1981)	이언 매큐언 (Ian McEwan)	폴 슈레이더 (Paul Schrader)	해럴드 핀터
〈심판〉(*The Trial*, 1993)	『심판』(*The Trial*, 1937)	프란츠 카프카 (Franz Kafka)	데이비드 존스 (David Jones)	해럴드 핀터
〈심판〉(*The Trial*, 1962)	『심판』(*The Trial*, 1937)	프란츠 카프카	오손 웰스 (Orson Welles)	오손 웰스
〈추적〉(*Sleuth*, 2007)	『추적』(*Sleuth*, 1970) (*연극)	앤서니 셰퍼 (Anthony Shaffer)	케네스 브래너 (Kenneth Branagh)	해럴드 핀터
〈발자국〉(*Sleuth*, 1972)	『추적』(*Sleuth*, 1970) (*연극)	앤서니 셰퍼	조셉 맨키비츠 (Joseph Mankiewicz)	앤서니 셰퍼

지은이 정문영

서울대학교 사범대 영어과를 졸업, 같은 대학교 영어영문학과에서 석사학위를 받은 후 미국 델라웨어 대학교에서 영문학 박사학위를 받았다. 주요 논저로는 "Stage as Hyperspace: Theatricality of Stoppard"(*Modern Drama* 48.4, 2005), "The Mother/Daughter Relationship in Beckett: *Footfalls* and *Rockaby*"(*Irish University Review: A Journal of Irish Studies* 29.2, 1999), 『해럴드 핀터의 정치성과 성정치성』(서울대출판문화원, 2010), 『현대 비평이론과 연극』(동인, 2005), *Pinter at Sixty*(Indiana UP, 1993. 공저) 등이 있다. 현재 계명대학교 영어영문학과에서 현대드라마, 스크린플레이, 각색, 현대비평이론에 대한 연구와 강의를 하고 있으며, 한국현대영미드라마학회장을 맡고 있다.

해럴드 핀터의 영화 정치성

초판 1쇄 발행일 2016년 1월 29일

지은이 정문영
발행인 이성모
발행처 도서출판 동인
주 소 서울시 종로구 혜화로3길 5, 118호
등 록 제1-1599호
TEL   (02) 765-7145 / FAX (02) 765-7165
E-mail dongin60@chol.com
I S B N 978-89-5506-693-7
정 가 24,000원